OVERHEATING

OVERHEATING: AN ANTHROPOLOGY OF ACCELERATED CHANGE
by Thomas Hylland Eriksen

First published by Pluto Press, London. www.plutobooks.com

This Korean edition was published by Press of Sharing House in 2019 by arrangement with Pluto Press Ltd through KCC(Korea Copyright Center Inc.), Seoul.

OVERHEATING

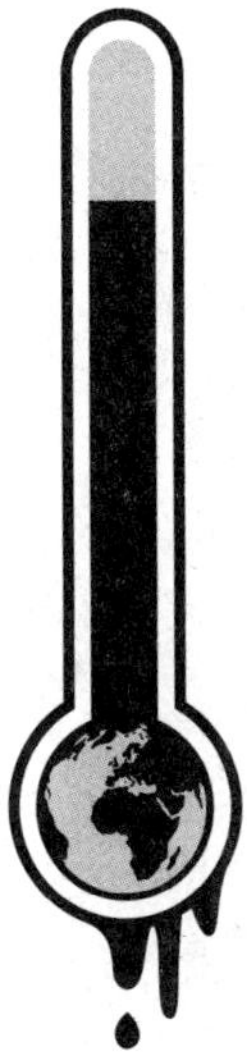

과열

폭주하는 세계화를 바라보는 두 가지 관점

토마스 힐란드 에릭슨 지음 정연우 옮김

나눔의집

차례

서문

오늘날 세계는 너무 과하다. 무엇이 과한가? 치열함이? 빠르기가? 온난화가? 불평등이? 신자유주의가? 인간의 지배가?

이 모두가 아니 그보다 더 많은 것들이 전부 과하다. 우리는 모더니티*가 폭주하는 세계에 살고 있다. 변화의 속도가 너무 빨라 사회과학적 해석이 의미가 없을 정도다. 연속성은 찾아보기 힘들어졌고 그 대신 신기하고 놀라운 변화가 끊임없이 계속된다. 모더니티는 그 자체로 변화를 수반하며 근 수십 년 동안 변화는 진보와 동의어였다. 또한 현대 역사는 개발과 발전으로 설명되는 것이 일반적이었다. 세상은 조금씩 발전하고 역사는 전진하는 듯이 보였다.

그러나 최근 일이십 년 동안 개발예찬론자들의 자신감은 수

* 이 책에서 모더니티Modernity는 근대 이후 서양 사회의 주된 특징인 합리주의, 자본주의, 산업화, 시장경제, 민족국가 등을 포괄하는 넓은 의미로 사용되었다. 때문에 '근대성'이나 '현대성'보다는 '모더니티'가 더 적확한 표현이라고 판단했다. 단, 특정한 시기(주로 산업혁명 이후 양차 세계대전 이전)와 연관되거나 현재 시대와 대비되는 성격을 드러내는 등 특수한 경우에만 제한적으로 '근대성' 등을 사용했다.

그러들었다. 근대성도 계몽주의도 인간 고유의 이데올로기와 종파 분쟁, 광기를 제거하지는 못했다. 전쟁은 끊임없이 발발했고 불평등과 빈곤도 사라지지 않았다. 반복되는 세계 규모의 위기 앞에 경제학자들은 이러한 현상을 정확히 설명할 수 있는 과학적 용어가 없다는 사실을 마지못해 인정했다. 비록 많은 국가들이 명목상으로는 민주주의를 채택하고 있지만, 이러한 체제가 언젠가는 바뀔 것이라고 생각하는 사람이 늘어나고 있다. 그 변화는 과거에는 생각해본 적 없었던, 그렇지만 인류의 삶과 환경에 직접적인 영향을 미칠 변화다. 무엇보다도 발전의 효과가 양날의 검이었다는 점이 중요하다. 지난 200년간 인류의 구세주로 여겨져 왔던 값싸면서도 손쉽게 이용 가능한 에너지원이었던 그것은 환경 파괴와 기후변화를 일으키며 우리 세계를 지옥으로 만들고 있다.

이러한 맥락에서 이 시대는 포스트모던에 접어들었다고 말할 수 있다. 사회주의, 자유주의, 보수주의를 막론하고 사회의 발전을 추구하던 구시대의 방법은 빛을 잃었다. 역사적으로 사회정의와 평등을 향한 요구에 기반을 두어왔던 정치적 좌파는 이제 기후변화와 다문화주의라는 난제에 직면해 있다. 하지만 이 세 가지를 일관되게 종합하는 일은 결코 쉽지 않다. 복잡한 시스템에서는 계획된 일련의 행동의 결과보다는 예기치 않은 결과가 더욱 두드러지기 때문이다.

이 책은 우리 시대를 특징짓는 급격한 변화에는 중요하고도 드라마틱하며 예기치 못한 결과가 수반된다는 전제 위에 썼다. 에너지, 이동성, 도시, 쓰레기, 정보를 다룬 다섯 장은 그러한 변화가 의도하지도 예상하지도 못했던 결과를 초래하는 과정을 실증적 분석 위주로 살펴본다.

DDT라 불렸던 살충제는 농작물을 지키고 농업 생산량을 늘리기 위해 만들어졌지만, 곤충을 죽이고 새들을 굶주리게 했다. 그 결과 이른바 '침묵의 봄the silent spring'이 찾아왔다. '침묵의 봄'은 현대 환경 운동의 원전이 된 레이첼 카슨Rachel Carson의 유명한 저서명이기도 하다. 마찬가지로 자동차의 등장은 환경오염과 각종 교통사고라는 결과를 초래했다. 정보 혁명도 많은 사람의 뇌를 오염시키고 있다. 어쩌면 근본주의도 계몽사상의 확산에 따른 반작용의 결과일지도 모른다. 본문에서는 이러한 모순을 집중적으로 다룰 것이다. 하지만 세계화의 위기가 누군가의 악의적인 의도, 악행, 이기적 행동, 근시안적인 음모로 인한 것은 아니라고 본다. 실제 인류가 직면한 문제는 '스케일의 충돌clashing scales'이지만, 이에 대한 이해는 대단히 부족하다. 간단한 예를 들어보겠다. 가령 당신이 한 번의 서명으로 모르는 사람 수천 명의 삶을 바꿀 수 있는 지위에 있다고 가정해보자. 이때 당신이 만약 그 수천 명과 함께 생활했던 경험이 있다면, 그 경험은 당신의 결정에 적잖은 영향을 미칠 것이다. 다른 말로 하면 작은 스케일의 공동체에서 겪었던 실제 생활이 큰 스케일의 정치적 결정과 충돌할 수 있다. 당신은 스웨덴을 위해서는 좋은 결정이라도 이스타드 북쪽의 달비 마을 주민에게는 좋지 않을 수 있음을 깨닫게 될 것이다.

스케일 키우기Upscaling는 실재하는 갈등을 관념적인 문제로 만들어 논점을 흐리는데 효과적인 수단이다. 예를 들자면 "너는 직장 동료를 위해 커피 한 잔 타준 적 없었지."라고 핀잔을 주는 동료에게 "과도한 스트레스로 사람을 소모시키는 신자유주의적 노동 정책 때문에 평범한 직장인에게는 그런 배려를 베풀 여유조차 없어졌다."고 답하는 식이다. 이와 정반대의 스펙트럼, 즉 큰 스케일의 문제를 전혀 고려하지 않는 사례로는 수많은 유대인과 집시를 효과적으로 죽이기 위해 가스실에 가두었던 노동자의 예를 들 수 있다. 그 노동자들이 다른 사람에 비해 가족과 애완견을 사랑하지 않았다는 증거는 없다. 이 책에서는 이처럼 스케일을 바꿔서 살펴보면 이 세계와, 인간의 활동과, 사상 등이 얼마나 다르게 인식될 수 있는지를 보여주고자 한다. 호주의 산업도시에서 인터뷰했던 한 사람은 "시드니의 환경운동가들은 지구를 구하는데 정말 큰 도움을 주고 있어요. 하지만 공장 노동자에게 현실적으로 어떤 도움이 필요한지는 하나도 몰라요."라고 말했다.

인류학자로서 세계를 아래에서부터 바라보는 훈련을 받은 나는 세계화에 관한 대중서적을 볼 때마다 자주 복잡한 감정을 느꼈다. 베스트셀러 대부분을 차지하고 있는 하나로 연결된 지구촌을 묘사하는 책을 읽다보면, 저자가 헬리콥터를 타고 돌아다니며 쌍안경으로 지구를 관찰한 듯한 느낌을 받는다. 그들은 큰 그림은 제대로 보았는지 모르겠지만 실제 사람들이 살고 있는 지붕 아래와 골목 사이사이는 보지 못한 것 같다. 이러한 책을 읽을 때마다 나는 스케일에 관한 브누아 망델브로(Benoît Mandelbrot 1967)의 논문 「영국의 해변은 얼마나 길까?」가 떠오른다. 그는 구불구불한 영국 해안선의 길이는 지도의 스케일에 따라 달라진다는 것을 증명했다. 야드로 된 자와 피트로 된 자로는 같은 사물을 재어도 다른 결과가 나올 수 있다. 또한 사람들의 삶에 관한 진실을 알고자 할 때 하늘 위에서 내려다본 시선은 유용하기는 해도 적합하지는 않다. 이때는 반드시 '사람 대 사람으로, 가까이에서' 바라본 시선이 필요하다(Shore and Trnka 2013).

만약 그러한 책을 읽고 '호화로운 전채와 달콤한 디저트만 있고 메인 디쉬가 빠진 코스 요리를 맛본 기분'이 들었다면, 인류학자의 사고방식으로 세계화와 정체성을 개론한 이 책이 그 허전함을 달래줄 수 있다. 인류학자의 문제의식은 대체로 그러한 책들과는 정반대다. 인류학자는 지역 세계의 삶을 꼼꼼하고 디테일하게 묘사한다. 말하자면 돋보기를 들고 네발로 바닥을 기며 살핀다. 하지만 세계적 스케일의 분석은 거의 하지 않는다. 그러나 나는 스케일의 확대와 축소를 병행해가며 두 가지 관점을 모두, 그리고 각자 활용하고 연관 지을 것이다.

이 책은 인류의 큰 고민거리들을 다루고 있다. 기후와 환경, 도시화와 근시안적 생존주의, 관광산업과 이주, 쓰레기와 불평등, 과잉과 결핍 등이다. 개발과 진보에 대한 현대의 표준적 담론이 이제는 실패했음을 설명하기 위해 나는 역설, 모순, 스케일의 충돌, 폭주 과정 등을 탐구했다. 큰 개념과 질문을 다루는 책 치고는 분량이 적어 보일 수도 있지만, 나는 이 정도면 충분하다고 본다. 이 책이 초석에 불과하다는 것이 하나의 이유다. 이 책은 유럽연구위원회ERC, European Research Council의 후원으로 진행되는 연구 프로젝트 '과열: 세계화의 세 가지 위기'의 서론이자 개요다. 독립적인 출판물로 기획된 책이지만 더욱 디테일하고 두터운 경험적 분석과 심화된 이론을 담고 있을 후속 저작들을 위해 미리 주제와 개념과 방법론을 소개하는 책이기도 하다. '과열' 프로젝트는 글로벌한 위기에 대한 지역 단위의 인식과 영향과 대응에 관한 비교 및 호환 가능한 데이터를 얻기 위해 수행되었으며, 연관성 있는 민족지적 프로젝트 시리즈로 구성되어 있다. 이러한 방식으로 인류학의 근시안적이고 편향된 시각과 여타 사회과학의 위에서 내려다보는 시선의 한계를 동시에 극복하고자 했다. '과열' 프로젝트는 지구상 여러 곳에서 개별적으로 진행되지만, 많은 개념과 가설과 연구 질문을 공유하는 협약을 통해 상호 교류하고 있으며 세계적으로 중요한 큰 문제들에 관해 함께 목소리를 내고 있다.

세계화와 변화를 다룬 책이라면, 혼성화Creolization와 정체성 정치Identity Politics* 등의 현상을 모두 아울러 금융화와 문화적 이데올로기에 관한 이론으로 깊이 분석한 책이기를 바랄 것이다. 나 역시 보통은 그랬을 터이지만, 과열에 관한 이러한 현상들

* 특정한 집단적 정체성을 기반이자 목표로 삼고, 그 정체성을 옹호하거나 강화하는 정치 형태. 집단을 구분하는 기준은 종교, 인종, 민족, 젠더, 사회계층 등이 될 수 있다.

은 후속 연구에서 다루는 것이 더 적절할 것이다. 대신 여기서는 몇 가지 중요한 물질적 차원에 집중했다. 그것은 에너지 사용(특히 화석연료), 과열의 원인인 동시에 결과이기도한 인간의 이동성과 부동성, 도시의 성장과 근교의 확장, 글로벌 사우스 Global South*의 인구증가와 부분적 토지 사유화의 결과, 인류세人類世, Anthropocene의 정점을 보여주는 더 이상 망가질 수 없을 정도로 황폐화된 산과 강, 믿을 수 없을 정도로 빠른 무선 정보 기술의 발전과 확산이다. 물론 여기서 다루면 좋았을 다른 물질적 문제도 있음을 인정한다. 대표적으로 무역과 운송이 그러하다. 신자유주의 세계화의 전제조건인 컨테이너 선박과 1차 상품 수출의 세계적 리더로 떠오른 중국은 집중적으로 논의해도 좋을 주제다(Levinson 2006; Bear 2014). 변명을 하자면 그러한 연구(가령 세계적 광산 붐 또는 도로와 같은 기반시설 건설 등을 다루는 연구)는 대개 질적인 개념 분석이 동반되지 않은 양적 분석으로 이루어지는 경향이 있다. 표준화된 컨테이너와 그에 맞춰 제작된 항구와 선박과 철도는 신자유주의가 과열되는 필수 조건이다. 1960년대 이후 컨테이너 선박 운송은 지수적으로

* '글로벌 노스Global North'와 '글로벌 사우스Global South'는 현대의 정치 · 사회 · 경제적 국가 분류 개념의 하나다. 세계를 '제1세계(반공블록)', '제2세계(공산블록)', '제3세계(중립비동맹)'로 나누었던 냉전 체제가 끝난 후 주로 경제력을 기준으로 삼아 새로 만들어낸 분류 개념이다. 글로벌 노스에는 과거 제1세계와 제2세계 대부분의 국가가 포함되며, 미국과 서유럽 등의 선진국, 아시아 일부 국가, 호주 뉴질랜드 등이다. 글로벌 사우스는 주로 제3세계 국가들로 구성되었으며, 아프리카, 라틴 아메리카, 아시아 일부 저개발 국가, 중동 지역 등이 포함된다.

증가했고, 이로 인해 다양한 스케일 간에 대규모 충돌(수출입 지역이나 시장경쟁 지역에서 발생하는 큰 스케일의 무역과 작은 스케일의 생산 간의 충돌)이 일어났다. 또한 생산과 분배의 영역에서 획일적인 대량 생산 체제에의 의존도를 높여 유연성을 감소시켰다(Tsing 2012). 그러나 결론에서는 컨테이너 선박과 도로의 발달과 정보 혁명이 초래한 과열현상에 관한 논의로 돌아올 것이다. 그때는 과열, 즉 폭주하는 세계화를 다양한 스케일에서 바라봄으로써 통합적인 관점을 제시하고자 한다.

마지막으로 이 책은 전형적인 전공서적이 아님을 일러두고자 한다. 전문적인 용어는 자제했고, 이론적 논의는 절충하였으며, 신문 기사부터 역사학 논문에 이르는 모든 인용 문헌은 일반적인 것으로 선택하였다. 이 책은 여러 가지 방식으로 해석 가능하지만 이들은 서로 모순적이라기보다는 상호보완적이다. 아무리 지역의 삶을 더 중요하게 생각하는 민족지적 시선을 활용한다고 하더라도 역사적 맥락과 큰 스케일에서 바라본 관점을 함께 고려하지 않을 수는 없다.

책의 핵심 개념은 스케일, 스케일의 변환, 이중구속, 폭주 프로세스, 쳇바퀴 증상, 유연성, 재생산이다. 스케일의 충돌은 성장이 폭주하는 상황에서 지속적인 성장의 불가능성과 성장의 심각한 부작용에 대해 깨닫기 시작하는 사람이 증가할 때 일어난다. 이 책에서는 이러한 현상을 집중적으로 분석했다. 우리는 디지털 사진 생산량이 2010년에서 2015년 사이 3배나 증가한 세계, 상하이 항구의 물동량이 1990년 0에서 시작해 2003년

1,140만, 2014년 3,500만 TEU로 세계 최대의 컨테이너 항구가 된 세계, 20세기 후반에도 미처 예상하지 못했을 정도로 유래 없이 도시인구가 급증하고 있는 세계, 그 인구가 주말이면 차를 몰고 교외로 빠져나와 쓰레기를 뿌려대는 세계에 살고 있다. 이 책 곳곳에서 사용된 도표, 수치, 통계자료들은 하나의 경향을 보여주는 지표일 뿐이지 구체적으로 기억할 사실은 아니다. 그러한 자료들이 금방 용도 폐기되는 현실이 우리가 현재 목격하고 있는 변화의 본질이다. 다만 이를 둘러싼 논쟁만큼은 그렇게 빨리 용도 폐기되지 않기를 바란다.

이 책은 유럽연구위원회의 선先 후원을 받아 진행된 '과열: 세계화의 세 가지 위기, 혹은 21세기 초에 관한 인류학적 관점의 역사Overheating: The three crises of globalisation, or An anthropological history of the early 21st century'라는 이름의 연구를 바탕으로 쓰였다. 현재 학계에서 일반적으로 통용되는 정도보다 크고 넓은 수준에서 관련 용어를 생각해 볼 기회를 준 유럽연구위원회에 감사한다. '과열' 프로젝트를 함께 진행한 동료들, 카트린 모 솔리엡슨Cathrine Moe Thorleifsson, 엘리자베스 쇼버Elisabeth Schober, 로버트 피즈퍼스Robert Pijpers, 레나 그로스Lena Gross, 헨릭 신딩-라센Henrik Sinding-Larsen, 윔 반 데일Wim Van Daele, 아스트리드 스텐스러드Astrid Stensrud, 크리스 한Chris Hann에게도 감사의 마음을 표한다. 초고를 보고 많은 질문과 비판과 제안과 코멘트를 제공하고,

전반적인 아이디어에 대해 건설적 비평을 해준 우수한 석사과정 학생들에게도 마찬가지로 고마움을 전한다.

2016년 3월, 오슬로에서

일러두기

1. 저자가 단 각주는 〈원주〉하고 표기하였으며, 나머지 각주는 모두 옮긴이가 달았습니다.
2. 지명 및 외래어는 관례로 굳어진 것을 빼고, 국립국어원의 외래어 표기법과 용례를 따랐습니다.

1

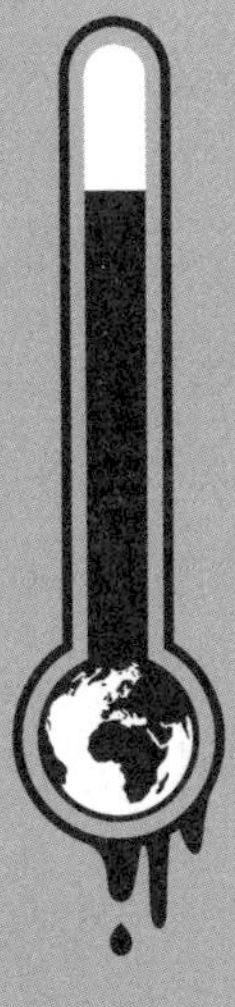

과잉된 세계

2008년 11월 28일, 프랑스의 위대한 지성이자 구조주의의 창시자인 클로드 레비스트로스는 그의 100번째 생일을 기념하고 있었다. 그는 20세기의 가장 중요한 인류학 이론가 중 한 명이었으며, 비록 펜을 내려놓은 지는 여러 해가 지났지만 사상적 활동은 멈추지 않고 있었다. 그러나 그의 시대가 거의 저물었다는 것은 그도 알고 있었다. 레비스트로스의 가장 중요한 업적으로 여겨지는 저서는 대부분 60년 전에 출간된 것들이다. 『친족관계의 기본구조*The Elementary Structures of Kinship*』는 가장 보편적인 사회적 관계인 '친족'의 개념을 재정의하고 인류학 현장 연구의 초점을 전환함으로써 친족에 관한 인류학의 생각을 바꿔놓았다. 레비스트로스에게 친족관계에서 가장 중요한 점은 공통의 조상으로부터 내려온 가계가 아니라, 결혼으로 맺어진 집단 간의 결합이었다.

100번째 생일날, 레비스트로스는 프랑스 대통령 니콜라스 사르코지의 방문을 받았다. 당시까지 프랑스는 지성인과 사교를 나누는 것만으로도 상징 자본을 늘릴 수 있는 나라였던 때문이다. 짧은 대화에서 연로한 인류학자는 더 이상 자신이 살아있는 사람들과 함께 있다고 생각하지 않는다고 말했다. 이는 단지 그가 노쇠하고 역량이 약화되었음을 말한 것이 아니라, 그가 일생을 바쳐서 탐구했던 세계가 지금은 거의 사라지고 없다는 사실을 내비친 발언이었다. 레비스트로스의 세계에서 대다수를 차지했으며 그 세계를 특징지었던 소규모의 국적 없는 사람들은 오늘날 거의 대부분 자의든 타의든 국가에 병합되었고, 생산과 교환이 화폐로 이루어지는 시장에 편입되었다.

대통령과 나눈 짧은 대화에서 레비스트로스는 "이 세계는 지나치게 과잉되어 있다. Le monde est trop plein: The world is too full"고 말했다. 이는 세계가 수많은 인간들과, 개발 계획들과, 그 활동의 물질적 결과물로 가득 차 있는 현실을 명확하게 언급한 표현이다. 세계는 **과열**overheating되었다. 위대한 프랑스 인류학자가 태어났던 시기에는 20억 명이었던 세계 인구가 현재는 70억 명이 되었으며, 그들 중 상당수는 쇼핑, 페이스북 포스팅, 이주, 광산이나 공장에서의 노동, 정치적 기술 배우기, 기초 영어 공부 등을 하느라 바빠 보인다.

레비스트로스는 일찍부터 이 세계를 둘러싼 마법이 깨지는 것을 안타까워하는 글을 썼으며, 1955년 출간된『슬픈 열대』에서도 다음과 같이 비애감을 내비쳤다.

> 그 폴리네시아 섬들은 이제 매끈한 콘크리트로 뒤덮여, 남쪽 바다에 정박한 채 움직이지 않는 항공모함이나 다름없이 되

그림 1-1 1050년 이후의 세계인구 증가 그래프

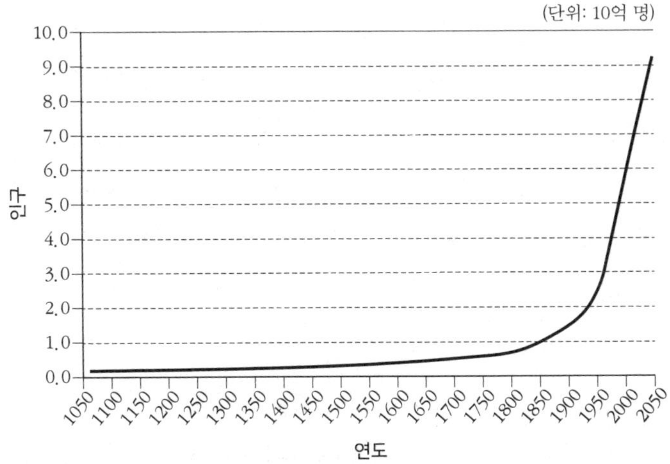

※ 출처: ZME Science (2015), Tibi Puiu의 기고문 중 발췌

었다. 아시아 전체가 우중충한 교외지대로 보이고, 판자촌이 아프리카 대륙을 뒤덮고, 아직 사람의 발길이 닿지 않은 태곳적 순수함을 간직한 아메리카와 멜라네시아의 원시림을 민간과 군의 항공기가 유린하는 오늘날, 소위 '현실을 잠시 잊게 해주는 여행'이 우리에게 보여주는 이러한 풍경은 인류 역사의 가장 비극적인 면이 아니고 무엇이란 말인가?(Lévi-Strauss 1961[1955], 43)

여기에 더해 문화적으로는 혼성이지만 틀림없이 현대적 인간에 속한 신대륙의 도시민들을 두고 "문명을 거치지 않고 야만에서 타락으로 직행했다."는 유명한 말을 남겼다. 위대한 인

류학자의 한탄은 잃어버린 세계를 위한 것임에 틀림없지만, 그는 훨씬 오래전부터 이러한 향수를 느껴왔다. 아이러니하게도 현대 유럽 사회인류학의 향방을 가장 크게 변화시켰던 책에도 이와 꼭 같은 상실감과 향수가 담겨 있었다. 제1차 세계대전 직후에 출간된 보로니스와프 말리노프스키Bronislaw Malinowski의 『서태평양의 항해자들*Argonauts of the Western Pacific*』은 다음과 같은 예언적인 글로 시작한다.

> 민족학은 슬프도록 우스운 상황에 처해 있다. 비극이라 말하진 않겠다. 이제 막 민족학에 적합한 연장을 벼려내고 맡겨진 일을 시작하기 위해 대장간에 들어온 찰나, 민족학적 연구에 사용할 재료들이 손쓸 틈도 없이 녹아 없어지고 있다. 현장에서 사용할 과학적 방법론과 목적이 틀을 갖추고, 이를 위해 '완벽하게 훈련된' 연구자가 야만의 나라와 그 주민들을 탐구하기 위해 떠나는 지금 이 순간, 눈앞에서 그 대상들이 죽어 사라지고 있다. (1984[1922], xv)

문화 간의 극단적 차이가 사라지리라는 것은 예견된 결과였다. 또한 타 문화에 대한 환상에서 깨어나는 일은 지난 백년간 이어져온 인류학계의 이슈였다. 말리노프스키 외에도 인류학계를 향한 이러한 비판은 자주 있었지만, '진정한 타문화를 향한 낭만적 탐험'은 마치 유령처럼 인류학자들의 머리 위를 배회하고 있었다. 고전 문화상대주의의 마지막 대표주자격인 클리

포드 기어츠Clifford Geertz나 마샬 살린스Marshall Sahlins는 20세기 후반에 각기 에세이를 통해 그런 꿈같은 시절이 끝났음을 선언했다. 살린스는 '슬픈 열대여 안녕'이라는 글에서 한 뉴기니 고원지대의 원주민의 대사를 인용했다. 그는 인류학자에게 자신들의 **카스톰**kastom*을 설명하며 "우리에게 **카스톰**이 없다면, 백인들과 다를 바 없을 것이다."고 했다. 기어츠는 다음과 같은 말로 세계의 상황을 묘사했다. "문화적 차이는 결코 사라지지 않을 것이다. 프랑스인은 결코 가염버터를 먹지 않을 테니까. 하지만 과부를 불태우고 인육을 먹는 풍습이 인정받던 시기는 영원히 다시 오지 않을 것이다."

재치 있는 표현이긴 하지만, 그와 완전히 반대되는 결론 또한 가능하다. 비록 불완전하고 중구난방으로 이루어지고는 있지만 모더니티의 확산은 필연적이면서도 중대한 현상이다. 어떠한 도덕관을 갖고 있더라도, 현실 세계에는 문화 간의 혼합, 가속화된 변화, 연결성, 모더니티의 확산이 시대의 흐름이라는 사실은 우선 인정할 필요가 있다. 더 나아가 상호 연결된 사람들과 그들이 추진하는 수많은 계획들로 **과잉**되어 있는 지금의 세계는 무엇보다도 흥미로운 연구 대상이라고 주장할 수 있다. 인류는 불과 1세기 전만 하더라도 상상할 수 없었던 방법으로 서로에 대해 알아가고 있다. 그로 인해 일종의 글로벌한 공통

---

* 태평양 멜라네시아 지역에서 전통 문화를 지칭하는 피진pisin어語. 지역 고유의 종교, 경제, 예술, 마술 등을 총괄하는 의미다.

의식, 혹은 도덕관으로도 부를 수 있는 가치관이 사실상 세계 각지에서 생성되었다. 물론 그 외형은 철저히 각각의 경험 세계에 근거하여 다르게 나타나지만, 이는 각각의 차이점을 분명히 유지하면서도 글로벌한 성격을 지닌 지역적 세계가 늘어났다는 의미도 된다.

이제 사람들은 자신이 살던 지역에서 타인과 관계를 맺던 방법 그대로 초국가적인 관계를 맺을 수 있다. 그리고 세계 경제의 통합, 기후변화에 따른 지구적 위기, 혐오적 정체성 정치에 대한 희망과 공포, 소비주의, 관광, 미디어 소비 등의 문제가 급증함에 따라 전 세계인은 서로 연결되고 있다. 한 가지 덧붙이자면, 전 세계 사회가 모두 동일해지는 현상은 나타나지 않고 있다. 비록 차이와 불평등이 21세기 초반의 세계를 규정하는 용어이기는 했지만, 우리는 조금씩 인류의 나아갈 길에 관한 논의에 함께 참여하고 있다.

인류학은 훌륭한 연구 방법론과 정교한 분석 수단을 갖고 있지만, 오늘날의 세계를 적절하게 규정하는 일에는 어려움을 겪고 있다. 여기에는 역사학과 사회학을 비롯한 다른 학문의 도움이 필요하다. 인류학에 역사학적 깊이와 사회학적 넓이가 부족하다는 문제점은 예전부터 제기되었지만, 여기에 더해 규범과 상대주의의 문제가 지적되었다. 여러 세대 동안 인류학자들은 비교 분석한 내용을 기술할 때 도덕적 판단을 내리지 않는 것을 원칙으로 했다. 그들의 연구 대상은 자신들과 상당히 다른, 별개의 도덕적 공동체를 대표하는 자들이었기 때문이다.

실제로 문화상대주의적 방법론이 효과를 거두기 위해서는 도덕적 판단을 유보할 필요가 있었다. 그러나 전후 수십 년에 걸쳐 일어난 급격한 변화로 세계가 가까워지기 시작하자, 인식론적으로도 도덕적으로도 '타자'를 자신과는 전혀 다른 도덕적 기준에 두기가 대단히 어려워졌다. 비록 듬성듬성하고 불균등하게 행해지지만, 경계를 넘나드는 글로벌 커뮤니케이션에 많은 사람들이 참여하기 시작하면서 사실상의 문화적 차이 또한 줄어들었다. 밀레니엄이 전환되는 시점에서 부족민들은 빠르게 역사 속으로 사라져갔다. 물론 그중에는 모더니티의 몇 가지 핵심적 측면과 노골적 자본주의와 국가를 향한 저항을 멈추지 않는 부족들도 있었으나 점점 줄어들고 있다. 원주민은 돈에 길들여졌고, 전통적인 농부의 자녀는 학교를 다니기 시작했고, 인디언 마을에서는 자신들의 인권에 대한 교육이 행해졌고, 중국 시골 사람은 도시의 산업 노동자로 전환되었다. 이런 세상에서, 인류학자들이 '미지의 문화'를 탐구하는 행세를 한다면 이는 단순한 오해로 끝나지 않을 큰 잘못이다.

'세계화globalisation'라는 용어는 대략 베를린 장벽의 붕괴, 아파르트헤이트의 종료, 인터넷과 진정한 의미의 이동전화가 등장하기 시작하던 때와 비슷한 시기에 급속도로 유행하기 시작했다. 1991년의 세계는 전 세계 사람들이 제각기 서로에게 여러 영향을 비대칭적으로 주고받는 가운데 글로벌한 도덕 공동체가 빠르게 형태를 갖추기 시작한 세계다. 이는 적어도 인류학의 관점에서는 역사상 유래가 없는 일이었다. 오늘날의 민족지 연구자들은 국제 사회에서 자신들의 권리를 신장시킬 방법을 탐구하는 아마존 원주민, 반쯤 상실된 자신들의 전통을 다시 배우기 위해 오래된 민족지를 살펴보는 호주 애보리진 원주민, 카스트와 가부장제도에서 벗어나기 위해 분투 중인 인도 여성, 부패한 정치인에게 냉소적 비판을 던지는 아프리카 도시인, 자신들의 문화 상품을 빼앗기지 않기 위해 지적 재산권을 확보하려는 태평양 섬사람들을 만나기 위해 온 세계를 돌아다닌다.

이와 같은 세계에서는 인류학자가 귀족처럼 내려다보는 시선으로 여러 문화를 비교하고 흥미로운 요소를 찾는 연구는 낡고 무의미하다. 중립을 표방하는 자세 또한 그 자체로 정치적 표현으로 여겨진다.

멜라네시아 원주민이 화폐를 사용하고, 아프리카 원주민이 휴대전화를 사용하고, 아마존 원주민이 인권을 부르짖는다는 사실과는 별도로, 대체 이 세계에 무슨 일이 일어났기에 인류학에 이러한 변화가 온 것일까? 가장 두드러진 변화는 거의 전 세계가 (비록 형태는 엉성해도) 하나의 도덕적 영역으로 전환되었다는 것이다. 이는 과거의 인류학자들이 열심히 탐구해왔던 세계와는 다른 세계다.

이렇듯 상호 간의 연결이 급격하게 증가한 세계에서, 문화적 상대주의는 더 이상 인도의 가부장제 피해자, 아프리카에 투옥 중인 인권 변호사, 단지 문화적인 존속만이 아닌 동등한 대표권을 정부에게 요구하는 소수자들의 목소리에 적극적으로 뛰어들지 않는 이유가 될 수 없다. 누군가가 아프리카의 특정한 관습에 대해 '아프리카인의 가치관'이 담겼다고 평가한다면, '어떤 아프리카인'의 가치관인지를 묻지 않을 수 없다. 이러한 세계에서는 가치 체계와 도덕성 사이에 마찰이 발생한다. '극단적으로 다른 문화'를 지닌 부족민이라도 오늘날의 세계에서 "나도 물건을 사고 싶어요. 어떻게 하면 일자리를 구할 수 있죠?"하고 묻는 순간, 다시는 예전의 세계로는 돌아갈 수 없게 된다. 인류학자는 그러한 과거 세계와 새로운 세계의 봉합선을 찾아야 한다. 다만 이제는 기어츠의 말대로 '이국의 행상인'으로서 견지해왔던 중립적인 태도를 버릴 수도 고집할 수도 없다. 미지의 원주민이란 인류학자들의 머릿속에만 존재하는 대상이 되었기 때문이다. 그러니 인류학자들은 연구의 최전선에서 이러한 태도에 대한 절충점을 찾아야만 한다.

모순들

1990년대를 전후로 세계화에 관한 유용하고 읽을 만한 책들이 많이 출간되었다. 그중 글로벌 체제에 내재된 모순과 갈등을 강조한 몇몇 책은 이 책에서 설명하는 세계화의 변증법을 연상시킨다. 조지 리처(George Ritzer 2004)는 '무無의 글로벌리제이션grobalization of nothing'*과 '유有의 글로컬라이제이션the

* 'grobalization(글로벌리제이션 혹은 성장세계화)'은 성장growth과 세계화globali-

glocalization of something'*에 대해 이야기했다. 마누엘 카스텔(Manuel Castells 1996)은 '시스템의 세계'와 '삶의 세계'에 대해 니칼라스 루만Nikals Luhmann과 같은 어조로 논했다. 키스 하트(Keith Hart 2015)는 인간의 경제와 신자유주의의 경제를 대조해 보았고, 벤저민 바버(Benjamin Barber 1995)도 그와 비슷한 논리로 '지하드Jihad'와 '맥월드McWorld'를 비교했다. 이 모든 경우에서 로컬은 글로벌의 균질화와 표준화 경향에 후폭풍을 날렸다.

세계화를 다룬 현존 문헌의 양은 방대하지만, 모두 자체적인 한계를 지니고 있다. 특히 세계화라는 현상에 관한 대부분의 학문적 연구나 저널리즘적 해석은 전 세계를 하나의 거대한 회사나 쇼핑몰처럼 취급하거나, 지역의 특수성을 무성의하고 피상적인 관점에서 고려함으로써 모든 지역적 특수성과 개별성을 평탄화하는 경향을 보인다. 반면 세계화에 관한 기존의 인류학 연구는 연구범위를 세계화의 한두 가지 요소에 국한시키거나, 어느 한 지역의 현실에만 과도하게 집중해 연구의 확장성을 스스로 차단하고 있다. 이러한 한계는 변증법적으로 초월되어야만 한다. 이를 위해서는 연구의 설계 단계부터 보편성

zation의 합성어다. 국가, 기업, 기관 등이 세계 각지에서 자신의 영향력을 강화하려는 움직임으로 인해 진행되는 세계화를 의미한다. 무無, nothing는 세계화가 허상에 불과하다는 뜻이 아니라, 모두가 똑같아져 차이가 없어진다는 의미다.

* 'glocalization(글로컬라이제이션 또는 세방화世方化)'은 global과 localization의 합성어다. 주로 다국적 기업의 현지화전략을 지칭하는 데 사용되지만 글리츠는 세계화의 영향력과 지역의 고유성 간의 상호작용의 결과물이라는 의미로 주로 사용했다. 유有, something는 세방화의 결과로 차별화된 내용이 존재하게 되었다는 의미다.

과 특수성 사이의 대립을 전제해야 한다. 현대 세계를 바라보는 관점은 포괄적이면서도 명확해야 하기 때문이다. 하늘위에서 내려다본 풍경도 필요하지만, 돋보기로 들여다본 정밀한 사진도 필요하다. 거시macro와 미시micro, 보편성과 특수성은 반드시 동전의 양면처럼 인식해야 한다. 양陽이 없이는 음陰을 이해할 수 없고, 롤스 없이는 로이스도 없었던 것처럼*, 세계화도 한쪽만 보아서는 다른 하나를 설명할 수 없다.

세계화에 대한 지역의 인식과 반응을 조사하는 데 민족지적 현지조사**보다 더 우수한 연구방법론은 없다. 지역의 삶을 온전히 이해하는 데 반드시 필요한 디테일의 세밀함과 해석적 풍부함을 동시에 제공하는 사회과학적 연구방법론은 민족지가 거의 유일하다. 이는 글로벌 위기에 대한 지역의 해석과, 그에 따른 결과를 실천적 차원에서 온전히 이해할 수 있도록 해준다. 뿐만 아니라 '지역의 공통된 관점' 같은 개념도 없다. 어떤 공동체라도 그 안의 개인들은 입장이 서로 다르기 때문에, 내

---

* 영국 자동차회사 롤스로이스Rolls-Royce에 관한 이야기. 이 회사는 레이서였던 찰스 롤스와 엔지니어이자 기업가였던 헨리 로이스가 힘을 합쳐 만들었다.

** ethnographic field research. 민족지民族誌: ethnography는 인류학적 연구 방법론의 가장 큰 특징이다. '민족'이나 '종족'을 가리키는 그리스어 'ethno'와 기록을 의미하는 'graphia'의 합성어이며, 인류학자가 낯선 문화를 가진 집단의 사회·문화·관습·제도 등을 관찰한 것을 상세하고 체계적으로 기술한 연구결과물을 뜻한다. 현지조사(field research 혹은 fieldwork)는 민족지를 작성하기 위해 수행하는 실제 조사 과정이며, 인류학자가 낯선 집단에 들어가 1년 이상 함께 생활하며 수행하는 것이 전통이었다. 고전적으로는 전혀 다른 언어와 관습을 지닌 타문화를 대상으로 수행되었지만, 고립된 세계가 남아있지 않은 현대에는 다양한 집단·하위문화·사이버공간 등으로 대상이 다양화되고 확대되었다.

재된 관점도 다양할 수밖에 없다. 상황의 변화에 따라 누군가가 이득을 보았다면 누군가는 손해를 보았기 마련이며, 변화를 위협으로 여기는 자가 있다면 기회로 여기는 자도 있다. 다만 그 누구도 변화가 초래할 장기적인 영향을 예측할 수 없을 뿐이다.

비록 민족지가 모든 사회과학적 방법론 가운데 가장 풍부하고 자연스럽다고는 하지만, 세계적인 상호연결성, 궁극적으로는 글로벌 시스템의 영역을 탐구하기에는 불충분하다. 그러므로 민족지에는 반드시 보완적 연구가 필요하다. 민족지는 인간의 삶과 세계에 대한 이해의 범위가 대단히 깊고 넓지만, 한편으로는 그만큼 깊이도 폭도 충분치 못하다고 말할 수 있다. 특히 역사적 깊이와 사회적 넓이가 부족하기 쉽다. 바꿔 말하면 글로벌 위기를 올바로 이해하기 위해서는 민족지적 현장 연구를 통한 세부적인 지식과 더불어, 이를 보완할 충분한 맥락적 지식(통계적, 역사적, 거시 사회학적 지식)이 모두 요구된다는 뜻이다. 이러한 맥락적 지식은 민족지를 21세기 초의 인류에 관한 보다 넓은 대화에 참여할 수 있게 해준다. 인간은 추상적으로 일반화된 세계가 아닌 실재하는 세계에 살고 있기 때문에, 지역적 삶의 세계에 기반을 두지 않고서는 세계화에 대한 그 어떤 논의도 완성될 수 없다. 하지만 지역적 현실은 그 지역이 속한 시스템의 일부밖에 보여주지 못하기에, 지역에 대한 탐구만으로는 불충분하다.

'세계화'라는 용어가 일반적으로 사용된 지는 채 10~20년이 되지 않았지만, 자본주의는 19세기 이후부터 세계를 지배하고 있으며 오늘날 화폐경제 없이 독립적으로 살아갈 수 있는 인간 공동체는 남아있지 않다고 해도 좋다. 봉건시대의 토지 보유권 land tenure 개념은 사적인 소유권으로, 생계를 위한 영농은 임금 노동으로, 전래동화는 TV로 대체되었다. UN은 2007년 이후 세계 인구의 절반 이상이 도시에 사는 것으로 추정된다고 발표했고, 2050년에는 세계 인구의 70%가 도시에서 살게 될 것이라 예상했다. 그리고 비록 정도와 방식은 제각각이지만, 국가도 인간 삶의 거의 모든 영역에 침투하게 되었다.

이 세계는 상호 연결되어 있지만, 그다지 매끄럽고 깨끗하게(아무런 이음새도 찾을 수 없을 정도로) 연결되어 있지는 않다. 권리와 의무, 기회와 제약은 예나 지금이나 불공평하게 분배되고 있으며, 특히 자본주의 세계의 시스템은 근본적으로 불안정하고 모순으로 가득하다. 전문가들조차 거의 예측하지 못하는 위기가 끊임없이 일어나고 있다는 것이 그 증거다. 근본적인 모순 중 하나는 보편화를 강제하는 글로벌 모더니티와 주체성을 갖기를 원하는 지역적 공동체(혹은 사회) 사이에 존재하는 만성적인 갈등에서 나타난다. 표준화, 단순화, 보편화를 향한 움직임은 언제나 지역적인 가치와 실천과 관계들의 방어벽에 부딪힌다. 다시 말하면 세계화가 세계를 하나로 이어주기는커녕 오히려 갈등을 부각시키는 것이 현대 세계의 전형적인 양상이다. 그 갈등은 시스템의 세계와 삶의 세계 사이의 갈등, 표준화된 것과 유일무이한 것 사이의 갈등, 보편성과 특수성 사이의 갈등이다.

그보다 한 단계 높은 관념적 층위의 갈등으로는 경제개발과 인류의 지속가능성 사이의 오래된 갈등이 있다. 이 갈등은 21세기 자본주의의 가장 근본적인 이중구속을 구성하고 있다. 경제성장과 생태 환경의 등가교환은 사실상 세계 모든 곳에서 일어나고 있다. 인간의 활동(특히 화석 연료를 사용하는 활동)에 의해 세계 기후가 불가역적으로 변화하고 있다는 문제의식은 전 세계 정치가와 학자들에게 널리 받아들여지고 있다. 하지만 그 외에도 글로벌 사우스 도시들의 대기오염, 인燐(화학 비료의 핵심 물질)의 고갈, 각종 동물의 남획, 토양 침식 등의 환경문제도 대단히 심각한 상황이다. 하지만 환경문제에 우려를 표하는 정치인도 자리가 바뀌면 같은 입으로 경제성장을 옹호한다. 그것도 화석 연료와 같은 재생 불가능한 자원의 사용 증가를 전제로 하는 경제성장을 옹호한다. 이는 또 다른 필수적인 가치인 지속가능성과 모순되며, 자신의 영속적 존재 기반을 약화시키는데 일조하는 행위다.

글로벌하게 상호 연결된 세계는 만성적인 위기를 생성하는 경향이 있다. 그 위기는 통제 불가능하고, 불안정하고, 의도치 못한 결과들을 가득 초래하는 과정을 거쳐 복잡하게 구성되는 위기다. 거기에는 이중구속이 있고, 불균등한 속도로 이루어지는 변화가 있고, 보편화와 지역화 사이의 위태로운 관계가 있다. 세계화가 불러일으키는 커다란 전환은 크게 환경, 경제, 정체성의 세 가지 영역에서 일어난다. 물론 글로벌 체제의 근본적 모순은 분명 경제성장과 지속가능성 사이의 갈등에 있지만, 이 세 영역은 상호 연결되어 있으면서도 비교적 독립적인 영역이다. 그래서 이 세 영역의 위기는 핵심적인 특성을 공유하면서도 그 위기를 지각하고 이해하고 대응하는 방식은 각 지역에 따라 다르게 이루어진다.

나는 이 책에서 위 세 가지 영역의 전환을 바라보는 관점을 발전시키고자 한다. 그것은 글로벌한 전환 과정에는 근본적인 모순이 내재되어 있으며 글로벌보다는 지역을 우선으로 해야 한다는 주장으로, 현대 세계에 대한 대표적인 비판적 관점이다. 또한 민족지 기반의 연구로 21세기 초의 통합 학문적 연구의 역사에 작은 공헌을 하려 한다. UN이 정한 빈곤선 아래에 있는 세계인구의 수, 지난 반세기 동안 멸종된 종種의 수, 인도와 베네수엘라의 인터넷 사용자 수…. 이런 크고 추상적인 수치들을 실제 현실의 삶과 연결시키지 않은 채로 현대 세계에 관한 논의의 서문에 꺼내는 일은 옳지 못하다. 에티오피아의 경제가 7% 성장했다고 모든 에티오피아인들의 형편이 어떤 의미로든 7% 좋아졌다고 말할 수 없음은 분명하다. 어떤 사람들은 이런 추상적인 수치의 상승을 기념하고 축하하지만, 그들은 그 숫자 뒤에 있는 무엇인가를 제대로 보지 못하는 것 같다. 그들의 스케일은 관념적 층위에 머물러 있고, 거기에는 현실의 삶이 들어갈 자리가 없다. 2015년 12월 파리에서 열린 기후변화에 관한 국제 협약에 사인을 했다는 사실이 기후변화를 저지하기 위한 행동을 즉각 실천한다는 뜻이 아닌 것도 이와 마찬가지다. 거대한 태피스트리를 짤 때 작은 점과 점을 연결해가며 만들 듯이, 세계화에 관한 논의도 세계 각지에서 일어나는 비슷하면서도 각기 다른 지역적 삶과 글로벌 프로세스를 꼼꼼하게 잘 엮어야 신뢰를 얻을 수 있다.

이 책은 현대의 신자유주의적 글로벌 자본주의, 글로벌 정보사회, 냉전 이후의 세계에 대한 이야기다. 정보통신기술의 발달로 전 세계 어디서든 빠르고 저렴한 커뮤니케이션이 가능한 세계, 사회주의 국가들의 '제2세계'가 소멸한 세계, 신자유주의 경제가 패권을 장악한 세계, 중국이 경제 강국이 된 세계, 종교(주로 이슬람이지만 다른 종교도 포함)를 둘러싼 정치적 갈등이 고조되고 자주 폭력사태로 비화되는 세계, 주류 정치계에서 지구의 생태학적 미래에 관한 우려가 점점 커지는 세계, 무분별한 개발이 계속되는 세계, 그러나 신자유주의적 세계 질서에 대한 불만이 증가하며 '대안적 세계화 운동Alterglobalisation Movement'의 목소리가 커지고 있는 세계에 대한 이야기다. 이 모든 근래의 현상들은 지금이 진정 새로운 세계, 특히 널리 알려진 개념의 20세기 세계(에릭 홉스봄이 『극단의 시대』에서 언급한, 제1차 세계대전과 러시아 혁명에서 시작해 1991년 소련의 최종적인 해체로 마무리된 세계)와 구분되는 신세계임을 나타내는 지표다.

세계화의 담론은 구조보다 흐름을, 뿌리보다 줄기를, 억견臆見, doxa보다 성찰을, 집단보다 개인을, 고정성보다 유동성을, 의무보다 권리를, 안보보다 자유를 위에 두는 것을 막으려는 경향이 있으며, 세계화를 질적으로 새로운 무엇인가로 강조하려 노력한다. 이러한 유형의 담론이 필요할 때도 있지만, 이들은 자주 편향된 경향을 보인다. 이에 대해 인류학자들은 '글로벌 횡설수설globalbabble'*이나 '권위주의적 세계화globalitarism'**와 같은 용어를 사용하며 세계화에 대해 경멸적으로 이야기하거나(Trouillot 2001), 극단적 일반화에 맞서 지역(취향에 따라 local이 아닌 glocal이라 칭하기도 한다)의 유일성을 다시금 강조하는 방식으로 대응하곤 한다.

물론 현재의 초국적 네트워크는 그 영역과 속도와 도달범위를 고려할 때 질적으로 새로운 그 무엇임에 틀림없다. 이제 몇몇 글로벌리제이션 이론가들은 기존 세계의 가라앉음은 반드시 포스트모던한 신인류의 탄생을 강력하게 예고하는 새로운 가치의 떠오름으로 이어진다고 주장한다(예시: Sennett 1998). 이들은 기존과는 뿌리부터 다른, 탈영토화된 가치와 파편화된 정체성으로 구성된 새로운 가치의 등장을 예언하지만, 때로 자신들의 유럽 중산층 아비투스인 '단골 관광객들의 계급의식'***(Calhoun 2002)을 일반화한다는 비난을 받는다. 『글로벌

---

* 글로벌에 관한 논의가 종종 너무 추상적이고 넓은 영역에서 이루어짐을 비판하는 용어. (참조: Abu-Lughod, Janet. "Going Beyond Global Babble." *Culture, Globalization and the World System: Contemporary Conditions for the Representation of Identity*. Ed. Anthony D. King. Minneapolis: U of Minnesota P, 1997. 131-137.)

** globalism + autoritarism(권위주의). 권위주의적 글로벌리즘. 글로벌리즘이 세계 어느 곳에서도 거부하기 힘든 지배이데올로기화 되었음을 나타내는 용어.

*** 세계시민주의가 서양의 관점에서 주로 논의되고 있음을 비판하는 표현. 세계 어디를 가도 쉽게 비자를 발급받을 수 있는 여권과 신용카드로 무장한 채 현존하는 정치적 · 사회적 공동체를 자유롭게 왕래하는 '단골 관광객'들의 입장에서 '세

복잡성*Global Complexity*』에서 세계화가 세계시민주의Cosmopolitanism를 광범위하게 자극할 가능성이 있다고 주장했던 사회학자 존 어리(John Urry 2003)는 이러한 비판의 대상으로 인식될 수 있지만, 실제로 비판을 가하기에는 무리가 있다고 본다. 어리는 그러한 주장을 하는 동시에, 많은 맥락에 원근의 법칙을 적용해야 한다고 선뜻 인정했다. 가령 텔레비전 시청 패턴의 글로벌 트렌드는 지역에서 생산된 프로그램에 대한 지역 시청자의 선호도를 바탕으로 구성됨을 고려해야 한다고 했다.

마누엘 카스텔은 3부작 『정보화시대*The Information Age*』에서 현대 세계의 새로움에 대해 논의했다. 그는 1권과 3권의 뒷부분에 각주로 조그맣게 "새로운 것과 그렇지 않은 것의 구분은 중요한 문제가 아니다. 중요한 것은 이것이 우리가 탐구해야만 하는 우리의 세계라는 사실이다."(Castells 1998, 336)고 했다. 나는 카스텔의 분석에 많은 부분 동의하지만 이 말에는 동의하지 않는다. 우리가 현대 세계에 대해 제대로 이해를 하고자 한다면 무엇이 새롭고 무엇이 그렇지 않은지는 중요한 문제다.

사회의 다양한 영역들과, 문화와, 삶의 세계는 제각기 다른 속도로 변화하며 각자의 리듬에 따라 재생산되고 있다. 그러므로 가속화된 세계화가 일으키는 갈등을 파악하기 위해서는 빠름과 느림, 변화와 지속이 나뉘는 지점을 알아야 할 필요가 있다.

계시민주의'란 무척 활용도가 높은 수사적 표현임을 지적했다.

가속화된 경제성장

가속화된 경제성장은 현대 사회에 관한 가장 확실한 사실이다. 우리 인간은 과거 그 어느 때보다 머릿수가 많아졌고, 활동도 늘어났고, 기계의 도움을 많이 받고 있으며, 서로에게 의존하는 영역이 많아졌다. 어떤 방식으로 측정하든지 상호연결성과 경제성장이 수치적으로 증가했다는 결론을 피할 수는 없다. 오늘날 인류는 역사상 가장 많은 개체수를 확보했으며, 각 개인이 외부세계와 갖는 연결고리도 부모나 조부모 세대에 견주어 평균적으로 크게 늘어났다. 인구가 급격히 증가했다는 표현은 많이 들어봤겠지만, 인구 증가보다 빠른 증가세를 기록한 영역도 여럿 있다. 인터넷 사용자 수는 1990년 이후 그야말로 빛의 속도로 증가했다. 그 이전에는 거의 아무도 인터넷을 사용하지 않았으니 당연하다 할 수 있다. 하지만 인터넷 사용자 수는 지금도 계속해서 증가하고 있다. 2006년만 하더라도 사하라 사막 이남의 아프리카(역사가 다른 남아프리카 공화국은 제외)에서는 고작 인구의 2%만이 인터넷에 접속한 것으로 추정되었다. 2016년에는 추정치가 25~30%까지 올랐지만, 이는 대게 스마트폰의 구입이 쉬워졌기 때문이며 인터넷 카페가 우후죽순처럼 생겨났거나 아프리카에 컴퓨터가 널리 보급되었기 때문은 아니다. 급격한 증가세를 보인 수치에는 이주자의 수도 있다. 내가 문화적 다양성에 대해 글을 쓰기 시작했을 1990년

즈음 내 고향 노르웨이에는 20만 명(이주 2세대 포함)의 이주자가 있었다. 하지만 2016년에는 80만 명을 넘어섰다. 글로벌 사우스의 도시화 속도도 만만치 않다. 모리타니Mauritania의 수도 누악쇼트Nouakchott나 소말리아의 수도 모가디슈 같은 도시는 1980년대 초부터 성장하기 시작해 수십만의 인구가 수백만이 되었다. 도시인구가 한 세대 만에 1000% 성장한 셈이다.

관광도 언급해야 한다. 일찍이 1970년대에 교양 있는 북유럽인들은 스페인 해변이 단체 관광으로 '망가졌다'고 안됐다는 듯이 말했다. 하지만 스페인은 독재가 끝난 이듬해인 1979년 한 해 동안 1천5백만 명의 관광객을 받았고, 2015년에는 6천만 명을 끌어들였다. 그러니까 40년도 지나지 않아 4배나 많아졌다는 뜻이다.

국제 무역의 성장도 관광이나 도시화 못지않게 극적으로 증가했다. 컨테이너 선박과 그에 연관된 크레인, 철도, 규격화된 철제 컨테이너, 컨테이너에 맞춰 재건설된 항구들은 어쩌면 통합되고, 규격화되고, 상호 연결된 세계를 **가장 잘 보여주는 상징**일지도 모른다(Levinson 2006). 1950년대에 발명된 컨테이너 시스템은 느리지만 확고하게 국제 무역의 핵심적 지위를 획득했고, 10여년 후에는 산업 표준이 되었다. 2003년에서 2014년 사이 상하이 항과 싱가포르 항의 총매출은 2배 이상 뛰었다. 1980년 이후 세계GDP는 250% 상승한 것으로 추정되지만, 동일 기간에 국제 무역은 600% 상승했다(IMF 자료). 이러한 성장은 특히 컨테이너 선박으로 절약한 운송비의 덕택이 컸다.

웹사이트, 국제기구, 컨퍼런스와 워크숍, 휴대전화와 TV, 개인 승용차, 문자 메시지… 이 외에도 많은 영역이 가파른 상승 곡선을 그리며 성장하고 있다. 페이스북은 2005년에는 존재하지도 않았지만, 10년 뒤에는 10억 명 이상이 사용하는 플랫폼이 되었다.

그러나 모든 변화가 빠르게 일어나는 것은 아니며, 모든 변화의 결과가 비슷한 중요도를 갖는 것도 아니다. 관광업의 성장이 놀랍기는 하지만, 문자 메시지의 성장 속도에 비하면 언제나 느렸다. 우리는 문자 메시지, 페이스북, 관광, 케이블 TV의 성장이 현대인의 삶을 어떻게 변화시켰는지에 대해서는 부분적이나마 이해하고 있다. 그러나 그보다도 더 현대 세계를 이해하는데 필수적이며, 저항하기 어려운 미래를 초래하는 물질적 변화가 두 가지 있다. 바로 인구와 에너지 사용량의 증가다.

1800년의 10억 명, 1920년대 후반의 20억 명과 비교해보면, 70억 명으로 늘어난 세계 인구가 얼마나 많은 수치인지 알 수 있다. 이 많은 인구는 갖가지 방식으로 여행, 생산, 소비, 혁신, 커뮤니케이션, 분쟁을 재생산하고 있다. 또한 우리는 그 어느 때보다도 서로에 대해 점점 더 많은 것을 알아가고 있다. 지난 2세기 동안 이루어진 커뮤니케이션과 운송의 점진적 증가는 상호 간의 접촉을 풍부하게 했고 고립을 어렵게 했으며, 늘어난 세계 인구를 전에 없이 가깝게 엮어놓았다. 그래서 세계는 서로가 서로에게 영향을 주고받지만 아직 문화적 차이 · 지역적 정체성 · 힘의 분산이 완전히 없어지지는 않은 상태가 되었다. 인간의 숫자가 나폴레옹 전쟁이 끝나던 때(1815년)보다 7배 늘어났으니 에너지 사용량이 그만큼 늘었다 한들 이상하지는 않다. 하지만 실제 전 세계의 에너지 사용량은 인구보다도 더 많이 증가했다. 1820년, 한 명의 인간이 1년 동안 사용하는 총 에너지의 평균은 20GJ기가줄, gigajoule이었다. 그러나 화석연료의 대량 사용을 가능하게 한 기술의 발전에 크게 힘입은 인류는 2세기 만에 1인당 연평균 에너지 사용량 80GJ을 달성했다. 하지만 이러한 에너지는 결코 평등하게 소비되지 않고 있으며, 오늘날 부유한 국가에 사는 사람들은 1인당 50명의 노예를 거느린 것과 같은 엄청난 머신파워를 이용하고 있다.

세계 인구가 1814년에 비해 7배 증가했으므로 같은 기간에 1인당 에너지 사용량이 4배 증가했다면 총 사용량은 28배 증가한 셈이다. 그 부작용은 익히 알려져 있다. 직접적이고 가시적으로 느낄 수 있는 부작용은 환경오염과 공해다. 보다 눈에 띄지 않지만 더욱 중대한 결과를 초래하는 부작용은 장기적인 기후변화와 (재생 불가능한) 에너지 자원의 고갈이다.

만약 19세기의 폭발적인 인구증가가 없었다면 인류는 화석연료 혁명의 가장 치명적인 부작용을 피할 수 있었을지도 모른다. 독창적 사상가이자 고집 센 과학자였던 제임스 러브록(James Lovelock 2006)은 『가이아의 복수*Revenge of Gaia*』에서 세계 인구가 딱 10억 명뿐이라면 우리는 우리 마음대로 살 수 있을 것이며 지구도 회복될 것이라고 했다. 같은 방식으로 상상해보자면, 실현 가능성은 없지만 이런 이야기도 해볼 수 있으리라. 화석 연료 혁명이 일어나지 않고도 세계 인구가 7배 증가할 수는 없었을까? 만약 그랬다면 기후변화는 피할 수 있었을지 모르지만 세계 인구의 절대 다수는 항구적인 비참함과 가난 속에서 살아야 했을 것이다. 그 대신 우리는 모더니티가 고속 기어를 넣고 모든 영역에서 최고속도로 달려가고 있는 세계에 살고 있다. 이는 대단히 위태롭고 자기 파괴적인 상황이다. 게다가 제레미 그랜담Jeremy Grantham이 보여주었듯이, 성장에는 한계가 있다(Grantham 2011; Hornborg 2011; Monbiot 2014; Rowan 2014). 이는 현시대 모더니티의 가장 큰 난제이며, 진보와 개발에 대한 전통적인 계몽주의-산업시대의 사상을 한 세대 전에 비해 더욱 옹호하기 힘들게 만드는 요인이다.

문제는, "마치 낭떠러지를 향해 돌진하는 차량에 제 몸을 묶어두고 있는 것과 같은 이 현대 사회를 살릴 수 있는 실현가능한 대안이 무엇인가?" 하는 것이다. 이는 우리 시대의 가장 중대한 문제로서 결코 간단한 하나의 해결책으로 풀릴 수 없다. 심지어 이 문제를 어떻게 서술해야 하는지에 대해서도 일반적으로 일치하는 견해가 없다. 문제 해결을 위해서는 지적이고 정치적인 상상력으로 만들어 낸 건강한 처방전이 필요하지만 하나의 처방전이 모두에게 잘 맞는 것은 아니다. 공동체의 자원을 지속가능하게 관리하는 방법에 대한 연구로 유명한 경제학자 엘리너 오스트롬(Elinor Ostrom 1990)이 말했듯이, 코스타리카에서 먹혀든 방법이 네팔에서도 잘 작동하리라 믿을 이유는 아무것도 없다. 각각의 지역은 다른 지역들과 서로 얽혀 있지만, 한편으론 여전히 고유하고 서로 구별되어 있다.

역사의 가속

일부 낙관적 자유주의자들은 헤겔의 논리를 어설프게 따라서 베를린 장벽의 붕괴가 '역사의 종언'을 의미한다고 주장했지만*, 그런 일은 일어나지 않았다. 오히려 그와는 반대로 역사는 어디로 향하는지도 모른 채 더 빠르게 흐르기 시작했다(Hann 1994).

1970년대 후반, 하나의 이야기가 현대 세계의 성장 방식에 관한 주도적인 이론으로 널리 받아들여지고 있었다. 그것은 계몽과 발명, 정복과 탈식민, 발전과 복지, 전쟁과 평화에 관한 이야기였다. 자유주의자, 보수주의자, 사회주의자, 공산주의자들은 이 이야기를 각자의 취향에 맞춰 '충성'과 '비판'이라는 두 가지 버전으로 만들어냈다. 바로 그때, 인류의 진보에 대한 그 이야기가 빛을 잃었다. 화려하고 당당하게 퇴장한 것이 아니라

* 헤겔은 역사가 변증법적 발전을 거듭하면 더 이상 올라갈 수 없는 경지에 이른다고 생각했으며, 이를 '역사의 종언The End of History'이라 불렀다.

조용하고 씁쓸하게 사라져갔다. 하지만 오늘날에는 "우리는 어디에서 왔으며 어디로 가고 있는가?"에 대한 대답 가운데 그처럼 많은 대중의 마음속에 널리 받아들여진 이야기가 없다. 세계 어디에도 없다. 어쩌면 변화가 너무 빠르게 일어나고 있기 때문일지도 모른다. 오늘날 세계적으로 중산층에 속하는 사람들은 그들의 증조부 세대보다 17배 많은 경험을 하고 있다지만 그 경험을 소화하고 이해할 수 있는 신체기관을 발달시키지는 못했다. 어쩌면 그저 인류 진보의 부작용들이 너무 눈에 잘 띄는 때문인지도 모른다. 우리는 수렵채집 사회에서 농경 사회로, 다시 산업 사회로 이어지는 알기 쉽고 교훈적인 성장과 발전의 이야기를 폐기하는 수순에 들어갔다. 페미니즘, 포스트식민주의, 마르크스 주의를 비롯한 여러 사상이 그 이야기의 후계자 자리를 두고 자연스레 경합을 벌였지만, 그들 가운데는 어떤 공통적인 틀이 있었다. 글로벌 정보사회, 그리고 그 사회가 어디로 흘러가고 있는지를 비슷하게라도 설명한 사상은 그 중 하나도 없었다. 그게 아니라면 그들 모두가 이를 고려했지만 프랭크 푸레디(Frank Furedi 2005)가 칭한 소위 '공포 문화 a culture of fear'에 따라 미래를 너무 암울하게 전망했는지도 모른다.

만약 모더니티와 포스트 모더니티라는 시대를 구분할 기준점이 필요하다면, 나는 앞서 언급했던 1991년을 제안하고 싶다. 첫째, 1991년은 오리지널한 형태의 냉전이 종료된 해이다. 전후 시대를 규정지었던 양대 블록 체제가 갑작스레 끝이 났다. 자본주의와 사회주의의 이념 대결이 끝내 소리 없는 승리의 박수소리와 함께 끝나는 듯했다. 그와 동시에 인도에서는 라지브 간디Rajiv Gandhi 정부에 의해 대규모 경제 규제 철폐가 시행되었다. 1991년은 또한 아파르트헤이트가 공식적으로 역사의 쓰레기통으로 들어간 해이다. 넬슨 만델라는 그 일 년 전에 석방되었고, 국민당National Party과 아프리카 민족회의ANC, African National Congress가 성실하게 협상에 임하기 시작했다. 장차 세계의 모든 국가는(쿠바나 북한 같은 고집 센 외톨이들은 제외하고) 글로벌 신자유주의의 한 부분으로 구성될 예정이었다. 그것은 규제에 반대하는 자본주의의 가장 공격적이고 치명적인 형태로, 정부의 주된 역할은 소위 자유 시장free market의 기능을 보장하는 것이다. 그러나 신자유주의가 꼭 좋지만은 않다는 사실이 얼마가지 않아 드러났다. 사회적 불평등은 여전히 존재했고, 특히 미국 같은 몇몇 국가에서는 엄청나게 불평등이 증가했다. 글로벌 사우스 국가들은 그들이 예측했던 성장 노선(대략 글로벌 노스가 지나왔던 길과 유사한)을 제대로 실현시키지 못했다. 경제학자 조셉 스티글리츠(Joseph Stiglitz 2002), 투자자 조지 소로스(George Soros 2002), 철학자 존 그레이(John Gray 1998)와 같은 영향력 있는 조언자들은 과거에는 신자유주의 패러다임의 옹호자였으나, 생각을 바꿔 규제를 철폐하는 세계 경제를 통렬히 비판하는 글을 썼다. 그와 동시에 인도, 이스라엘, 북아일랜드의 수도 벨파스트에서 파키스탄 산악지대 발루치스탄에 이르는 많은 지역에서 정치화된 종교나 정체성 정치 같은 것들이 들끓기 시작했다. 분열과 반목을 일으키는 이러한 정치 형태는 모더니티와 교육의 힘으로 약화되리라 예상했지만 실상은 그와 정반대였다. 1990년대 중반에 일어난 유고슬라비아 전쟁과 르완다 대량 학살 사건은 '친족과 조상의 개념에서 비롯된 정체성'이 여전히 수백만의 사람에게 중요하게 여겨지고 있으며 언제든 끔찍한 형태로 분출될 수 있음을 상기시켜 주었다. 1991년은 또한 살만 루시디Salman Rushdie 사건이 정점에 달했던 때다. 1988년 출간된 루시디의 소설 『악마의 시*The Satanic Verses*』는 무슬림 고위 성직자들에게 신성모독이라는 비난을 받았으며, 이란 성직자들은 루시디가 출석하지 않은 재판에서 "저자를 사형에 처한다."고 선고했다. 이 사건은 지역 또는 국가 내의 활동이 전 세계에 즉각적인 파문을 일으킬 수 있음을 보여주는 실제적 사례다.

그와 비슷한 시기에 전 세계 중산층에 이동전화와 인터넷이 급속한 속도로 보급되기 시작했고, 자연스럽게 아래 계층으로도 퍼져 나갔다. 그에 따라 특정한 유형의 유연성이 증가했다. 사람들은 언제 어디서나 일을 할 수 있게 되었다. 하지만 이런 기술의 발전은 파편화의 증가에도 일조했다. 인류는 공간적 측면에서는 유연성의 혜택을 얻었지만, 시간적 측면에서는 오히려 피해를 본 것 같다. 인간의 삶은 무시무시한 급류의 한가운데에 서게 되었다. 이제 우리의 시선은 먼 미래를 보지 못하고 코앞에 다가올 한순간에 고정되어 있다. 이는 느리고 누적적인 시간 속에서 이루어지던 성장과 발전에는 참으로 어려운 문제가 되었다.

유사한 형태의 유연성이 노동과 비즈니스의 영역에도 영향을 미치기 시작했다. 그러나 우리가 대안적 행동을 필요로 하게 된 상황은 그와 같은 유연성이 아니라 불안정성과 불확실성에서 기인했다. 단기 전략과 장기 전략을 구분하던 회사들이 그러기를 그만두었다. 이제는 거의 모든 일이 단기적으로 되었기 때문이다. 그 누구도 5년이나 10년 뒤의 세계가 어떤 모습일지 알지 못한다. 노동자들이 피부로 느끼는 가장 큰 변화는 근본적인 불안정성이다. (인류세와 신자유주의가 함께하는) 포스트 밀레니엄 시대의 사회과학계에서 가장 널리 사용되는 신조어는 '프레카리아트the Precariat'*다(Standing 2011). 프레카리아트는 단기적이고 임시적인 직장에 고용되어 내년, 아니 어쩌면 다음달에도 일을 할 수 있을지 조차 모르는 수백만의 노동자로 구성되어 있다. 경제학자 가이 스탠딩이 이야기한 이 '새로운 위태로운 계층'은 영국의 건설 현장이나 덴마크 대학가, 멕시코의 작업장, 필리핀 조선소 등지에서 쉽게 만날 수 있다. 그 수백만의 사람들에게 신자유주의의 규제 철폐란 불안정성의 증가와 자율성의 축소를 의미할 뿐이다.

이러한 세계는 분명 새로운 세계지만 여기서 이야기한 현상과 관련된 모든 영역이 새로운 것은 아니다. 특정한 과열효과

---

* '불안정한'이란 뜻의 이탈리아어 'Precàrio'와 노동자 계급을 의미하는 '프롤레타리아트Proletariat'의 합성어. 일정하지 않은 소득, 안정적이지 않은 직장, 사회보장제도에서의 배제 등으로 불안정한 삶을 사는 계층을 뜻한다.

에 대한 몇 가지 사실과 가설을 이야기하기 전에 해야 할 일이 있다. 그것은 새로운 것과 오래된 것, 변화한 것과 변화하지 않는 것, 수평적 연결과 수직적 연결에 관한 논의에 사용할 적절한 용어를 찾는 일이다. 다음 장에서는 이 과열된 세계를 이해하는 데 도움을 주기 위해 내가 찾아낸 개념, 일종의 논의의 틀을 소개한다.

2

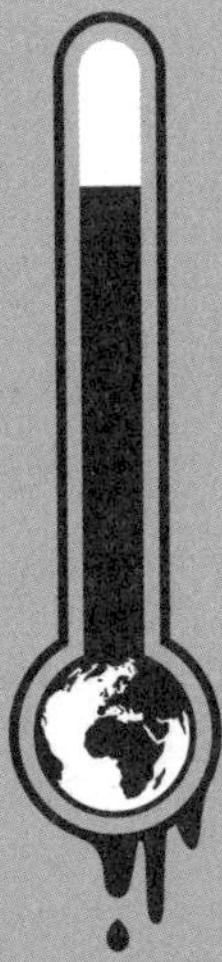

개념 용어 사전

세계화의 특징인 '가속화되고 심화된 접촉'은 각종 갈등과 모순과 분쟁을 초래하고 새로운 도전을 강요한다. 이는 일상생활의 영역은 물론 세계 각지에서 일어나는 큰 스케일의 움직임에도 영향을 미치고 있다. 변화는 불균등하게 일어나며, 초국가적 변화가 지역에 적용될 때는 큰 스케일의 사건이 작은 스케일에 예기치 못한 결과를 초래해 변칙적 적용이 일어나기 쉽다. 이러한 형태의 변화는 전 세계의 지역적 상황을 '과열'시키고 있다. 불균등한 속도로 일어나는 변화는 다양한 내적 · 외적 요인들과 결합해 불안정성과 불확정성을 키우고, 광범위한 관습과 행위에서 의도치 못한 결과가 초래되도록 한다. 이는 많은 이들이 무력감과 소외감을 공유하는 이유이기도 하다. 사람들은 자신이 속한 지역의 특성과 그 안에서의 자신의 지위, 그리고 그것들이 지역적 · 국가적 · 초국가적 시스템 안에서 차지하는 위상을 고려하여 저마다의 다양한 방식으로 이러한 변화를 인식하고 대응한다. 세계화를 이해하기 위해서는 세계화로 인한 위기가 지역적 맥락에서 어떻게 다루어지는가를 탐구할 필요가 있다. 그 지역의 사람들이 강요된 변화에 어떻게 맞서는지, 초국가적 힘과 지구촌과 자신들 사이의 관계를 어떻게 형성해 나가는지, 생존 · 자치 · 저항의 전략을 어떻게 개발해 나가고 있는지를 탐구해야 한다. 이러한 탐구는 반드시 그 '장소의 혼genius loci'*을 진지하게 받아들이고, 역사적 맥락에서 지역성을 고려한 다음에 이 개념들을 글로벌한 프로세스의 분석에 연결시켜야 한다. 마지막으로 '과열' 현상의 편재성遍在性, ubiquity을 입증하기 위해 성격이 아주 다른 지역 간의 체계적 비교가 필요하다.

지역의 입장에서 '변화'를 해석할 때는 재생산을 위한 새로운 도전으로 이해하는 것이 가장 좋을 것이다. 전 세계 모든 사람이 지금까지 유지해오던 경제활동 방식을 재검토해야 하는 상황이다. 모두가 자기 스스로를 규정할 권리를 압박받고 있으며, 때로는 정체성의 위기까지 느낀다. 아울러 물리적 환경의 변화는 현대 세계의 문명이 대단히 지속불가능하다는 사실을 알려주고 있다. 세계화의 과열현상을 연구할 때 특히 유용했던 분석적 개념은 '이중 구속', '유연성', '폭주 프로세스'와 '쳇바퀴 증상', '재생산'이었고, 현 상태를 기술하는 용어로는 '인류세', '신자유주의', '스케일의 구별'이었다. 이후의 논의를 명확하게 하

* 게니우스 로키. 본래 로마에서는 '지역의 수호신' 개념으로 사용되었던 용어다. 그러나 노르웨이 건축가 노베르그 슐츠Norberg Schulz가 공간이 지닌 장소성을 설명하기 위해 사용한 이후, 주로 서양 건축학계를 위주로 '장소의 혼spirit of place'이라는 의미로 사용된다.

기 위해 지금부터 이 개념들을 소개하고자 한다.

인류세

오늘날 인류는 지구상 모든 곳에 발자국*을 남겨 놓고 있으며, 이는 과거 그 어느 시대를 살펴봐도 유래가 없었던 일이다. 자연과학자 폴 크루첸Paul Crutzen과 유진 스토머Eugene Stoermer는 지난 2000년에 오늘날 어디를 가도 인간의 흔적을 발견할 수 있다는 사실을 발견하고 현재의 지질학적 시기를 '인류세人類世, Anthropocene'라 명명했다(Steffen et al, 2007). 그 정도로 인간은 지구를 지배하고 있다. 설령 인간이 발을 들인 적이 없는 열대 우림이나 사막의 끄트머리라도 인간의 영향에서 자유로울 수는 없다. 기후변화에 따른 가뭄이나 홍수, 인간이 들여온 외래종의 확산 등 인간의 활동이 남긴 발자국을 어디서나 볼 수 있기 때문이다. 인류세라는 명칭이 공식적으로 국제 층서학層序學, Stratigraphy 협회에서 채택된다면, 마지막 빙하기가 끝난 1만2천여 년 전부터 지금까지 이어져온 완신세完新世, Holocene는 지구 역사상 가장 짧은 지질학적 시기가 될 것이다. 하지만 지금과 같은 성장이 계속된다면 인류세는 그 보다 더 짧아질 것이다.

---

* 발자국Footprint은 탄소 발자국, 생태 발자국처럼 어떤 자원 또는 영역에 인간의 활동이 점유한 비율을 나타내는 표현으로 자주 쓰인다. 앞으로도 발자국이라는 표현은 저자가 이러한 맥락을 염두에 두고 사용했음을 이해하고 읽어주기를 바란다.

그렇게 되지 않는다고 하더라도 유럽에서 산업혁명이 일어났을 때부터 우리는 인간의 활동이 예측 불가능한 방향으로 확장되는 것이 특징인 시대에 살고 있다.

어째서인지 현대에는 자연이 문화에 복속되어버렸다. 이제 자연은 더 이상 인간의 문화를 위협하는 대상이 되지 못한다. 오히려 연약하고 망가지기 쉬운 대상, 존재를 잃어버릴 위기에 처한 대상, '지구 전체를 책임져야 하는 특별한 의무가 있는' 인간에게 보살핌과 보호를 받아야 하는 연민의 대상으로 묘사되고 있다. 그러나 이와 동시에 자연은 인간에게 반격을 가하고 있는 것 같다. 기후변화는 가뭄이나 홍수 같은 예측 불가능하고 파괴적인 기상이변을 일으키고, 장기적으로는 이 행성 자체를 인간에게 적대적으로 변화시키고 있다. 하지만 표현을 이렇게 했을 뿐, '자연'은 행동하는 주체가 아니며 그 어떤 의도를 갖고 있지도 않다. 그러나 인류의 지구 지배가 대단히 장기적이고 큰 스케일에서 수많은 의도치 않은 결과를 낳고 있다는 점에는 이견이 있을 수 없다.

진정으로 글로벌한 의미에서 벌어지는 큰 스케일의 과열현상들을 다루는 연구에서 '인류세'는 이제 꽤 친숙한 용어가 되었다. 2010년 이후 인류세를 집중적으로 탐구하는 전문 학회지와 준전문 저널들이 생겨나기 시작했다. 이 용어의 사용빈도 증가율을 그래프로 나타내보면, 아마도 멸종된 생물종과 세계 인구 증가의 상관관계를 나타내는 [그림 2-1]과 같은 모양일 것이다.

그림 2-1 1800년 이후 멸종된 생물종 수와 세계인구

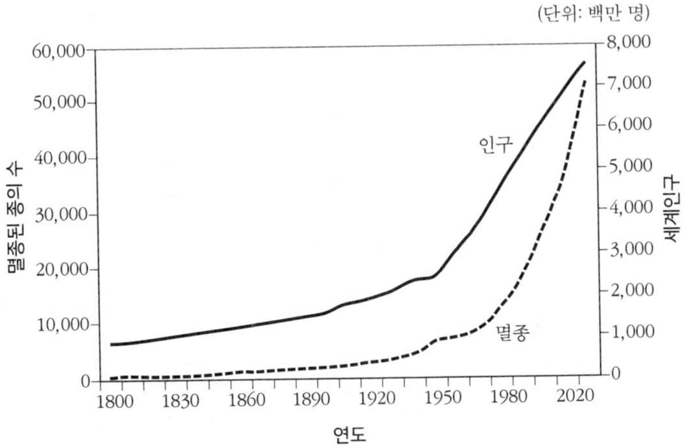

※ 출처: 생물다양성 센터(CBD: Center for Biological Diversity) 2015

세계가 지금보다 인구밀도가 낮고 노동집약적이었을 때 물고기는 바다에 띄운 배가 실을 수 있을 만큼만 잡을 수 있었고, 인간이 만들어 낼 수 있는 자본은 부족했다. 오늘날의 과잉된 세계에서 잡을 수 있는 물고기의 수는 바다에 남아있는 물고기의 수에 의해 결정된다. 바다에 배가 너무 많기 때문이다. 인간의 기술과 능력은 더 높은 효율성을 원하지만, 자연의 곳간은 비어가고 있다. 지구적 맥락에서 보자면, 우리 인간은 과잉 성취를 이루어낸 존재다. 인간은 자신의 필요와 욕구에 맞춰 환경을 변화시키고 자손을 증식하는 데 탁월한 성과를 거두었다. 이것이 '인류세'라는 용어를 긍정적으로 사용하지 않는 이유다. 이는 경고의 의미로 손가락을 까딱거리는 것과 같은 표현이다. 또한 성장을 중시하는 자본주의 윤리와 좀처럼 수그러들지 않

는 낙관적 계몽주의 사상이 종말을 향해가고 있음을 나타내는 표징이다.

신자유주의

이 용어를 한 마디도 쓰지 않고 현대 세계를 설명하기는 무척 힘들 것이다. 원래는 이데올로기적 의미를 내포한 용어지만, 광범위한 과열현상을 발생시키는 세계경제의 전환을 정확하게 설명하는 용어로도 사용할 수 있다. 신자유주의Neoliberalism는 20세기 후반과 21세기 초 특유의 시장지향적 경제 사상이자 경제적 행위다. 신자유주의의 시초는 일반적으로 1980년대 미국과 영국에서 각기 로널드 레이건과 마가렛 대처의 리더십 아래 순수한 의도에서 규제를 철폐하고 민영화를 도입하는 정책을 시행하면서 부터라고 알려져 있다. 이후 1980년대와 1990년대에 IMF에 의해 구조 조정된 글로벌 사우스 지역도 이와 같은 원칙, 즉 공공부문의 지출을 삭감하고 가능한 한 경쟁시장을 개발하고 장려하는 정책을 받아들이게 되었다. '워싱턴 컨센서스Washington Consensus'로 알려진 이 일련의 정책들은 IMF와 세계은행과 미국 제경부가 합의를 함으로써 정립되었다.

지리학자 겸 사회이론가인 데이비드 하비는 신자유주의를 다음과 같이 정의했다.

> 신자유주의는 … 정치적 · 경제적 행위에 관한 이론이며, 사유재산권, 자유 시장, 자유 무역의 강화를 특징으로 하는 제도

그림 2-2 1980년 이후 전 세계 GDP와 무역규모 추이

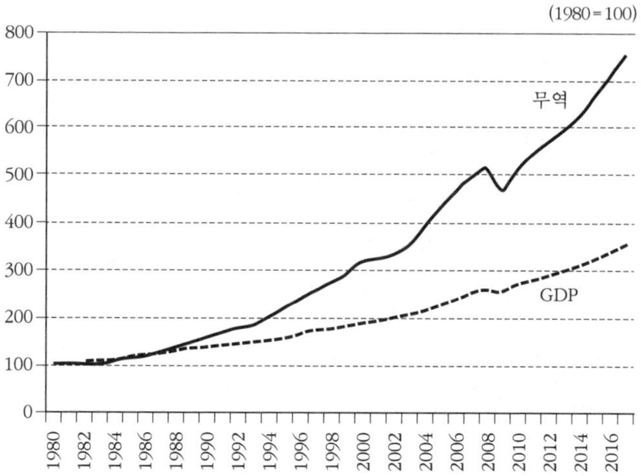

※ 출처: IMF 세계경제전망(World Economic Outlook) 2016

적 체제를 구축해 사적 기업 활동의 자유를 보장하고 그 역량을 해방시키면 인간의 행복Well-being을 최고로 증진할 수 있다고 제안한다. (Harvey 2005, 2)

신자유주의 정책은 1980년대부터 전 세계 거의 대부분의 국가에서 추진되었으며, 그 정도는 각기 다르지만 기존에 공공이 담당해왔던 부문들(가령 철도나 우편 사업 같은)을 전부 혹은 부분적으로 민영화하였다. 그리고 규제가 없는 시장 경제를 장려했다. (비록 많은 경우 수입품에는 관세의 형태로 규제가 있었고, 핵심 산업에도 많은 보조금을 투입했지만 적어도 원칙적으로는 그랬다.) 신자유주의적 사상의 기원은 일반적으로 프리드리히 하이에크Friedrich Hayek와 그의 사상적 적자인 밀턴 프리드먼Milton Friedman에게서 유래했다고 본다. 미국과 영국에서 동시에 이들의 경제사상을 실행에 옮겼던 1980년대 초는 이들의 황금기였다. 하지만 이 '신흥 경제학자들'과 그 비판자들에 앞서 존재했던 한 명의 선구자는 우리에게 시장화에 대한 비판도 심지어는 세계경제의 통합도 결코 새로운 이야기가 아니었음을 상기시켜 준다. 그는 비엔나에서 하이에크의 스승이었던 루트비히 폰 미제스Ludwig von Mises로서, 모든 형태의 사회주의를 적대하는 열정적인 자유방임주의자Libertarian이자 시장의 규제철폐를 신봉하는 자였다. 미제스에 대한 가장 중요한 비평서는 칼 폴라니Karl Polanyi의 『거대한 전환*The Great Transformation*』으로, 1944년 출간되자마자 인류학계의 시선을 집중시켰던 책이다. 실상 이 책은 주요한 모티브를 경제 인류학계에서 벌어진 실체주의Substantivism와 형식주의Formalism사이의 '커다란 논쟁'에서 얻었으며, 그 논쟁은 겉모습만 바뀐 채 오늘날까지 경제 인류학계에서 이어지고 있다(Hann and Hart 2011). 이 '커다란 논쟁의' 주된 논의는 경제를 주로 인간 행동의 극대화라는 관점(형식주의)에서 볼 것인지, 생산과 분배와 소비의 사회적 구성체로서 볼 것인지(실체주의)에 관한 질문이다. 결국 폴라니의 책에서 드러난 시장화와 '인간의 경제human economy' 간의 갈등은 "경제활동의 주된 목표를 이윤 생산과 성장에 두어야 하는가, 아니면 인간의 필요를 충족시키는데 두어야 하는가?"에 관한 '커다란 논쟁'의 이데올로기적 버전이라고 할 수 있다.

『거대한 전환』에서 폴라니는 "19세기 문명은 무너졌다."는 극적인 문구로 저자의 말을 시작한다. 폴라니가 염두에 두었던 것은 시장제일주의 원칙이 장악한 19세기 서구사회에서 산업화와 식민주의가 만들어낸 결과물이었다. 폴라니는 '경제'가 실재하는 사회적 관계들에서 독립되어 고유한 생명을 부여받은 자본주의 시장경제의 특징을 함축적으로 드러내기 위해 시장이 '분리disembedding'되었다는 표현을 사용했다(Eriksen 2014a 참조). 시장원리의 극단적 비인간화와 분리보다는 호혜와 연대에 기반을 둔 사회성의 실천과 그 가치가 인간 존재에게 더욱 필수적이라는 폴라니의 주장은 사실상 **신자유주의가 등장하기 이전에 신자유주의를 비판**한 것이나 다름없었다. 그러나 폴라니는 장기적으로 그러한 시장원리가 만연하게 될 것이라고 예측했다. 마르크스주의자가 아닌 사회주의자로서 폴라니는 노동의 상품화에 반대했고, 더 크게는 주류 경제학계의 좁은 시야를 비판했다. 그의 주된 비판 대상은 신자유주의의 사상적 아버지인 미제스였다. 그러나 폴라니는 시장원리에 적극적으로 반대하는 사람은 아니었으며, 제대로 기능하는 시장이 비자본주의적 사회에 얼마나 유용하고 존재가치가 있는지를 잘 알고 있었다. 폴라니가 반대했던 것은 시장원리가 아닌 사회적 원칙이 적용되어야만 하는 사회적 영역에까지 시장원리가 확산되는 것이었다.

시골의 농촌사회가 도시의 산업사회로 전환하는 과정을 분석한 페르디난트 퇴니에스의 고전적 연구에서 '게마인샤프트

Gemeinschaft(공동사회)'가 '게젤샤프트Gesellschaft(이익사회)'에 존재론적으로 선행하는 개념이었던 것처럼, 호혜와 재분배에 기반을 둔 '인간의 경제'는 사회적 삶의 근본이다. 또한 그 때문에 어디든 공동체에서 살아가는 사람이라면 시장의 지배에 저항하게 된다.

폴라니는 제1차 세계대전 전부터 시도되어왔던 시장자유주의의 해방은 호혜와 재분배의 원칙 앞에 패배할 것이라고 예언했다. 제2차 세계대전 직후의 10년간은 그의 말이 맞아 들어가는 듯 보였다. 그러나 인간 경제활동의 유일한 혹은 주요한 조절장치로서의 시장원리는 점점 더 세계적 상호연결성이 증가하던 1980년대에 다시 역전에 성공했다. 게다가 폴라니의 시대에도 그랬듯이, 소위 자유시장은 정부의 꾸준한 개입으로 여전히 독립을 유지하고 있다.

신자유주의 세계 질서의 특징은 커뮤니케이션의 범위가 세계적이라는 것뿐 아니라 강력하고 단일한 이데올로기적 대안의 결여이기도 하다. 개발 패러다임은 자체적으로 소진되었다. 국가사회주의는 이제 어디서나 구시대의 유물 취급을 받는다. 인류 전체를 향상시키고자 하는 큰 스케일의 계획은 오래전부터 허황된 것으로 여겨졌다. 이는 20세기 국가들이 고안해낸 큰 스케일의 계획들이 추상적 계획과 지역적 환경의 미스매치(혹은 스케일의 충돌)로 인해 실패하는 과정을 서술한 제임스 스콧(James Scott 1998)의 권위 있는 저서 『국가처럼 보기 *Seeing like A State*』에서 확인했던 바이다. 그러나 대안은 존재한다. 비록 명확하지 않거나 부분적으로만 설명되는 경우가 많다고는 해도 분명히 대안은 지역 안에 내포되어 있고 여기저기 다양한 모습으로 뻗어나가고 있다. 대안적 세계화 운동에 뛰어드는 집단은 소작농에서부터 노조원, 원주민부터 공장 노동자에 이르기까지 무척 다양하다. 비록 각자가 추구하는 해법은 고유하고 지역적일지 몰라도, 이만큼 다양한 이들이 목소리를 내고 있다는 사실은 그 자체로 세계화에 대한 항의가 보편적이고 세계적이라는 것을 의미한다.

폭주 프로세스

인류학자이자 체제 이론가인 그레고리 베이트슨(Gregory Bateson 1904~1980)은 어쩌면 20세기 가장 저평가된 사상가였을지 모른다. 베이트슨은 서양의 위대한 사상가들 사이에서 확고한 지위를 얻지 못했다. 그것은 그가 쉴 새 없이 현장을 뛰어다녔기 때문일 수도 있고, 그의 글이 체계적이지 못하고 분산되었던 때문일 수도 있고(글쓰기에 플라톤의 도움이 필요했던 소크라테스에 비견하고 싶다), 어쩌면 그의 사상이 너무 급진적이어서 받아들이기 어려웠기 때문일 수도 있다. 근본적으로 생태학적 사상가였던 베이트슨은 이 세계가 관계와 프로세스로 구성되어 있다고 보았다. 또한 서로 아주 다른 시스템 간에도 일치하는 몇 가지 속성이 있음을 보여주고자 했다(Bateson 1972, 1978). 가령 그가 사용했던 '분열발생Schismogenesis'이라는 용어는 내가 이 책에서 '폭주 프로세스Runaway Processes'라 부르는 것과 유사한, 서로가 서로를 강화시켜주는 성장 프로세스이다. 베이트슨은 이러한 프로세스는 '제3의 사건'이 개입해 양자 간의 관계를 변화시키지 않는 이상 언젠가는 무너지고 만다고 지적했다. 그러나 분열발생은 부부갈등이나 군비경쟁과는 다른 종류의 현상이라고 보았다.

과열현상은 몇 가지 폭주 프로세스의 합으로도 설명할 수 있다. 폭주 프로세스는 의도치 않은 부작용으로 인한 위협이 본래 의도했던 효과 또는 기능보다 더 눈에 띄게 되기 전까지는 유의미하고 합목적적인 성장 과정으로 여겨진다. 폭주 프로세스에 관한 인류학계의 가장 유명한 연구는 로이 라파포트(Roy Rappaport 1968)의 『조상님을 위한 돼지*Pigs for Ancestors*』다. 라파포트는 멜라네시아 사회에서 행해지는 '돼지의 교환'의 순환에 의해 돼지가 경제적 자산이 아니라 곡물을 축내는 골칫거리가 되어버릴 때까지 증가하는 과정을 분석했다. 과열되어 가는 세계에서는 어디서든 이와 같은 폭주 프로세스를 볼 수 있다.

그러나 중요한 질문은 한정된 물리적 자원을 두고 그 어떤 안전장치 없이 서로서로를 채찍질하는 이 폭주 프로세스들이 과열 아일랜드 엘크Irish Elk를 멸종시킨 뿔이 될 것인지, 무해한 공작의 꼬리가 될 것인지 이다.

아일랜드 엘크, 정확히 말하자면 '큰뿔사슴Giant Deer'은 빙하기 이후 아일랜드를 비롯한 북유라시아 일대에 널리 서식했던 종이다. 수컷 성체의 신장은 2m가 넘었으며, 뿔 무게만 40kg

가까이 나갔다. 뿔은 세대가 거듭될수록 커졌는데, 일부는 성 선택의 결과(더 큰 뿔을 가진 수컷이 더 많은 암컷에게 선택된 결과) 때문이었고 일부는 큰뿔사슴의 몸집 자체가 커졌기 때문이었다. 큰뿔사슴이 멸종된 이유는 뿔이 너무 커졌기 때문으로 추정된다. 다 자란 수컷의 뿔 한 쌍에는 질소 2.1kg, 칼슘 7.6kg, 인 3.8kg이 함유되어 있다(Moen et al, 1999). 그만한 인을 공급하기 위해서는 1년에 3.8t의 식물을 섭취해야만 했다. 따라서 큰뿔사슴은 영양실조로 멸종되었을 가능성이 있다. 혹은 기후변화가 멸종을 부추겼을 수도 있다. 유럽의 기후가 점점 더 따뜻해지며 숲이 초원으로 바뀌었을 때, 덩치 큰 큰뿔사슴은 다른 더 작고 적응력 강한 초식동물(뿔 없는 육식동물은 말할 것도 없고)에 비해 다른 환경을 찾아 서식지를 옮기기가 어려웠다. 큰 뿔은 개체의 번식에는 장점이 되었지만, 영양학이나 이동성 측면에서는 단점이자 의도치 않은 부작용을 초래한 원인이었다.

수컷 공작의 아름다운 꼬리도 크고 화려한 꼬리에 매력을 느꼈던 암컷들의 성 선택이 만들어낸 결과다. 그러나 공작은 길고 무거운 꼬리를 끌고 다니는 큰 단점(특히 포식자와 마주쳤을 때는 더욱 불리하다)에도 불구하고 아직 야생에서 살아남아 있다. 공작의 꼬리는 강렬하고 화려하며 자신감과 허영심의 원천이지만 쓸모는 없다. 그러나 멸종을 초래한 큰뿔사슴의 뿔과는 달리 대단히 무해하다. 이 둘은 모두 그것의 소유자를 동족 간의 무한 경쟁으로 밀어 넣고 적응력을 떨어뜨리는 결과를 가져오는 폭주 프로세스의 사례다.

여기서 떠오르는 성장과 지속가능성이라는 이중구속에 발목잡혀 있는 신자유주의화, 세계화, 과열화된 세계에 관한 의문은, 바로 현대 세계의 문명이 큰뿔사슴의 뿔과 공작의 꼬리 중 무엇을 더 닮았느냐는 것이다. 현대문명은 명백하게 자기파괴적인 것일까? 아니면 특이하고 현란해 보이지만 크게 해롭지는 않은 것일까?

쳇바퀴 증상

앞서 동물 세계의 예에서 보았듯이, 폭주 프로세스는 미시적 층위에서 자주 쳇바퀴 증상Treadmill Syndromes의 특성을 보인다. 이러한 형태의 경쟁은 진화생물학계에서 '붉은 여왕 현상Red Queen phenomena'으로 알려져 있다. 이 흥미로운 자연선택 경쟁 현상의 명칭은 그것을 처음 설명한 논문의 저자인 리 밴 베일른Leigh Van Valen이 루이스 캐럴의 소설 『거울나라의 엘리스』에서 차용했다(Carroll 2003[1872]; Van Valen 1973; Ridley 1993 참조). 무시무시한 붉은 여왕을 만난 엘리스는 있는 힘껏 달리라는 소리를 듣고 열심히 달렸다. 하지만 최선을 다해 달리고 있음에도 여전히 제자리에 머물러 있다는 사실을 깨닫게 된다. 붉은 여왕은 별일 아니라는 듯이 그녀의 왕국에서는 단지 제자리를 지키기 위해서 전력을 다해 달려야 함을 알려주었다. 나는 생물학자 대그 O. 헤센Dag O. Hessen과 2012년도에 출간한 책에서 생물학적 진화, 기술의 변화, 광고, 스포츠, 학계 등 다양한 영역에서 이와 같은 무한경쟁의 속성을 탐구했다(Hessen and Eriksen 2012). 생태계든 시장이든 학계든 경쟁자는 성장하고 환경은 변화한다. 때문에 자신의 지위를 유지하기 위해서는 끊임없이 자신의 능력을 키우고 새로운 환경에 적응해야 한다. 우리는 오늘날의 세계에서 이러한 쳇바퀴 경쟁이 더욱 심해지는 과정을 목격하고 있다. 그런데 그 중 몇은 환경적으로도 존재론적으로도 파괴적이기 때문에 이 세계의 과열이나 빨라진 변화와 연관 지어 생각하지 않을 수 없다. 또한 쳇바퀴 경쟁은 이 세계를 과열시키는 폭주 프로세스의 결과물인 동시에 필수적인 전재요소다.

이중구속

베이트슨의 생태학적 사상에서 유래한 두 번째 용어다. 베이트슨이 동료와 함께 정신분열증을 심리학적 요소보다 병리학적 가족관계와 커뮤니케이션에 중점을 둔 맥락에서 탐구하며 발전시킨 이론이다. 이중구속Double Bind은 일종의 자기반박self-refuting적 커뮤니케이션으로, 양립할 수 없는 두 가지를 동시에 말하는 것과 같다. 이중구속은 어떤 식으로 노력해도 양쪽의 조건을 충족시킬 수 없다. 아무리 한쪽에 잘 맞춰도 다른 쪽에는 반대가 되기 때문이다. 인류세의 시대, 신자유주의적 성장이 폭주하는 현대사회의 근본적 이중구속은 성장과 지속가능성이다. 이 두 가지를 동시에 추구하기란 불가능하다. 세계적으로 중산층은 일상생활에서 환경에 대한 의무를 다해야 한다는 압박을 강하게 느끼며, 재활용 분리수거를 하고, 자가용 대신 대중교통을 이용하고, 가능하면 지역에서 생산된 유기농 식품을 사먹으려 노력한다. 하지만 그와 동시에 사업 때문에 혹은 여가를 즐기기 위해 종종 비행기 여행을 하고, 전적으로 탄소경제Carbon Economy에 의존하는 생활을 한다. 큰 스케일에서도 이와 유사한 일이 벌어지고 있다. 각국 정치인과 비즈니스 리더들은 여기저기에서 지속가능성과 기후 정책을 입에 올리기 시작했다. 하지만 동시에 에너지 소비의 증가를 수반하는 경제성장을 추구한다.

이중구속은 딜레마보다 근본적이다. 사회개혁가와 비평가에게 계급정치와 녹색정치 사이에서 발생하는 정치적 딜레마는 점점 더 중요해지고 있다. 계급정치는 흔히 노동자를 위한 물질적 환경개선 요구에 기반을 둔다. 반면 녹색정치는 삶의 물질적 기준을 실질적으로 낮추는 일과 경제의 변화를 추구한다. 그럼에도 불구하고 이 딜레마에서는 실용적인 해법이 나올 수 있기 때문이다. 이론상 사회정의와 평등은 높은 삶의 질을 추구하는 녹색정치와 통합이 가능하다. 화석연료 사용의 증가와 지속가능성 사이에 발생하는 진정한 의미의 이중구속과 딜레마의 차이점은 여기에 있다.

유연성

내가 베이트슨에게서 영감을 얻은 세 번째 개념이다. 유연성Flexibility에는 일상적인 의미도 있지만 보다 엄밀하게 정의하자면 다음과 같다. 베이트슨은 1972년 출간한 『마음의 생태학』의 '도시 문명에서의 생태학과 유연성' 챕터에서 유연성을 "아직 발현되지 않은 변화의 가능성"으로 정의했다(Bateson 1972, 497). 이는 환경악화 문제가 처음으로 제기되고 많은 이들이 관심을 갖기 시작한 1970년대 초의 상황과 연관이 있다. 베이트슨은 에너지 사용량의 증가는 유연성의 감소를 수반하며, 이는 가능성의 영역이 줄어든다는 뜻이라고 주장했다. 가령 자동차 사용이 일상화된 사회는 더 느리고 덜 에너지 집약적인 교통수단을 사용하는 사회로 되돌아가기 어렵다. 자동차가 없으면 상점과 서비스를 이용하고 직장을 다닐 수 없는 사회가 되었기 때문이다. 그러나 베이트슨이 생각하는 보다 근본적인 문제점은 증가하는 세계인구가 저마다의 사정에 따라 가용 에너지의 많은 양을 사용해버리면 환경의 유연성이 감소할 것이라는 우려였다. 이와 같은 우려는 과열되고 '과잉된' 세계에 중요하다.

베이트슨은 유연성을 지혜롭게 사용하는 건강한 시스템을 높은 곳에서 줄을 타는 곡예사에 비유했다.

> 곡예사는 근본적인 전제조건(줄 위에 서있는 상태)을 계속 유지하기 위해 하나의 자세에서 다른 자세로 마음먹은 대로 즉각 바꿀 수 있어야 한다. 가령 팔의 위치나 움직임의 정도 등과 같은 변수에는 상당히 많은 유연성을 주어야만 한다. 그래야 곡예사의 보다 근본적이고 일반적인 특성을 유지할 수 있기 때문이다. (Bateson 1972, 498)

베이트슨은 전체 시스템 안에서 유연성을 유지하는 일에 대해 "시스템의 다양한 변수들이 허용 한계치를 넘지 않도록 지키는 일에 달렸다."고 덧붙였다(1972, 502). 그러므로 이 용어를 정확하게 사용하기 위해서는 상한선과 하한선을 구체적으로 명기해야 한다. 또한 연구를 통해 이러한 유연성과 영향을 주고받는 보다 큰 시스템과의 연결의 중요성을 보여주어야 한다.

특정한 지식을 선택하고 걸러내고 조직화하는 과정은 인지 이론의 주된 이슈다. 밀레니엄 전환기의 예술에 대해 총체적 비평을 한 토르 뇌레트라네르스Tor Nørretranders는 저서 『사용자 착각*The User Illusion*』에서 '인포메이션information'과 '엑스포메이션 exformation'을 구분했다. 엑스포메이션은 의식적 혹은 무의식적으로 걸러 내거나 선택하지 않을 정보를 뜻한다. 댄 스퍼버Dan Sperber와 디어드리 윌슨Deirdre Wilson이 언어학과 다윈의 자연선택론에 영향을 받아 만든 '관련성relevance'도 그와 유사한 개념이다. 비록 역동적인 정보 교환과 지식개발이 아무렇게나 이루어지는 건 아니라고는 해도, 예측이 되는 것 또한 결코 아니다. 우리의 주변과 두뇌와 신체 안에는 아직 사용되지 않은 잠재적 지식이 훨씬 많다. 그러므로 '수행되지 않은 변화의 가능성'은 대단히 중요한 고려대상이다.

스티븐 제이 굴드Stephen Jay Gould와 엘리자베스 브르바Elizabeth Vrba가 특정한 유전적 표현형질이 보다 넓은 시스템의 변화로 인해 본래의 기능과는 다르게 사용되는 현상을 설명하기 위해 도입한 '굴절적응Exaptation' 개념은 자연선택에 관한 21세기 후반의 논란거리 중 하나였다. 외부 환경에 맞춰 본래의 기능과는 다른 기능으로 변화하는 구조적 특성을 달리 말하자면, 유연성과 적응력이다. 마치 줄 위에 선 곡예사와 같이 주변 환경에 맞춰 변수를 조절할 수 있는 능력이다. 인간의 손도 이처럼 대단히 유연성이 좋은 기관이다. 훌륭한 기초연구(응용 연구의 반대 개념)와 같이 어느 하나의 기능에 특화되지는 않았지만, 대단히 다양한 일에 활용할 수 있다.

자연선택에 관한 또 다른 유명한 논쟁은 스티븐 로즈(Steven Rose 1996)를 비롯한 과학자들이 제기한 주장으로, 이들은 유전 물질과 주위환경의 상호작용은 표현형질에 적지 않은 영향을 미치기 때문에 DNA와 신체조직 간의 관계는 일차원 적이지 않다고 주장했다. 이미 유전 물질 내부의 세포화학적 차원에서 이러한 종류의 유연성이 작동하고 있다는 것이다. 가령 인간의 아기도 어머니의 임신 중 다이어트 때문에 유전에 의하지 않은 선천적 특질을 가지고 태어날 수 있다는 사례가 유명하다.

유연한 시스템 안에서는 같은 일이 같은 결과를 내지 않는 경우가 무척 많다. 어떠한 것도 스스로를 특정한 코스에 가둬두지 않기 때문이다. 한두 종의 가축과 십여 종의 곡물을 기르는 자영농민의 경제적 행위는 콩이나 소 등 특정한 작물 또는 가축에 특화된 플랜테이션 농장 농부에 비해 더 많은 유연성을 지닌다. 그러나 어느 한 영역에서 유연성이 증가하면 다른 영역에서는 유연성이 감소할 수 있다. 이동정보통신 기술은 어디서든 일을 할 수 있게 함으로써 노동에 유연성을 부여했지만, 이 유연성은 오로지 장소에 한해서만 적용된다. 시간의 관점에서 보자면 여가시간에도 언제나 일을 할 수 있어야 하기 때문에 오히려 유연성이 감소했다. 또한 한 사람의 유연성 증가가 다른 사람의 속박을 의미할 수도 있다.

행성 단위의 스케일에서 중요한 것은 화석 연료 혁명이 증가시킨 유연성(손쉬운 이동과 소비의 자유 증가, 가정을 비롯한 여러 시설의 전기 사용 증가 등)이 오히려 글로벌 시스템의 유연성을 극적으로 감소시켰다는 것이다. 경제체제를 화석연료 사용 이전의 상태로 되돌려야 할 필요성이 있다고 해도 세계인구가 70억을 넘어가는 이 시점에서 그러한 일이 실제로 가능하리라고는 상상하기 어렵다. 인도는 '녹색혁명Green Revolution'*으로 기아에서 벗어난 듯 보이지만 실제로는 스스로를 막다른 길로 몰아넣은 것이나 다름없었다. 인도는 1970년대에 더 좋은 비료와 새로운 품종을 도입하여 많은 효과를 보았고, 그 덕분에 인구가 대량으로 증가했다. 하지만 온 나라가 단일한 품종과 농업 기술에 매달린 셈이 되었고, 장기적으로 전체 농업 시스템의 약화(토양의 황폐화)라는 부작용이 발생했다. 그러나 인도의 농업은 더 이상 '녹색혁명' 이전으로 회귀할 수도 없게 되었다. 그로 인해 인도의 농업은 유연성을 잃어버리게 되었다. 이는

* 새로운 품종과 신기술(화학비료, 농약, 관개시설, 급수설비 등) 도입으로 농업생산량을 늘리는 농업기술 혁명이다. 세계적으로 1930~1960년대에 걸쳐 일어났으며, 특히 개발도상국의 농업생산량을 늘리는 데 큰 기여를 했다.

높은 생산성과 장기적인 생태적 지속가능성을 동시에 이루어낼 수 있는 혁신이 일어나지 않는 이상 되돌리기 어렵다.

하나의 영역에서 유연성이 증가하면 다른 영역에서는 유연성이 감소하는 경향이 있다. 그러나 이 공식이 항상 제로섬 게임의 법칙을 따르는 것은 아니며 때에 따라서는 '유연성 매칭'이 일어날 때도 있다. 이는 복합적 시스템 안에서 서로 연관되어 있고 상호작용하는 일부 혹은 전체 하위 시스템들이 서로 어느 정도 수준의 유연성이 유지되기를 바라고 있을 때 일어난다. 그러나 하위 시스템들 간에 아무런 '유연성 매칭'의 의도가 보이지 않을 때는 상호 관계가 왜곡될 수 있다. 베이트슨은 주로 문명과 환경의 관계를 예로 들었다. 현대 문명은 문화적 생산성과 개인의 선택과 같은 측면에서는 역사상 유래가 없을 정도로 유연성이 증가했다. 그러나 문명은 사용가능한 에너지를 비롯한 여러 자원의 과도한 착취에 많은 것을 의존하게 되었고, 결과적으로 문화와 환경 간의 관계에서는 유연성이 감소하였다.

재생산

지속가능성과 매우 유사한 개념으로, 한 개인이나 시스템 또는 사회적 영역이 외부적 변화에 끊임없이 적응하지 않고도 자신이 살아오던 방식을 유지할 수 있는 능력을 뜻한다. 세계적인 과열현상이 일으키는 폭주 프로세스 대부분은 '재생산Reproduction의 위기'로 설명할 수 있다. 우리들의 삶의 세계 혹은 시스템에서 하나 혹은 그 이상의 핵심적 영역이 강제적인 빠른 변화로 인해 파열되었다는 뜻이다. 인류는 경제 · 환경 · 정체성의 영역에서 이미 세계적인 위기를 겪고 있으며, 세계의 거의 모든 지역은 이 문제와 씨름을 하고 있다. 그러나 사회적 현실은 개인 · 네트워크 · 커뮤니티가 보다 넓은 주변 환경과 상호작용하는 과정에서 만들어지는 것이므로 그 위기는 지역에 따라 다르기 마련이다. 달리 말하면 세계화는 세계적 개인들을 만들어내지는 못한다. 또한 신자유주의적 세계경제가 강요하는 표준화와 큰 스케일의 변화, 그리고 기후변화 등이 초래한 결과는 지역에 따라 다르다. 그 이유는 단순하다. 지역 간 차이는 여전히 존재하고 있으며 무엇보다도 각 지역은 고유하기 때문이다. 호주 퀸즐랜드에서도 시에라리온 고지대에서도 모두 자원 채굴을 하고 있지만 두 지역의 채굴은 같은 활동이 아니다. 안데스 산맥에서도 그린란드에서도 빙하는 녹고 있지만 이에 대한 두 지역의 반응은 사뭇 다르다. 금융 버블의 붕괴는 대한민국과 그리스의 노동자 모두를 '프레카리아트'화했지만 이에 대한 양국의 이해와 대응 또한 다르다. 많은 이슬람 국가에서는 '반복되는 글로벌 금융위기는 주로 미국과 이스라엘이 세계경제에 대한 장악력을 강화하기 위해 일부러 조장하는 것'이라는 생각이 상식으로 받아들여지고 있으며, 유튜브에서 이러한 관점을 지지하는 동영상도 쉽게 찾을 수 있다. 이처럼 글로벌 경제위기에 대한 해석도 지역에 따라 크게 달라질 수 있다.

상당히 동떨어진 지역 혹은 대단히 관념적인 개념에서 유래한 어떤 현상의 영향력이 특정한 지역주민들에게 인지될 때(종종 충격적인 방식으로), 그들은 재생산의 위기를 느낀다. 그들은 경제적 · 문화적 · 환경적 측면에서 자신들의 주체성과, 스스로를 규정할 권리와, 자기 손으로 운명을 개척한 권리가 위협받는 상황을 목도하게 된다. 자신들의 취약점과 직면하게 되고, 누구를(혹은 무엇을) 믿어야 할지, 아니면 비난해야 할지 고민하기 시작한다. 그리고 위기를 더욱 심각하게 인식하게 된다. 그들이 이러한 변화에 적응하는지, 변용하는지, 저항하는지, 차단하는지 묻는 것은 경험적 질문이다. 그러므로 세계화의 위기는 지역적 층위의 '재생산의 위기'라는 관점에서 바라봐야 할 필요가 있다.

스케일

글로벌 위기를 지역적으로 인식하는 경우는 거의 없다. 오히려 글로벌 위기가 지역에 미치는 직 · 간접적 영향은 재생산의 위기나 주체성 상실의 위협으로 여겨지는 편이다. 하나로 통합된 세계에서도 이러한 위기에 대한 연구는 기본적으로 작은 스케일Scale을 지향한다. 그러나 우리의 연구는 개인의 인간관계에서부터 지구 전체에 이르는 모든 층위의 스케일을 오가며 이루어진다. 바다의 모래를 관찰하는 스케일부터 지구 전체를 관찰하는 스케일까지 모든 스케일은 네 가지 유형으로 분류할 수 있다. 이 네 가지 스케일 유형은 모든 층위의 스케일에 적용 가능하다.

일반적인 의미에서 보자면 스케일은 단순히 어떤 현상이 영향력을 미치는 범위(크든 작든, 짧든 길든, 지역적이든 세계적이든)를 의미한다. 조금 더 구체적으로 이야기하자면 스케일은 규모size와 복잡도complexity의 조합이라고 할 수 있다(Grønhaug 1978). 사회의 스케일은 그 사회 내에 존재하는 모든 지위, 역할, 시스템 재생산에 필요한 것, 서브시스템, 영역, 활동의 총합으로 정의할 수 있다. 가령 인구 1만 명의 사회가 둘이 있을 경우, 이 두 사회의 스케일은 노동이 얼마나 분화되어 있느냐에 의해 달라진다. 스케일이 큰 사회는 많은 사람의 공헌에 의지한다. 또한 그들의 활동을 조직화하고 감시하며, 시스템의 재생산에 기여하는 사람들에게 최소한의 수익을 제공해줄 수 있는 기반시설을 갖추고 있어야 한다. 이러한 의미에서 보자면 스케일은 사회적 조직의 특성을 나타낸다.

이와는 다르지만 보완적인 의미에서, 스케일은 사회나 세계 혹은 우주Cosmos의 문화적 · 개인적 표상을 의미할 수도 있다. 물론 사회적 스케일과 문화적 스케일이 반드시 일치할 필요는 없다. 지역주민은 그 지역이 글로벌 시스템의 일부라는 사실을 자각하지 못했어도 그 지역 사회는 글로벌한 생산과 소비의 네트워크에 편입되어 있을 수 있다. 반대로 경제적 · 정치적으로는 비교적 고립된 사회라 할지라도 외부 세계와의 상징적 커뮤니케이션이 잘 이루어지고 보다 넓은 글로벌 시스템 안에서의 자기 위치를 잘 인지하는 사회도 있을 수 있다. 프레드릭 바스Fredrik Barth의 두 부족 간의 비교 연구가 좋은 사례다. 파푸아뉴기니의 박타만Baktaman족은 작지만 사회적이고 인지적인 세계에서 살았다. 반면 이란의 유목민 밧세리Basseri족은 상대적으로 경제 시스템과 사회적 조직의 규모가 작았고 노동 분화도 제한적으로 되어 있었다. 하지만 그들은 페르시아 역사를 잘 알고 있었고, 바스에게 고전 시詩를 인용하며 러시아의 인공위성 스푸트니크나 군비경쟁에 대해 물어보기도 했다(Barth 1961, 1975; Eriksen 2015).

마지막으로 시간적 스케일도 중요한데, 특히 환경보호주의와 산업의 맥락에서 중요하다. 환경보호를 주장하는 사람들은 흔히 산업 자본주의는 근시안적이며, 오직 생태학적 사상만이 장기적이고 지구적인 관점을 갖고 있다고 생각한다. 그러나 호주의 광산업자들은 때로 수십 년을 넘는 장기적인 관점에서 수익을 예상하고 투자를 한다. 반면 환경운동가들이 오직 추정에 근거해 펼치는 큰 스케일의 환경운동은 그 효과를 입증하기가 어렵다. 어쩌면 그들이 죽은 뒤에야 결과가 나올지도 모르기 때문이다. 어떤 사람이 의사결정을 내릴 때 고려하는 시간적 스케일은 그가 본래 속해 있던 집단의 문화적 스케일과, 현재 속해 있는 관계망 및 사회적 조직의 사회적 스케일과 유의미한 관련성이 있다.

나는 용어상으로 사회적social 스케일(개인의 관계망이 도달하는 범위)과, 물리적physical 스케일(시스템의 물리적 인프라가 포괄하는 범위)과, 인식적cognitive 스케일(개인이 인식하는 세계의 크기)과 시간적temporal 스케일(개인이 결정을 내리거나 계획을 세울 때 고려하는 과거와 미래의 시간적 영역)을 구분한다. 글로벌 위기의 전통적 해법에는 보다 큰 사회적·공간적 스케일에의 호소(세계정부를 지향하기, UN에 더 많은 힘을 실어주기, 국제 기후 협약 체결 등)와 작은 사회적·공간적 스케일에의 호소(작은 것이 아름답다, 지역 경제가 더 적절하고 지속가능하다 등)가 함께 있었다. 동시에 인식적·시간적 스케일을 키우는 작업도 이루어졌다. 가령 '지역적으로 행동하고 글로벌하게 사고하라Act locally, think globally'와 같은 문구가 그렇다.

일반적으로 큰 스케일의 현상은 표준화되어 있지만, 작은 스케일의 현상은 제각기 고유하다. 이는 좋을 때도 있고 나쁠 때도 있다. '스케일의 충돌'은 둘 이상의 스케일이 교차하는 공간에서 상호 간에 부정·갈등·대립이 벌어질 때 발생한다. 예를 들자면 대부분의 정책은 지역 또는 국가적 수준에서 결정되지만 이로 인한 기후변화는 세계적 문제다. 모든 국가는 국제 무역·이동·커뮤니케이션의 네트워크를 통해 상호 연결되어 있다. 동시에 국가나 초국적 수준에서 내려진 정치적 결정에는 지역 또는 국가가 그 결정과정에서 배제되거나 참정권을 박탈당했다는 생각에 저항할 수도 있다. 인식적 측면에서는 정책을 뒷받침하는 지식 시스템이 추상적인 과학적 방법론에 근거하고 있을 경우 지역적 차원의 지식과 경험을 부정하게 될 수도 있다. 큰 스케일의 사업에 유리한 '규모의 경제'로 인해 과거에는 수익을 창출하는 것이 가능했던 작은 스케일의 사업이 지속불가능해지는 현상 또한 세계화의 전형적 결과 중 하나다. 시간적 스케일도 중요하다. 온실가스 배출 저감의 효과는 오랜 시간이 흐른 뒤에야 나타나지만 정치인들은 다음 선거를 대비해야 한다. 바로 이런 경우에 시간적 스케일 간의 충돌이 일어난다. 시간적 스케일에서는 개인적이고 집합적인 시간의 지평뿐 아니라 한 개인의 남은 생애도 고려한다. 이때 여생을 고려하는 대상은 자기 자신이 될 수도 있지만 자신의 자녀나 손주 혹은 미래 세대나 지구가 될 수도 있다. 그러므로 시간적 스케일은 기후변화를 방지 · 완화하려는 노력의 실행 방식에 결정적 영향을 미친다. 그러므로 누군가가 '미래'에 대해 어떤 예측을 할 때 '그 일이 일어날 미래는 언제입니까?'라고 묻는 것은 대단히 유용한 질문이다.

신자유주의와 정보화 시대의 글로벌 자본주의는 전 세계 모든 집단에게 영향을 미쳤다. 그 영향은 보편적이고 세계적이었지만 그와 동시에 무엇보다도 지역적이었다. 사람은 언제나 자신이 속한 영속적인 사회적 관계, 상호 호혜와 도덕적 의무의 관계망, 사람과 사람 사이의 신뢰 관계와 친밀함의 측면에서 스스로를 이해한다. 이는 칼 폴라니가 말했던 '분리'의 과정이 과거 그 어느 때보다 세계를 관념적으로 만들고 있는 이유이기도 하다. 분리를 추진하는 주체가 국가든 시장이든 회사든 NGO든, 분리된 것은 불완전하다. 또한 인간의 자율성과 완전성을 위협하는 변화를 강요하면 저항에 부딪히게 된다.

앞서도 이야기했듯이 모더니티는 1990년대부터 기어를 고단으로 바꿨고 새로운 밀레니엄을 맞은 이후로는 가속 페달을 계속 밟아왔다. 중국이 세계 경제에서 선도적인 역할을 맡게 될 것이라는 예측은 오래전부터 있어 왔으나, 실제로 그것이 이루어진 때는 2010년대부터였다. 비록 최근의 성장세는 둔화되었지만 여전히 세계에서 중국의 영향력은 거대하다. 정보가 아닌 커뮤니케이션을 기반으로 한 인터넷 플랫폼이자 서비스인 이른바 소셜미디어는 2005년 즈음에 웹 2.0으로 불리며 아무것도 없는 상태에서 출발했으나 지금은 크게 성공했다. 이는 정교한 형태의 전자적 대중감시 장치이자 '빅 데이터'에 의존해 사회를 컨트롤하는 방식이기도 하다.

수많은 영역에서 인간의 활동량을 나타내는 지표가 가파르게 상승하고 있으며 여러 가지 삶의 조건을 변화시키고 있다. 인간의 삶뿐만 아니라 인간이 아닌 것들의 삶까지. 제1차 세계대전 직후 사회학자 윌리엄 오그번(William Ogburn 1922)은 이 세계가 물리적 변화를 미처 따라가지 못하는 현상을 설명하기 위해 '문화지체Cultural Lag'라는 용어를 제시했다. 오그번이 제안한 개념은 마르크스적이지 않은 상부구조와 하부구조 관계론의 하나이며, 새로운 현상을 과거의 개념으로 이해하려는 경향에 경각심을 심어준다. 지금도 우리는 21세기 초를 이해하기 위해 어느 정도는 20세기 초의 해석 모델을 사용하고 있다. 세계는 점점 더 이해하기 어려워지고 있다. 너무나도 빠르게 변화하지만 그와 동시에 문화적 보수주의는 여전히 강력하게 현존한다. 생물학적 환원주의부터 종교적 광기에 이르는 모든 유형의 근본주의자는 대규모 군사 동원을 적극적으로 지지하기 쉽다. 이렇듯 주변 세계가 모두 변화하고 있는 상황에서는 누구나 안정성을 가장 중요한 자원으로 생각하게 된다.

1991년 이후의 세계는 과열된 세계이며 그 특징은 무엇보다도 갈등과 긴장에 있다. 그 결과 서로를 잇는 네트워크는 그 어느 때보다도 두텁고, 빠르고, 풍부해졌다. 글로벌 사우스 도시의 슬럼 확장은 경제적 세계화의 간접적 결과다(Davis 2006). 권리와 예측가능성을 상실한 유동적 노동계층인 프레카리아트가 초국적으로 증가한 것도 같은 이유 때문이다(Standing 2011). 무슬림 세계 전반에 걸친 호전적 이슬람 정체성 정치의 확산, 세계적 신자유주의에 맞서 각양각색의 집단에서 일어난 새로운 사회적 운동, 미국 내 사회적 불평등의 극적인 심화, 경제성장과 환경의 지속가능성 사이의 이중구속, 이 모든 것들은 세계화가 결코 계몽과 번영을 수반하는 단선적 발전 과정이 아님을 나타내는 징표다. 오늘날의 문화적 · 사회적 변동을 진지하게 다루는 연구에서 '네트워크화 된 자본주의 세계'는 논의의 근거이자 배경이 된다. 이는 신자유주의적 자본주의의 지배에 반대하는 운동에도 해당한다. 이러한 운동을 펼친 사람들은 초기에는 '반세계화주의자anti-globalisiers'라 불리었으나, 그들 자신은 '대안적세계화주의자alterglobalisers'라는 표현을 선호했다. 이는 그들이 반대하는 것은 세계화의 신자유주의적인 형식일 뿐 상호연결성은 아니라는 의미다. 초국적으로 벌어지는 이슬람

주의 운동, 녹색 운동, 새로운 사회 운동 등은 다양한 방식으로 지금과는 다른 세계의 가능성을 보여주고 있다. 하지만 그와 동시에 가속화된 변화는 실재하는 현실이며, 세계화는 구조적 모순과 지역적 갈등으로 가득하다는 사실을 분명하게 드러내고 있다. 교통 분야의 연구자라면 누구나 속도를 내기 위해서는 공간이 필요하다는 사실을 인정할 것이다. 앞으로 초국적 고속도로의 통행량은 점점 더 늘어날 예정이지만, 그 고속도로의 운행 규정에 대해서는 아무것도 협의된 바가 없다.

이 세계는 가속화되었으며 커뮤니케이션, 전쟁, 산업 생산 등 거의 모든 영역에서 전례 없이 빠르고 총체적인 변화가 일어나고 있다. 물리적으로 속도는 열과 밀접하게 연관되어 있다. 그런 측면에서 사람이 모든 에너지를 소진한 상태를 '번 아웃burnout'에 비유하는 것은 적절하다. 번 아웃은 무리하게 속도를 올린 결과다. 열에 관한 비유는 다른 분야에서도 사용된다. 증권시장이 급격하게 무너질 때 금융 중개인들은 '멜트다운meltdown'이라는 표현을 쓰며, 주가가 너무 빨리 오를 때는 경제를 '쿨다운cooldown'시켜야 한다고 한다. 폭동과 폭력시위는 흔히 과열된 분노와 연관 지어 표현된다. 마지막으로 기후변화도 크게 두 가지 측면에서 과열과 연관된다. 하나는 지구의 온도가 상승하고 있다는 것이고, 다른 하나는 그 원인이 가속화된 변화(특히 에너지 사용 증가와 관련이 있는 변화) 때문이라는 것이다.

이것은 지구 온난화가 인류의 현재와 가까운 미래를 설명하는 핵심적 이야기로 급부상하는 이유일 것이다. 온난화는 현재

회자되고 있는 다른 이야기들의 맥락과도 일치한다. 열이 근대화의 예기치 못한 결과라는 점에 주목하면, 지구 온난화는 현 시대를 설명하는 다른 이야기들과도 완벽하게 어울린다. 이는 인종 · 종교 · 문화 간의 갈등과, 폭주하는 도시화와, 자연환경의 대규모 변화와, 통제 불가능해진 기술발전을 자연과학적 언어로 설명한 것이다. 이 모두는 '너무나 과잉된trop plein' 이 세계, 벼랑 끝에 서 있는 이 세계, 보에 가득찬 물이 곧 터져 나오려고 하는 이 세계에 관한 이야기다.

더 큰 문제는 서로 다른 형태의 가속화된 변화들이 복합적인 피드백의 순환관계 안에서 상호작용하며 서로의 사이즈를 키우고 있다는 것이다. 속도에는 전염성이 있고 하나의 분쟁이 다른 분쟁을 촉발하는 경우도 흔하다. 급격한 변화로 인해 취약해진 경제는 수많은 사람들에게 다양한 영향을 미치며 그 수혜자가 되지 못한 사람들은 방어적 태도를 취하게 된다. 셰일가스, 석탄, 철광석 등 자원 채굴산업의 빠른 성장은 기후변화와 마찬가지로 지역 간의 분쟁을 야기할 수 있다. 전 세계를 연결한 네트워크에서 즉각적인 커뮤니케이션이 가능한 세계는 국가의 감시를 가능하게 하지만 동시에 다양한 정치적 아이디어(음모론에서부터 종교적 운동까지)의 빠른 확산도 가능하게 한다. 빠른 이주로 인한 양극화와 과열현상은 원주민뿐 아니라 이주민의 정치화된 정체성의 영역에서도 일어난다. 우리는 새로운 세계에 살고 있다. 그리고 이 새로운 세계에 대한 탐구는 위와 아래 모든 방향에서 이루어져야만 한다.

3

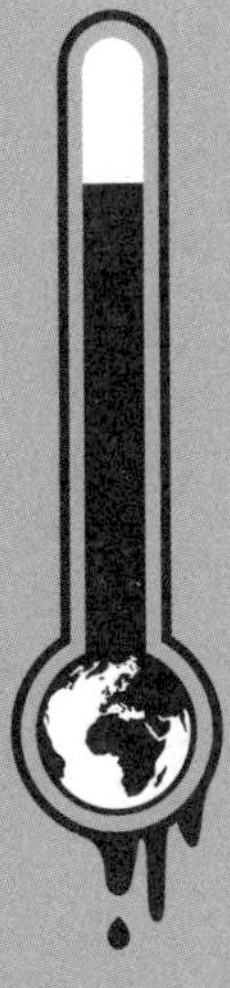

에너지

디스토피아를 묘사한 SF소설은 거의 대부분 에너지의 사회적 생애를 다루고 있다. 이야기는 대체로 풍부했던 에너지 자원을 다 써버린 뒤 남겨진 인류의 비참한 삶과, 탐욕으로 앞을 내다보지 못하고 끝없는 성장을 추구한 끝에 파괴되어버린 음산한 환경을 배경으로 묘사한다. 풍부한 에너지는 고도화된 사회의 곳곳을 흐르는 혈액과 같이 인간 생활의 여러 영역에 드나든다. 그러나 에너지의 부족함과 불균등함, 그리고 환경에 대한 우려는 에너지 위기에 대한 새로운 생각과 실천을 불러일으키고 있으며, 에너지 이슈를 해결하기 위한 다양하고 창의적인 해결책이 제시되고 있다. 몇몇 전문가들은 태양에너지가 기후변화를 막고 큰 부작용 없는 지속적인 경제성장을 보장해 준다고 믿는다(비록 태양광 패널 제작에 희귀광물이 들어간다는 사실을 감안하더라도). 다른 학자들은 화석연료의 대량 공급 없이는 글로벌 사우스의 물질적 안정성과 번영을 이끌어낼 수 없음을 지적하며, 석탄 · 가스 · 석유의 중요성은 지속될 것이라 한다. 또 다른 학자들은 재생가능한 에너지 자원으로의 전환 방법을

그림 3-1 1820년 이후 세계 에너지 소비량 변화

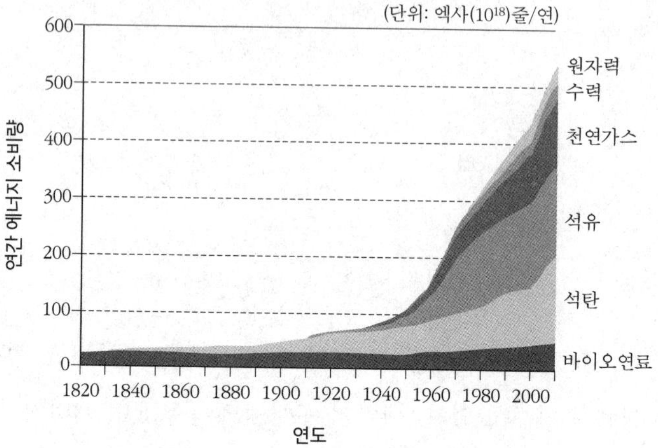

※ 출처: Our Finite World(2015)

모색한다. 이들은 재생가능한 에너지는 에너지 소비자가 직접 에너지를 생산할 수 있게 해주기 때문에 에너지 권력 분산의 효과적인 수단이 될 것으로 예상한다. 마지막으로, 인간의 욕망 · 희망 · 꿈은 지속가능성에 대한 요구와 부딪칠 때가 많다. 이는 에너지가 넘쳐나는 곳과 부족한 곳 모두에서 발생한다(Winther 2008; Wilhite 2012). 과열된 세계에서는 평범한 사람들이 바라는 꿈과 행복한 삶을 현재 세계의 지속가능성과 조화롭게 양립시키기 어렵다. 그 행복한 삶의 개념이 인도 도시민의 것이든 태평양 섬나라나 아프리카 시골 주민의 것이든 별 차이는 없다. 트라윅과 혼보그가 주장했듯이, 에너지 사용의 증가는 필연적으로 환경의 악화를 대가로 지불한다. 그들은 상품이 무한하다는 경제학자의 꾸며낸 이야기를 열역학 이론으로 다룬 논문의 결론에서, "제한된 천연 자원의 소비를 기반으로 한 경제 '성장'은 물리적으로 파괴적인 과정이지 창조적인 과정은 아니다. 또한 천연 자원의 고갈은 행성 전체의 일상생활을 갈수록 궁핍하게 만들 것."이라고 했다(Trawick and Hornborg 2015, 16). 이러한 주장과 더불어 그들은 과거 『성장의 한계 *Limits to Growth*』에서 언급했던 내용을 다시 한번 상기시켰다. 그 주된 내용은 '증가하는 세계 인구는 산업화에 몰두하고 있으며 이로 인해 머지않은 미래에 중요 자원이 바닥날 것'이다. 그들의 예측이 대체로 맞았다는 사실은 후대의 연구에 의해 입증되었다(예시: Turner 2014). 이 연구는 지구온난화가 과학계의 의제로 떠오르지도 않았던 때, 세계인구가 현재의 절반도 되지 않았던 한 세대 전에 이루어졌다는 점에서 더욱 대단한 연구로 여겨진다.

석탄 행성

지도상으로 보면 추운 북쪽에 사는 사람들에게 글래드스턴은 꽤나 매력적인 땅이다. 호주의 아름다운 동쪽 해변 중에서도 남회귀선의 바깥에 걸쳐 있고, 기후조건이 완벽하며, 해변에서 조금만 나가면 아열대 섬들이 늘어서있고, 남쪽 끝에서 수 킬로미터만 나가면 그레이트배리어리프가 있는 지역이다. 하지만 실제로 글래드스턴에 가면 보게 되는 것은 문자 그대로 석탄과 석유에 '파묻힌' 공업 도시다. 항구 지대는 두 개의 커다란 석탄 하적시설에 쌓여있는 어마어마한 양의 검은색 더미가 점령했다. 철도는 행복한 얼굴의 관광객 대신에 역청질의 석탄을 보웬Bowen 분지에서 퀸즐랜드로 실어 나르고 있다. 끝없이 이어지는 열차의 행렬은 자연발화를 방지하기 위해 물을 뿌려둔 도크 위에 석탄을 쏟아 붓고 있다.

글래드스턴에서는 석양조차 광산업계의 광고로 보일 지경이다. 해가 지는 서쪽 지대에는 비슷하게 생긴 가늘고 긴 기둥 세 개가 있어 이를 피해 석양을 보기는 불가능하다. 그 기둥은 석탄으로 가동되는 화력발전소의 굴뚝으로 퀸즐랜드에서 가장 큰 굴뚝이자 글래드스턴의 자랑이다.

손가락으로 난간이나 정원의 가구를 훑어보면 글래드스턴은 도시 자체가 석탄이라는 사실을 깨닫게 된다. 태평양에서 미풍이 불어오면 고운 석탄 먼지가 도시 전체를 뒤덮는다.

글래드스턴은 근대화의 첨병이며, 도시에서는 이 사실을 자랑스럽게 여기고 친절하게 설명해주는 사람들을 쉽게 만날 수 있다. 공기 냄새도 놀랍도록 깨끗하다. 이처럼 부유한 국가에서는 석탄을 대부분 전기 생산용으로 태우기 때문에 연기가 거의 배출되지 않는다. 그러나 특히 동유럽 지역에서는 십여 년 전만하더라도 이러한 경우가 거의 없었다. 동베를린의 지하철에서 나는 고약한 냄새를 맡아본 적이 있는가? 불쾌함의 전체주의라는 표현이 농담이 아닐 정도로 시큼하고 독한 공기였다. 그것은 동유럽의 급이 낮은 갈탄에서 나는 시큼한 냄새였다. 서유럽의 여러 도시에서도 비교적 최근에서야 난방을 전기로 전환했고 그 전까지는 똑같은 악취가 많이 났다. 가장 최근까지 그와 유사한 냄새가 났던 도시 중 하나는 런던이다. 1952년 '그레이트 스모그Great Smog' 사건으로 수천 명의 사망자가 발생했을 때도 런던은 가정은 물론 공장과 사무실에서도 석탄 때기를 멈추지 않았다. 그도 그럴 것이 1952년에는 석탄을 제외하면 땔 만한 것이 딱히 없었다. 또한 용광로에서 피어오르는 연기는 유독하고 심한 냄새를 풍겼지만 그 냄새는 번영과 발전의 냄새이기도 했다. 오늘날 여전히 석탄으로 인한 스모그와 호흡기 질환으로 전 국민이 고통 받는 인도와 중국 사람들도 당시 영국인들처럼 생각하고 있을까?

그들에게 석탄이 없다면 무엇으로 그 모든 전기를 생산할 수 있었을까? 석탄과 근대성은 동전의 양면이다. 석탄과 나폴레옹 시대 이후의 가속화된 변화는 샴쌍둥이다. 석탄이 없이는 산업도 없다. 석탄이 없이는 지수적인 인구 증가도, 증기선박도, 기관차도, 공장도 없다. 석탄이 없었다면 영국의 산업 혁명은 한두 해 만에 멈추고 말았을 것이다. 그리고 영국 본섬에는 한 그루의 나무도 남아있지 않았을 것이다.

미국 미들랜드, 펜실베이니아, 영국 사우스웨일스, 벨기에, 북프랑스, 독일 루르 밸리Ruhr Valley와 같은 근대 초의 공업지대가 극소수의 예외를 제외하면 대규모 석탄 매장지 근처에 지어졌다는 사실은 우연의 일치가 아니다. 19세기 초 석탄은 무엇보다도 철로와 기관차를 만들기 위한 철을 생산하고 열차를 움직이는데 사용되었다. 19세기 중반, 철로 네트워크와 증기선이 석탄을 싸고 효율적으로 운송할 수 있게 됨에 따라 공업지대도 더 다양한 지역으로 퍼져 나갈 수 있게 되었다.

석탄은 이미 수천 년 전부터 사용되고 있었으며 그 형태와 질도 다양했다. 가장 단순한 형태의 석탄은 숯charcoal이었고, 무연탄anthracite은 가장 압축된 석탄으로 작은 크기에 풍부한 에너지를 지녔다. 당시 농경사회에서 천연 석탄은 소규모 에너지원으로 사용되었고 주로 지표 근처에 드러난 석탄층에서 채굴했다. 숯은 주로 대장간에서 사용했다.

유럽의 과학혁명과 계몽주의는 미래를 낙관하고 있었고 강한 긍정적 에너지를 드러냈으며, 한순간에 인류는 마치 신이 된 것 같은 기분을 느꼈다. 인류는 기술개발로 과거 어느 때보다도 깊이 갱도를 파고 채굴한 석탄을 다양하게 활용할 수 있게 되었다. 튼튼한 기둥을 세워 갱도를 보호하고 증기기관 펌프로 갱도에서 나오는 물을 제거하는 기술을 활용했다. 이렇게 해서 맨체스터의 신흥 공장은 이미 200년 전부터 지하 100m에 있는 석탄을 활용할 수 있었다. 비유하자면, 증기기관과 화석연료의 '마리아주'는 19세기의 '킬러 앱'인 셈이었다. 지금도 영국의 박물관, 대중문학, 공들여 복원한 기차역과 증기기관차 등을 보고 있노라면 석탄과 철의 시대를 향한 영국인들의 진한 향수를 느낄 수 있다.

이제 우리는 행성의 변화가 본격적으로 시작되는 시대에 들어섰으며, 그 변화의 속도는 점점 더 빨라질 것이다. 인류세의 정확한 시작일이 언제인지는 아직 논의의 여지가 많지만, 1800년대는 화석 연료 시대의 개막이라는 점에서 인류세의 시작 시기로 삼기에 충분한 의미가 있다. 수천 년 동안 인류에게 희망과 안식을 주었던 종교는 그때부터 바야흐로 진보와 발전과 현세에서의 더 나은 삶을 약속하는 새로운 이야기들에게 자리를 내어주고 있었다. 적어도 유럽에서는 종교가 천천히 그 권위를 잃어가고 있었다. 그러나 인류의 진보에 관한 희망찬 이야기는 에너지 사용량의 증가와 뗄 수 없는 관계에 있었으며 오늘날 그 보편적 호소력을 상실해가고 있다. 그 이야기가 힘을 잃기 시작한 때와 사람들이 석탄 등 화석연료의 예기치 못한 부작용이 꽤 심각하고 참혹하다는 사실을 깨달은 때가 일치하는 것은 우연이 아니다.

호모 사피엔스가 처음으로 10억 명을 넘기까지는 20만 년이 걸렸다. 그 이후로 인류는 "자식을 많이 낳고 번성하여 땅을 가득 채우고 지배하여라. 그리고 바다의 물고기와 하늘의 새와 땅을 기어 다니는 온갖 생물을 다스려라(창세기 1장 28절)."고 했던 야훼의 말씀을 충실히 이행했다. 그러나 우리는 1800년 이후 세계인구가 7배 증가하는 동안 에너지 사용량은 무려 28배나 증가했다는 사실을 잊지 말아야 한다. 인구 증가 그래프는 아프리카를 제외하면 대부분 증가속도가 더뎌졌지만, 에너지 사용량 증가곡선은 수그러들 낌새도 없이 끝없이 상승하고 있다.

석탄은 훌륭한 에너지원이다. 작고 단단해 운반이 쉽고 어지간한 더위나 추위에서도 성능이 저하되지 않는다. 또한 적절한 기계장치와 결합하면 공업과 농업 등 여러 산업분야의 생산성을 몇 배로 올려준다. 실제로 석탄은 수많은 사람들을 육체노동에서 해방시켰으며 계속해서 증가하는 도시인구의 부양을 가능케 했다.

석탄은 응축된 태양에너지다. 지구는 이 훌륭한 자원을 만들기 위해 최소 30억 년 전부터 에너지를 모아온 셈이다. 사르트르의 표현대로, 지구의 다른 생명체들이 인류에게 남겨준 선물이다. 하지만 인류는 그보다 훨씬 짧은 불과 몇 세대의 삶을 위해 석탄을 태우고 있으며 기후까지 불안정하게 만들고 있다. 각계의 학자와 전문가들이 지적했듯이, 이러한 행위를 언제까지고 지속할 수 없음은 분명하다. 그러나 중독이라는 것이 으레 그렇듯이 끊기가 참 어렵다. 더군다나 이중구속에 묶여 있는 상황에서는 더더욱 끊기 힘들다.

누군가는 석탄은 대부분 다른 화석연료로 대체되었으니, 석탄의 시대는 거의 끝난 것 아니냐고 말할지도 모른다. 어쨌든 서양에서는 더 이상 석탄의 연기와 먼지를 들이마실 일은 없다. 석유와 가스가 석탄에 비해 장점이 많은 것도 사실이다. 특히 생산과 분배에 필요한 노동력이 석탄보다 적다는 점이 좋다. 석탄은 사람의 손으로 채굴해서 철도로 옮기지만, 석유와 가스는 펌프로 추출해서 파이프로 이송한다. 때문에 노동자의 파업 위험도 크게 낮아졌다. 사우디아라비아가 가진 것이 석유가 아닌 석탄이었다면, 그 나라는 지금까지 세계에서 가장 강력한 전제주의를 유지할 수도 없었을 것이며, 그 자원을 미국의 비호 아래 사우디 왕가의 사유재산으로 관리할 수도 없었을 것이다. 또한 아랍의 프롤레타리아들이 유정이 아닌 석탄광에서 일을 했다면, 다른 지역에서와 마찬가지로 사회주의와 노조에 눈을 떴을 것이다. 티모시 미첼(Timothy Mitchell 2011)이 『탄소 민주주의*Carbon Democracy*』에서 썼듯이, 정치권력은 에너지를 생산하고 조절하고 분배하는 힘에만 있지 않으며, 오히려 에너지의 공급을 멈출 수 있는 능력에서 나온다. 이러한 이유로 석탄광은 석유 굴착용 플랫폼보다 더 민주적이다. 광산 공동체에게는 진정한 권력을 잡을 수 있는 기회가 있지만 석유를 취급하는 사업체는 나이지리아에서든 투르크메니스탄에서든 권력이 중앙집권화 되는 경향이 있다.

> 1880년대와 양차 세계대전 사이에 유럽과 북미의 산업화된 국가의 노동자들은 에너지 공급을 좌우할 수 있는 자신들의 새로운 힘을 투표권 등 보다 큰 권리를 확보하는데 활용했다. 무엇보다도 그들은 노조를 조직하고, 정치 기구를 창설하고, 파업을 비롯한 집단행동을 취할 권리를 얻었다. (Mitchell 2011, 26)

서양의 산업화 시대 첫 세기에 노동자들이 이와 같은 권리를 얻을 수 있었던 배경에는, 그들이 에너지 공급을 좌우할 수 있었다는 사실이 크게 작용했다. 그러나 지금은 과거에 비해 파편화된 정보경제Information Economy(예시: Senett 1998 참조) 안에서 노동자의 권리가 증발하고 있다.

엘리트 정치인들은 오래전부터 에너지 생산자들 간의 잠재적 결집을 인지하고 있었다. 미첼은 "1940년대 초반, 워싱턴의 마셜플랜Marshall Plan* 입안자는 석탄 광부들의 세력 약화와 좌파의 패배를 위해 서유럽이 중동에서 수입하는 석유에 보조금을 주어야 한다고 주장했다."는 사실을 밝힌 적이 있다(Mitchell 2011, 236). 이들은 한 세기 가량 급진적인 광산 노동자들과 씨름한 결과, "광부들의 움직임을 방해하고 약화시키고 관심을 돌리기 위한 조직적 개입은 오히려 그들을 과감한 정치적 계파로 만들었다. 이는 석탄광, 철도, 발전소의 운영 인력들이 만들어낸 새로운 형태의 집단적 힘이었다(Mitchell 2011, 27)."는 사실을 깨달았기 때문이다. 석탄에서 석유로의 전환은 노동 계급의 힘이 약화되었다는 것을 의미했다. 흥미롭게도 현대의 석탄 채굴은 석유 시출과 매우 유사한 구조로 재편되었다. 갱도와 갱도를 연결한 지하 네트워크에서 먼지를 뒤집어쓴 수백 명의 우악스런 노동자들이 녹슨 철로 위로 무거운 수레를 미는 모습은 현대 호주의 전형적 석탄 채굴 광경이 아니다. 석탄을 보다 쉽게 채굴하기 위해 거대한 기계가 표토와 초목을 마구잡이로

* 1948년부터 시작된 미국의 서유럽 경제원조 프로그램. 공식 명칭은 유럽부흥계획ERP: European Recovery Program. 세계대전 직후 실업과 사회혼란으로 서유럽이 공산화 될 것을 우려한 미국이 경제지원으로 공산주의의 확산을 막고 미국의 영향력을 확대하기 위해 시행했다.

날려버리는 모습은 마치 지구가 아닌 다른 행성에서 벌어지는 일처럼 보인다. 높은 급료를 받는 백인이 근무시간 대부분을 에어컨이 나오는 조종실에 앉아 헤드셋을 쓰고 콜라를 마시며 채굴기를 조종한다. 그 사이 유압으로 작동하는 대형 삽이 석탄과 돌덩어리를 열심히 파내고 있다. 이것이 현대 호주의 전형적인 석탄 채굴 현장의 모습이다. 석유 시추와 마찬가지로 이와 같은 기술을 활용한 석탄 채굴은 과거에 비해 덜 노동집약적이고 더 자본집약적이며 노동자의 파업은 매우 드물다.

산업화시대의 정치와 석탄은 밀접한 연관이 있다. 간단한 예로, 영국의 구좌파는 전설적인 노조 지도자인 아서 스카길Arthur Scargill이 1984~1985년에 걸친 긴 탄광파업 끝에 마가렛 대처의 신자유주의 앞에 무릎을 꿇으면서 소멸했다. 그 파업 이후 요크셔의 아주 오래된 탄광들 몇몇이 문을 닫았다. 오늘날의 환경단체는 그런 일을 반길지 모르겠지만 당시에는 그 어떤 급진주의자들도 기뻐하지 않았다. 수천 명이 일자리를 잃었고 복직하지 못했다. '과열' 프로젝트의 박사 후 과정 연구원인 카트린 모 솔리엡슨Catherine Moe Thorleifsson은 그 당시 지역의 주 수입원과 정체성을 상실했던 영국 북부의 여러 마을 중 하나였던 동커스터Doncaster 마을의 이슬람포비아 현상과 영국독립당UKIP의 대두를 조사했다(Thorleifsson 출간 예정). 조금 늦은 감이 있었지만 영국에서 석탄 시대의 종언은 영국이 세계의 지도자적 지위에서 확실하게 내려왔음을 시사했다. 1800년 이후 영국의 산업은 10년마다 50%씩 성장했는데, 이는 거의 전적으로 석탄 채굴량의 증가에 기인한 것이었다. 그 시대가 끝난 것이었다.

영국에서 석탄의 시대가 종료된 이유는 석탄이 더 이상 쓸모없는 빅토리아 시대의 구식 에너지원이라서가 아니다. 단지 더 이상은 세계 각지의 다른 광산들과 경쟁해서 충분한 수익을 내기가 어려워졌다는 계산적인 이유에서다. 하지만 앞서 이야기한 노조 지도자의 사례에서도 보았듯이, 보수정권이 다루기 힘든 좌익 광부들과 그와 유사한 다른 노동계층의 노조 정신을 부숴버리기로 작정했던 것은 분명한 사실이다.

석탄은 여전히 인기 있는 에너지원이다. [그림 3-1]이 보여주듯이, 보다 깨끗하고 효율적인 다른 에너지원에 의해 대체된 석탄의 비율은 그다지 높지 않다. 석유나 천연가스 같은 다른 화석연료의 사용량이 빠르게 증가하고는 있지만, 20세기 중반 이후 석탄 소비량 또한 계속해서 증가하고 있다. 단편적으로 2004~2014년의 전 세계 석탄 생산량만 보더라도 40%가 증가했다. 석탄 업계에서 인도네시아는 별 볼일 없는 국가였지만, 2015년에는 세계 최대의 석탄 수출국이 되었다. 이는 특정한 초국적 광산기업들에게는 희소식이겠지만, 칼리만탄 섬(보르네오 섬의 인도네시아어 이름) 동부 주민들이나 세계 기후에는 좋지 않은 소식이다.

호주는 풍부한 천연자원의 축복을 받은 나라이며, 그중에는 석탄도 들어있다. 온 나라에서 사용하는 전기의 3/4 이상을 석탄으로 생산하면서도, 주요 석탄 수출국 명단에 이름을 올릴 정도로 많은 양의 석탄을 보유하고 있다. 유트Ute*와, 석탄 열차와, 술집과, 드라이브스루 주류 판매점과, 크레인과, 발전소와, 안전조끼를 입은 무리들과, 소매가 짧은 흰 셔츠를 입은 무리들로 넘쳐나는 도시 글래드스턴은 호주 석탄 산업의 중심지다. 퀸즐랜드 중부의 모든 트럭은 글래드스턴으로 모이고, 석탄은 여기서부터 일본 · 중국 · 인도를 향하는 배에 실린다. 나는 2013년부터 2014년까지 그곳에서 현지조사를 수행했다. 그때 친하게 지냈던 정보원이자 항만 근무자에게, 장기적인 관점에서 볼 때 이곳의 석탄을 전부 생산해버리는 것이 과연 좋은 아이디어라고 생각하는지를 물어본 적이 있다. 그녀는 조금도 지체하지 않고 "석탄은 퀸즐랜드에 일자리와 가치와 번영을 가져다주는 중요한 자원입니다."하고 대답했다. 그리고 타나Tanna 석탄 터미널에 정박해 있는 아시아의 대형 화물선을 바라보며, "우리 중 그 누가 중국의 산업혁명을 반대할 수 있었을까요?"하고 덧붙였다.

퀸즐랜드 해변에는 지금도 석탄의 저장과 선적을 위한 시설이 새롭게 건설되고 있다. 글래드스턴은 2015년에 새로운 석탄 터미널을 완공했으며 석탄 항구를 더 북쪽까지 확장하는 계획이 진행 중이다. 이 지역 주민들 가운데 '앞으로 세상은 화석연료를 점점 더 원하지 않게 될 것이므로 석탄 산업이 하향세에 접어들 것'이라 생각하는 사람은 찾아보기 힘들다. 지난 몇

* 픽업트럭을 뜻하는 호주 속어.

년간 글래드스턴에서 진행된 가장 큰 규모의 산업 프로젝트는 서쪽 항구의 수용능력을 키우기 위한 바다 준설공사였다. 해안가에서 걷어 올린 2,100만m^3의 준설 폐기물을 그레이트배리어리프 지역에서 온 덤프트럭들이 실어 날랐다. 주변 바닷물이 오염되어 해양생물들이 고통 받았고, 글래드스턴의 어부들은 고기잡이를 그만두거나 조업 장소를 변경해야만 했다.

화석연료를 주제로 한 성장과 지속가능성 사이의 이중구속 논의가 점점 더 진행될수록, 채굴기업은 근시안적 관점에서 단기적으로 움직이는 반면 환경주의자들은 장기적인 관점에서 지속가능성을 고려한다는 가정이 상식으로 받아들여지고 있다. 그러나 앞서도 지적했듯이 꼭 그렇지만도 않다. 석탄 산업은 단기간에 수익을 내기 어려우며 계획은 장기적으로 세운다. 2013~2014년에는 석탄 가격이 하락했지만 채굴회사들은 사업을 계속 확장했다. 석탄 채굴은 흔히 한 세기를 내다보는 사업이라고 한다. 내년에는 수익을 내지 못하더라도 석탄을 갈구하는 시장의 수요를 고려해보면 향후 백년간 계속해서 돈을 벌게 해줄 가능성이 대단히 높다.

대규모 투자는 유연성을 떨어뜨린다. 호주의 석탄 산업에 포함된 일자리 수, 통화량, 기반시설의 규모 등을 고려해보면, 탄소배출이 없는 사회로의 전환은 상상조차 어려워 보인다. 퀸즐랜드의 초대형 석탄광들은 '망하기엔 너무 거대하다. Too big too fail' 그러나 이와 동시에 다른 호주인들(농부, 관광업자, 환경운동가, 석탄 채굴로 피해를 입은 지역 주민 등) 가운데에는 너무 많은 일들이 너무 빠르게 일어나고 있다며 불안감을 표출하는 사람이 늘어나고 있다. 지금은 국제 에너지 기구IEA조차도 연간 정기보고서에서 에너지 문제를 생태학과 지속가능성의 측면에서 고려해야 할 때가 왔다고 하는 시대다.

역사는 종종 의외의 방향으로 흘러가며 이는 변화의 속도가 빨리지는 시기에 발생하기 쉽다. 2013년을 전후로 "'피크 오일Peak Oil'*이 멀지 않았으며, 인류는 가능한 빨리 새로운 에너지원을 찾아야만 한다."는 논조의 책과 기사가 쏟아져 나왔다. 환경보호주의 경향이 강한 사람들에게 이러한 닥쳐올 에너지 위기는 종종 위장된 축복처럼 느껴졌다. 티모시 미첼은『석탄 자본주의』에서 석탄에서 석유로의 전환이 어떻게 크고 강력한 노동계층의 권리 주장을 가로 막았는지를 보여주었을 뿐 아니라, 중동의 석유 생산과 미국인들의 라이프 스타일이 전적으로 대용량 에너지 소비에 의존하게 된 경위를 밝혔다. 미첼은 "전통적인 유전의 석유 생산량은 정점은 아니더라도 최소한 생산량을 계속 유지하기 어려운 정도의 고지대에는 도달했다고 보인다(Mitchell 2011, 232)."고 하며 화석연료의 고갈을 예상했다. 과열현상에 관한 또 다른 필독서인 토마스 호머-딕슨(Thomas Homer-Dixon 2006)의『바닥의 위쪽*The Upside of Down*』에서도 다가올 에너지 위기는 사실상 모든 논쟁의 전제라고 했다. 비교

* 석유생산량이 급격히 증가했다가 어느 순간 정점을 맞이한 다음, 급격히 줄어드는 현상.

적 최근인 2011년에 발간된 석유와 권력에 관한 여러 인류학자의 훌륭한 글을 모은 책(Behrends et al. 2011)에서도 '피크오일'이 예상보다 일찍 다가올 것이라고 예상했다. 그러나 최근 빙하가 녹으면서 즉시 활용가능한 극지방의 석유가 발견되고, 새로운 기술에 힘입어 셰일오일이나 석탄층 가스처럼 기존에 없던 새로운 유형의 화석연료가 등장함에 따라, 지구에 닥쳐올 위기는 화석연료의 고갈이 아닌 기후 재앙이 될 가능성이 더욱 높아졌다. 2010년대 중반 호주에서 벌어진 가장 큰 에너지 논쟁은 퀸즐랜드 안쪽의 갈릴리 분지에 있는 거대한 석탄층을 둘러싼 논쟁이었다. 이곳의 석탄은 지표 근처에 있어 싼값에 채굴하기 쉬웠다. 저명한 기후 운동가 빌 맥키번Bill McKibben은 2013년에 호주를 방문해 갈릴리 분지의 석탄을 개발하면 2009년 코펜하겐 협정에서 세계 온도 상승을 2℃로 제한하기로 한 목표(이 목표는 2015년 파리 기후 협정에서도 다시 채택되었다.)를 지킬 수 없게 된다고 주장했다.

화석연료에 대한 세계적 의존성, 그리고 화석연료의 추출과 활용 기법의 극적인 발전은 인류세와 그 안에 내재된 근본적 모순을 드러내는 대표적인 스토리다. 영국에서 서부철도회사Great Western Railway가 운영을 시작한 1838년 당시에는 영국의 성공을 이끌어준 이 기술이 훗날 전 지구적 스케일의 환경파괴를 초래하리라고는 그 누구도 예상하지 못했다. 인간이 보기에

이 세계에는 아직 원시상태 그대로 남아있는 장소가 너무 많아 보였기 때문이다. 한동안 석탄과 증기기관은 번영과 문명과 진보를 불러일으켰다. 러시아 혁명 직후, 레닌이 "사회주의란 소비에트(지역 협의기구)와 전화電化, electrification를 의미한다."고 했던 일화는 유명하다.

오늘날 세계적인 신자유주의 경제체제에서도 장기적 관점의 환경 문제는 분명 중요한 이슈로 여겨진다. 그러나 자원 채굴의 지속 여부를 결정하는 사람들에게는 아니다. 기후변화에 관해 진보적 정책을 추구하는 기구와 자원회사는 모두 국제적 스케일에서 활동한다는 공통점이 있다. 그러나 유엔의 정부 간 기후변화위원회IPCC: Intergovernmental Panel on Climate Change와 국제 환경기구와 NGO들은 이 문제에 대한 실질적 결정이 내려지는 자리에는 없다. 이들과 자원회사가 서로 다른 평행세계에 속해있는 것처럼 느껴질 정도다. 에너지 시장은 세계적 스케일에서 작동하지만 장기적이고 예기치 못한 결과를 우려하는 영역과는 분리되어 있다. 생태적 지속가능성이 문제가 되고 있음은 널리 알려져 있지만 세계의 에너지 시스템은 자체적으로 방향성을 수정할 수 있는 유연성이 부족하다. 재생가능한 에너지에 많은 관심을 보이고는 있지만 세계 경제의 시스템은 석유·석탄·가스에 의존하는 방식에 메여있다.

에너지를 생각하다

마빈 해리스(Marvin Harris 1927~2001)는 카니발리즘Cannibalism*의 주요한 원인은 단백질 결핍이라고 주장했을 정도로 물질 결정론적인 경향이 강했던 인류학자다. 그의 이론이 주목받지 못한 지는 이미 십여 년이 지났다. 하지만 상징이 가진 의미를 포기해가면서까지 완고할 정도로 물질에 집착해왔던 그는 에너지와 정치의 상관관계에 대해서는 상당한 지식을 갖추고 있었다. 1978년 초반, 에드워드 스노든이 태어나기 몇 해 전 해리스는 다음과 같은 글을 썼다.

> 중앙집중식 감시 네트워크와 기록관리 컴퓨터를 이용해 개인의 행동을 전자적으로 추적할 수 있는 기능은 이미 존재한다. 핵에너지로의 전환은 컴퓨터의 능력을 활용한 새로운 형태의 전제정치를 만들어내고 유지하는데 최적의 물질적 기반을 제공하게 될 가능성이 높다. 기본적으로 에너지 생산 방식은 분권화되어야만 한다. 오늘날 에너지 생산을 독점하고 있는 카르텔을 깨트려야만 유럽의 민주정을 이끌어냈던 우리의 생태학적 · 문화적 기반 환경을 회복할 수 있기 때문이다. (Harris 1978, 288)

---

* 동족을 공격하고 먹는 행동이나 습관.

꾸준하고 안정적인 에너지 공급 없이 70억 명(이 수치는 지금도 늘어나고 있다)의 인류의 존엄하고 평화로운 삶을 보장할 수 있다는 지표는 어디에도 없다. 또한 지금까지의 기업들은 화석연료의 소비가 지구에 미치는 파괴적 효과에 잘 대처하지 못했고 막을 수 있을 것 같지도 않다. 오늘날의 모더니티는 폭주하고 있다. 상호 연결되어 있는 현대 세계의 모든 영역에서 최고속도로 달리고 있다. 그리고 사회과학자들은 이러한 상황의 변화가 비단 정치인이나 행정가들 뿐 아니라 연구자 자신들에게도 문제된다는 것을 깨닫기 시작했다. 요즘 들어 상당한 수의 사회과학자들이 기후변화에 대한 지역의 대응에 관해 연구하게 되었다. 인류학계에서는 수잔 크레이트Susan Crate와 마크 누탈Mark Nuttall의 선구적 연구서 『기후변화와 인류학*Anthropology and Climate Change*』(2009)이 출간된 이후로 환경과 기후 분야의 연구가 크게 증가했다(예시: Hastrup and Olwig 2012; Baer and Singer 2014; Barnes and Dove 2015). '과열'의 관점에서 이루어지는 기후와 환경에 관한 논의는 자본주의의 확장과 환경주의의 감소 사이의 연관성, 특정 지역의 경제성장이 큰 스케일에서는 삶의 여건을 악화시키는 '스케일의 충돌', 그리고 과열현상을 조절할 수 있는 장치의 부재로 인한 불가역적인 기후변화가 갈수록 심각해지는 과정을 주로 다룬다.

기후변화 논의는 채굴산업과 관련지어 이뤄져야 하며, 사회과학계에서도 석유와 가스뿐 아니라 철 · 구리 · 금과 같은 광물의 채굴에 점점 더 많은 관심을 보이고 있다(예시: de Rijke

2013; Golub 2014; Kirsch 2014; Pijpers 2014; Luning and Pijpers 출간예정). 이러한 연구들은 채굴이 이루어지는 특정한 지역에 관한 민족지적 연구이기도 하지만, 채굴 산업의 세계적 의미에 관한 보편적인 통찰도 함께 제공한다. 잠비아의 구리광산지대the Zambian Copperbelt에서는 닫았던 광산이 다시 문을 열 정도로 세계는 채굴산업 붐이다. 새로운 기업체가 쏟아져 나와 전 대륙에서 채굴권을 따내기 위한 협상을 진행하고 광물자원이 풍부한 곳을 찾아 지구를 샅샅이 탐색하고 있다. 시에라리온에서 채굴산업과 가속화된 변화를 연구 중인 '과열' 프로젝트의 연구원 로버트 피즈퍼스는 오늘날의 광산업이 얼마나 다중스케일적Multiscalar인지를 잘 보여주었다(Robert Pijpers 출간예정). 채굴회사의 소유주는 다국적 기업이고, 그 본부는 시에라리온에 있지 않다. 하지만 사업을 시작하기 위해서는 시에라리온 정부는 물론 지역의 토호나 지주들과도 협상을 해야 한다. 시에라리온 철광석 광산의 성공 여부는 국제 상품시장 및 중국의 경제 상황과, 스웨덴이나 인도네시아 같은 경쟁자의 상품 효율성이 얼마나 좋으냐에 달려있다. 지역적 차원에서 철광 산업의 붐은 부를 증가시켜주었지만 불평등도 증가시켰다. 새로운 기회도 주었지만, 처음 겪는 건강 문제도 주었다.

채굴에 대한 현지조사는 세계 경제의 통합과 불평등, 그리고 노천광에 내재된 환경적 폭력성에 대해 중요한 통찰을 제공한다. 또한 번쩍이는 부와, 절망에 빠져 술에 취한 프레카리아트의 무리와, 고요한 교외지대와, 이유 없는 폭력이 벌어지는 위험한 구역이 공존하는 전형적인 채굴산업 대도시인 요하네스버그에서 목격된 '스케일의 충돌' 현상 — 그 도시에서 전성기를 구가하며 온갖 부와 가난과 폭력과 불평등을 생산하던 글로벌 기업이 자원이 고갈되자마자 오염된 광물과 유독한 슬래그slag를 남겨놓고 자신들에게 돈을 벌어주던 지역을 버리고 떠나는 — 에 관해서도 유의한 시사점을 제공한다.

사회과학자들은 채굴산업에 대한 관심은 키웠지만 상대적으로 에너지가 인간의 삶에 미치는 광범위한 중요성에 대해서는 체계적으로 파악하지 못했다. 그들은 화석연료와 기후변화의 관계에 대해서는 적지 않은 논쟁을 벌였고 의미 있는 기록도 남겼지만, 역사적으로 보나 현재의 상태로 보나 오늘날의 근대성을 이해하는데 핵심적인 요소인 에너지와 인간 삶의 조건의 상관관계에 대해서는 그다지 연구하지 않았다. 인류학계에서도 이에 대한 관심은 이제 막 생성되는 단계다. 2014년 도미닉 부와예Dominic Boyer가 편집한 『계간 인류학*Anthropological Quarterly*』 특집호에서 '에너지권력energopower'을 다루었고, 2008년에는 스테판 레나Stephen Reyna가 편집한 『포칼*Focaal*』 특집호에서 석유와 권력의 관계를 다루었었다. 이들은 주로 정치적 권력을 논의했지만, 그 맥락은 석유의 정치학에 관한 미첼의 연구와 무척 흡사하다. '과열'의 측면에서 접근하는 에너지 논의는 인간 사회의 핵심적 영역에서 일어나는 가속화된 변화들, 특히 정체성과 소속에 영향을 미치는 경제적이고 환경적인 프로세스의 원동력으로서의 에너지의 역할을 강조한다. 여기서는 에너지를 재생산의 위기와 스케일의 충돌이라는 관점에서 바라보고자 한다.

요즘은 에너지에 대한 학계의 관심이 다시금 커지고 있다. 그러나 흥미로운 것은 지금보다 반세기 앞서 출간된 에너지에 관한 인류학적 연구에 중요한 공헌을 했던 연구서가 있다는 것이다. 하지만 이 책은 관련 분야에서 내외부적으로 그다지 큰 족적을 남기지는 못했다. 레슬리 화이트(Leslie White 1943, 1949, 1959)는 일련의 연구서를 통해 에너지 사용과 사회적 진화 사이에는 직접적인 연관관계가 있다고 꾸준히 주장했다. 그는 "다른 조건들이 동일하다면, 문화 발전의 정도는 1인당 연간 에너지 사용량과 직접적인 상관관계가 있다(White 1943, 338)."고 하며, '문화 발전'의 척도로 인구 밀도의 증가, 노동 분화, 기술 정교화를 제시했다. 비록 오늘날 화이트의 단선적인 진화론에 동의하는 사람은 찾아보기 힘들지만, '사용할 수 있는 에너지의 양은 사회적 삶 및 사회의 형태와 본질적인 연관관계가 있다.'는 그의 주된 통찰은 오늘날의 현실에도 대입해 볼 가치가 있다. 그렇지만 에너지를 많이 소비할수록 문화가 발전한다는 공식에는 의문을 제기할 필요가 있다. 화이트는 이러한 그의 관점을 "1인당 연간 사용가능한 에너지양이 증가하거나, 에너지를 통제하는 수단의 효율성이나 경제성이 증가하면 문화는 발전한다(White 1959, 56)."고 정리했으며, 이를 '문화발전의 법칙'이라고 불렀다. 레슬리의 이론은 일종의 단순화된 사회진화론으로 볼 수 있다. 그러나 인류가 에너지 소비량을 줄여야 한다는 의견에 많은 사람들이 동의하는 현재의 관점에서 보자면 구시대적 사고방식을 대표하는 이론이라는 지적을 피하기 어렵다. 뿐만 아니라 삶의 만족도를 비교 조사한 연구에서도 만족스러운 삶과 에너지 사용량(혹은 생태학적 발자국) 사이에는 직접적인 상관관계가 없다는 것이 밝혀졌다(NEF 2014).

에너지는 다양한 형태로 존재한다. 음식 또한 인간을 비롯한 여러 동물에게 활용되는 에너지원이다. 짐을 나르는 일에 인간보다 힘이 센 짐승을 활용하기 시작하면서 사회의 생산성이 증가했다. 따뜻한 기후는 외부 에너지원의 필요성을 감소시킨다. 가나에서는 태양에서 바로 변환할 수 있는 에너지의 양이 독일보다 훨씬 많다. 따지고 보면 장작이나 숯은 물론 석유나 가스와 같이 현대 세계에서 인간이 소비하는 에너지의 대부분은 **저장된 태양에너지**이다. 심지어는 풍력이나 수력 발전도 궁극적으로는 태양에너지에서 기인한 것이다. 금세기에 새롭게 떠오르는 에너지원인 '태양력Solar power'이 흥미로운 것은, 태양에너지를 탄소와 같은 매개체에 저장하지 않고 곧바로 인간이 활용 가능한 형태의 에너지로 전환하기 때문이다. 그러나 태양에너지 활용의 주된 문제는 바로 저장 방법에 있다. 석탄이나 석유처럼 수백만 년에 걸쳐 태양에너지를 축적할 수는 없기 때문이다.

지난 수십 년간 태양에너지를 저장하고 있는 매체들(석탄, 석유, 가스)에 관한 가장 큰 걱정은 머지않아 공급이 대폭 감소할 것이라는 불안감이었다. 레슬리는 1943년 쓴 글에서, 세계의 석유는 앞으로 12년 정도 쓸 만큼밖에 남아있지 않다고(즉, 1955년에는 고갈된다고) 추산한 연구를 인용했다. 그 이후 기술 개발과 새로운 유전의 발견으로 석유 생산량은 증가했다. 하지만 여전히 화석연료는 유한하며, 무한히 공급될 수 없는 자원의 대표적 이미지로 남아있다. 그러나 앞에서도 말했듯이 석유 · 석탄 · 가스의 채굴량이 늘어나는 것은 사실이지만 금방 고갈되지는 않는다는 것도 사실이다. 결국 많은 과학자들의 예측처럼 이 행성은 인간이 살기 어려운 곳이 되고 말지도 모른다.

이러한 배경에서 지역 단위의 환경오염부터 세계적 수준의 기후변화에 이르는 모든 환경적인 부작용은 현재 학계와 정계에서 에너지와 관련해 가장 먼저 고민하는 문제다. 이 문제는 특히 물질적으로 부유한 국가와 연관이 많다. 또한 화석연료의 가격이 유동적이라는 점 등을 이유로 최근 세계 각국은 대안적 에너지 자원을 찾기 위한 노력을 기울이고 있다. 아부다비의 마스다르 시티Masdar City처럼 첨단기술을 활용해 적어도 표면적으로는 생태적 지속가능성을 갖춘 도시도 있다(Günel 2011). 공상적이긴 하지만 생태계에 미치는 영향력을 최소화하면서 살아가는 소규모의 대안적 공동체 모임도 있다. 독일과 같은 나라는 정책과 법제정으로 재생가능한 에너지로의 전환을 독려하고 있다. 그러나 한편으로 가난한 지역의 사람들에게 가장 큰 문제는 에너지(주로 전기)를 얻을 길이 제한적이라는 것이다. 이는 여러 측면에서 그들이 근대화에 뛰어들지 못하게 가로막는 중요한 원인이기도 하다.

다른 모든 조건이 동일하다면, 고에너지 사회에 견줘 저에너지 사회가 더 평등하다. 실제로 소규모의 수렵 · 채집 사회는 에너지(주로 음식형태의)가 풍부해지면 대체로 덜 평등주의적인 사회가 된다(최근 연구로는 Wengrow and Graeber 2015). 많은 에너지를 가진 현대 국가가 겪는 '자원의 저주resource curse'에 대해서는 이미 잘 연구되어 있다. 레이나와 베렌즈는 "석유 생산국은 … 사회발전의 정체와 빈곤, 고조된 갈등과 빈번한 폭력, 지배체제를 향한 반감이라는 삼중고에 시달리고 있다."고 했다(Reyna and Behrends 2008, 5). 사회적 불평등의 증가는 에너지 증가의 전형적 효과 중 하나다. 그러나 현대에는 에너지가 부족한 사회라고 해서 반드시 평등하지도 않다. 이는 주로 에너지 접근권의 불평등 때문이다. 지금은 대부분의 인류가 거대하고 초국적인 스케일의 사회적 · 경제적 네트워크에 강하게 소속되어 의존하고 있으므로, 작은 스케일의 사회와 큰 스케일의 사회를 구별하는 접근법은 한두 세대 이전에 비해 확실히 효용성은 물론이거니와 의의도 떨어진다. 그보다는 서로 다른 규모의 스케일에서 작동하는 행위와, 그 행위가 이루어지는 영역을 구별하는 것이 더 유용하다. 이러한 구별이 중요한 이유는 스케일의 차이는 불평등의 정도를 나타내는 지표가 될 수 있으며, 큰 스케일에서 작동하는 시스템이나 활동은 작은 스케일의 활동보다 더 많은 에너지를 요구하기 때문이다. 또한 큰 규모의 활동은 대체로 유연성이 떨어지기 때문이다. 베이트슨의 표현을 빌리자면, 화물선보다 나룻배가 방향을 바꾸기 수월한 법이다.

에너지가 풍부한 …

퀸즐랜드에서 현지조사를 할 때, 당시 출간되었던 제레미 리프킨의 저서 『3차 산업혁명』을 추천해준 사람이 있었다. 리프킨은 태양에너지와 인터넷 커뮤니케이션의 결합은 경제와 커뮤니티의 영역을 분권화함으로써 자본주의를 변화시키고, 지역 커뮤니티의 자율성을 강화하며, 자신이 '에너지 인터넷'이라 명명한 연결망grid을 통한 에너지의 공유를 가능케 할 것이라고 주장했다. 리프킨의 주장을 다른 말로 하면 '에너지와 정보의 분권화'이며, 만약 실제로 이루어진다면 마빈 해리스가 수십 년 전에 구상했던 미래가 현실이 된다는 뜻이다. 리프킨의 비전을 내게 소개해주었던 사람은 공업도시 글래드스턴에서는 만나보기 어려운 환경운동가였다. 그녀는 리프킨의 방식으로 민주주의를 향상시키고 화석연료에서 벗어날 수 있다고 생각했다. 그러나 이런 이야기를 하는 한편으로, 그녀는 어깨를 으쓱하며 "에르곤Ergon은 이런 일을 절대 지지하지 않을 테지만"하고 덧붙였다. 에르곤은 글래드스턴의 주요한 에너지 공급업체다.

그림 3-2 주요 국가별 연간 에너지 생산량과 소비량(2012년)

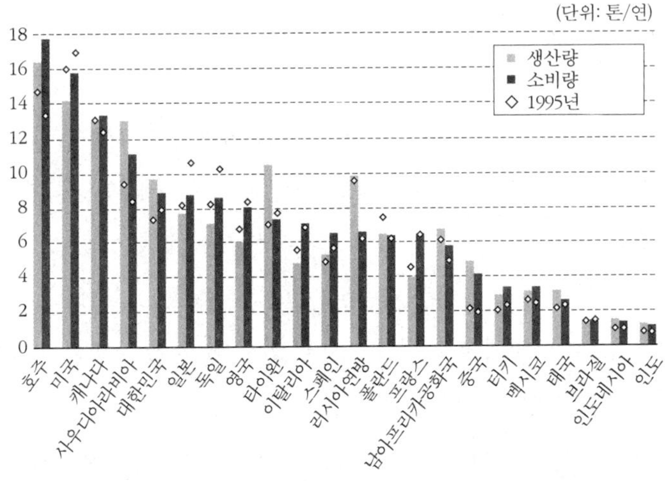

※ 출처: OECD(2015)

리프킨이 제안한 모델이 흥미로운 이유는 단지 작은 스케일과 큰 스케일의 요소를 결합했기 때문만은 아니다. 태양에너지 시스템에서는 이론적으로 누구나 자신에게 필요한 전기를 생산할 수 있다. 그러나 남는 에너지를 큰 스케일의 연결망을 통해 다른 사람에게 나누어주는 아이디어는 큰 스케일에서 작동하는 일도 얼마든지 비위계적이고 분권적으로 이루어질 수 있다는 것을 보여준다. 연결망의 소유주가 기업이 아니라면, 국가 권력은 그 연결망을 관리하는 정도로 제한될 것이다.

얼마 후 나는 퀸즐랜드 중부의 환경운동가 부부 얀 아렌스와 카렌 아렌스를 만났다. 장성한 자녀를 둔 이들 부부는 글래드스턴에서 이곳 시골로 이사를 왔다. 집 주변에는 작은 우물과 빗물 저장용 물탱크, 그리고 태양광 패널이 산재해 있었다. 또한 다채로운 유용식물을 심어놓았는데, 사막의 모래와 메마른 기후에서도 잘 버티고 있었다. 퀸즐랜드에 설치된 다른 태양광 패널과는 달리, 이들의 패널은 그 어떤 전력망에도 연결되지 않았으며 완전히 자급자족할 전기만 생산하고 있었다. 달리 말하자면 이들은 사용하는 에너지의 양을 태양을 제외한 다른 자원의 도움 없이 유지가능한 집안일 수준으로 낮췄다는 뜻이다. 혹은 그렇게 보였는지도 모르겠다. 얀은 집 주위를 안내하며 지하에 있는 상당한 크기의 배터리를 보여주었다. 그들은 구름이 짙은 우기를 대비해 4~5일은 버틸 수 있는 여분의 전기를 비축하고 있었다. 하지만 이정도로는 여분의 전기가 충분하다고 하기는 어렵다. 게다가 태양광 패널과 배터리는 유지 · 보수가 필요하고 때때로 교체도 해줘야 한다. 얀은 이 집의 태양광 발전 시설은 탄소를 전혀 배출하지 않는 공정으로 제작되었다고 설명해주었다.

에너지가 풍부한 사회에서 화석연료 산업의 의존도를 낮추고 에너지자원의 유연성을 확보하기 위해 노력하는 사람은 생태계와 지속가능성에 관심을 갖는 얀과 같은 사람들뿐이다. 하지만 이러한 활동은 다른 영역의 유연성을 떨어뜨린다. 배터리 용량으로 인한 제약이 좋은 예다. 다른 방식으로 에너지 소비가 낮은 생활을 시도하는 사람도 있다. 어느 정도 자급할 수 있는 식량을 유기농으로 생산하고, 약간의 조명과 작업용 도구의 충전 외에는 전기소비를 최소화하며 살아가는 대안적 공동체도 꾸준히 존재해왔다. 이들은 주로 부유한 국가에서 활동하지만, 화석연료 소비를 주 성장원으로 삼는 현재의 지배적 에너지 시스템에 타격을 줄 정도는 아니다. 근 50년간의 대안적 녹색운동 공동체 활동이 보여준 것은, 수천의 대안적 공동체가 그들의 원칙을 조금도 굽히지 않고 살더라도 글로벌 자본주의는 얼마든지 그들의 호주머니를 털어갈 수 있다는 사실이다. '스케일의 충돌'은 바로 이러한 지점에서 일어난다. 대안적 공동체가 작은 스케일에서 살아갈 때는 에너지의 자급자족이 가능할 수 있다. 하지만 이들에게는 자신의 정체성을 유지하면서 스케일을 키울 방법이 없다. 또한 이들이 추구하는 삶의 방식이 급격히 전파되고 확산될 그 어떤 조짐도 없다. 이러한 현실은 기업의 힘과 중앙집권적 정책을 강화하는데 기여할 수 있다. 또한 물질적으로 풍요로운 사회에는 어떻게든 그 풍요로움을 누리고 싶어 하는 경향이 있는 것이 사실이다. 바꿔 말하자면 작은 스케일의 대안적 녹색운동 공동체는 오로지 큰 스케일의 기업 자본주의와 주류 사회와 병행해서 존재할 수밖에 없으며, 그 어떤 유의미한 영향력도 행사하지 못한다는 뜻이다.

이보다 높은 층위에서 수행되는 국가적 · 국제적 정치의 영역에서는 스케일의 충돌이 조금 다른 형태로 나타난다. 정치인들의 말을 들어보면 세계를 구하는 일이 지역공동체를 구하는 일보다 더 쉬워 보일 수도 있다. 1980년대 후반, 노르웨이의 수상 그로 할렘 브룬틀란트Gro Harlem Brundtland는 UN의 세계환경개발위원회World Commission for Environment and Development가 1987

년에 인준한 보고서『인류 공통의 미래*Our Common Future*』를 통해 처음으로 '지속가능성한 성장'이라는 개념을 소개함으로써 세계적으로 유명해졌다. 그녀는 경제적 사고방식과 계획수립에 생태학적 제약과 한계를 도입하는 일의 중요성에 대해 자주 말했다. 하지만 그 당시 노르웨이 정부는 국민들에게 많은 부를 안겨줄 새로운 자원인 북해 유전의 개발로 분주했다. 국가적 스케일에서 보자면, 수상은 유권자에게 의무를 다해야 한다. 브룬틀란트의 노동당 정부가 해야 할 최우선 과제는 낮은 실업률과 높은 성장률을 유지하는 것이었다. 또한 조셉 텐터 등은 "그 개념이 정말로 유용하지는 않다. 물론 지속가능한 성장은 미래에 대한 우려이지만, 본질적으로는 동어반복이다(Joseph Tainter 2014, 221)."고 지적했다.

이후 또 다른 노르웨이 총리 옌스 스톨텐베르그Jens Stoltenberg는 이러한 모순적 현상이 단순한 스케일의 충돌이 아닌 근본적인 이중구속에 관한 문제임을 충격적인 방식으로 보여주었다. 부른틀란트와 마찬가지로 노동당 소속인 스톨텐베르그는 2004년부터 2013년까지 노르웨이의 총리를 역임했다. 그 기간 동안 스톨텐베르그는 석유와 천연가스 사업을 계속해서 확장해나갔으며, 그의 소속 정당은 노르웨이 북쪽 로포텐 제도의 채굴을 장려했다. 로포텐 제도는 따듯한 멕시코 만류가 바렌츠 해의 차가운 물과 만나는 지역으로, 풍부하지만 훼손되기 쉬운 생태계를 지녔다. 2013년 선거에서 패배한 후 스톨텐베르그는 얼마간 UN의 기후 문제 특사로 활동했는데, 특사로 임명되자마자 기후 문제가 심각한 상황에 처해 있으며 즉각적인 대응이 필요하다고 주장하기 시작했다. 하지만 그의 주장은 몇 년 전 그가 정부를 운영하고 있을 때 했어야 한다는 분노한 환경운동가들의 비판을 피할 수 없었다.

에너지가 풍부한 몇몇 국가는 큰 스케일에서 글로벌 사우스 지역에 보상 활동을 벌이고 있다. 노르웨이가 수출하는 석유와 가스는 전 세계 CO_2배출량의 3% 정도에 간접적인 책임이 있다. 국내 탄소배출량만을 측정해 보면, 비록 부유한 노르웨이인들이 아무리 소고기와 해외 여행을 좋아한다고 해도 노르웨이가 기후문제에 미친 악영향은 그보다는 훨씬 낮다. 노르웨이의 가정과 공장에서 사용하는 전기는 대부분 수력발전으로 생산하기 때문이다. 하지만 세계 기후 위기 문제에서 노르웨이는 대체로 원인 제공자로 알려져 있는데, 바로 상당한 양의 석유를 수출하기 때문이다. 이러한 맥락에서, 중도좌파인 스톨텐베르그 정부는 석유와 가스 수출이 그들에게 불리하게 작용할 수 있음을 알았으며 이를 상쇄할 방안으로 크게 두 가지를 생각했다. 첫 번째로 석유 수출로 얻는 국가 수익의 대부분이 투자되는 연금기금의 관리자들로 하여금 윤리적 투자를 고려하게 하였다. 또한 그들이 '비윤리적' 사업에 투자하지 않는다는 것을 확실하게 보여주기 위해 감시기능을 하는 윤리 위원회를 설치했다. 두 번째로 국외, 특히 글로벌 사우스 지역의 탄소 배출을 줄이기 위한 프로젝트에 상당한 투자를 했다. 그 중 가장 많이 들어본 사업은 UN이 후원한 REDD(산림파괴 및 황폐화로 인한 탄소 배출 감축, Howell 2015 참조) 프로그램일 것이다.

명백한 아이러니다. 노르웨이는 그들이 수출한 석유가 초래할 악영향을 막기 위해, 석유 채굴량을 줄이는 등 그들의 나라를 변화시키지 않았다. 대신 돈을 주고 다른 나라들에게 변화를 부탁한 셈이다. 경제학자로서 교육받았던 스톨텐베르그는 기후변화를 막기 위한 활동에 투자하는 것은 노르웨이를 포함한 글로벌 노스보다는 글로벌 사우스 지역에 하는 편이 비용 대비 효과가 훨씬 높다고 주장했다. 이는 세계적 스케일에서 보자면 틀림없는 사실이지만, 지역적 공동체의 입장에서 보면 다르다. 인도네시아인들에게는 보다 지속가능한 세계를 만들기 위해 노력하라고 가르치면서, 노르웨이인들에게는 아무것도 바꾸지 않아도 된다고 말하는 셈이다.

사회복지와 경제성장에 필요하다며 석유를 캐는 한편, 탄소 배출과 환경 파괴를 줄이기 위한 해외 투자와 개발 지원을 하는 노르웨이의 이중적 정책은 에너지를 사용하면서 경제성장과 지속가능성을 동시에 추구한다는 것이 얼마나 실현하기 어려운 일이며 벗어나기 어려운 이중구속인지를 잘 보여준다.

브룬틀란트 보고서는 모든 부유한 국가들에게 재생 불가능한 에너지의 사용량을 향후 50년 이내에 1980년 대비 절반 수준으로 감축할 것을 공통적으로 권고하고 있다. 이러한 권고는 다음 세 가지 배경에서 이루어졌다. 첫째, 국제 정의의 관점에서 에너지는 한정된 천연자원으로 보아야 하며, 가난한 국가의 삶의 질을 올리기 위해서는 부유한 국가가 에너지 사용량의 수준을 낮춰야만 한다. 둘째, 기후변화 문제의 측면에서 전 세계 탄소배출량을 줄이기 위해서는 부유한 국가의 에너지 사용량 감축이 필수다. 셋째, 생물학적 다양성의 관점에서 보면, 설령 국제 정의를 준수하면서 기후변화 문제도 해결하고 전 세계를 고에너지 사회(부유한 국가는 지금처럼 높은 에너지 사용량을 유지하고, 가난한 국가도 그와 동등한 수준으로 에너지 사용량을 끌어 올린 상태)로 만드는 일이 가능하다고 해도, 생물학적 다양성은 완전히 황폐화될 것이다.

전 세계 에너지 사용량 감축이라는 목표는 스케일의 층위상 높은 곳에 현존하는 경제적 · 정치적 시스템과는 맞지 않을 것이다. 1975년에서 2012년 사이 세계 에너지 소비량은 2배로 증가했다. 바꿔 말하면 UN과 전 세계의 정책입안자들과 학자들이 최선을 다해 노력했음에도 불구하고 아무것도 변하지 않았다는 뜻이다. 비록 '최선의 행동'이 무엇인지를 보여주는 모범적인 사람과 공동체가 있다고 해도, 세계가 저에너지 혹은 재생가능한 에너지의 사회로 즉각 전환될 것이라는 지표는 어디에도 없다(2015년 12월 파리 기후 협정에 서명한 정치인들은 이 의견에 반대할지도 모르겠다). 이상과 달리 실제로는 성장이 계속해서 우위를 점하고 있는 현실의 괴리는 단지 이중구속의 관점만으로는 이해하기 어렵다. 다른 측면에서 스케일을 살펴보는 방식으로 이해할 필요가 있다. 우리는 우리의 행동이 초래할 결과(에너지사용으로 인한 환경파괴)가 우리와 동떨어진 시간과 공간에서 벌어질 것을 알고 있다. 하지만 어떻게 해야 그러한 결과를 막기 위한 행동을 스스로 취하게 할 수 있을까? 이것을 질문해야 한다. 때때로 "우리는 후손들의 권리를 보장해야 한다(Gaarder 2007)."는 주장으로 이러한 행동을 촉구한다. 하지만 현재의 행동이 가져올 장기적 효과를 정확하게 예측하는 것이 불가능한 이상 이러한 논리로 사람들의 실제 행동을 바꾸기란 어렵다. 또한 미국 사회학자 카리 노가드Kari Norgaard는 2011년 노르웨이 서부의 (가명)비그다비 마을 연구에서 마을 주민들이 기후변화의 원인과 결과에 대해 무척 잘 알고 있었음에도 그에 맞춰 행동을 바꾸지는 않는다는 사실을 보여주었다. 그들은 여전히 사회적 · 공간적 · 시간적으로 그들이 접하기 쉬운 일에 우선순위를 두었다. 그들은 분명 기후변화를 우려하고 있었다(노가드의 현지조사 기간은 유별나게 온화한 겨울이었다). 하지만 자신들의 라이프 스타일에는 영향을 미치지 않는 높은 층위의 행동에만 주로 초점을 맞추었다. 그들은 UN과 정부는 물론 석유기업까지도 기후 문제 해결을 위한 노력이 부족하다며 비판했지만, 여전히 비행기를 타고 남부 유럽으로 휴가를 즐기러 떠났으며, 주말 저녁마다 아르헨티나산 수입소고기를 먹었고, 자녀의 방과후 활동을 위해 운전을 하고 다녔다. 인류에게 직면한 큰 스케일의 장기적인 과제는 현세적 시간의 지평이나 주변 사회와는 큰 연관성이 없는 것처럼 느껴진다. 이러한 경향성에 대해 심리학적으로는 분명한 근거를 갖는 이론이 있지만, 그에 못지않게 문화적 현상학적 설명론도 필요하다.

첫째, 지난 200년간 진보와 발전은 에너지 사용량의 증가와 밀접하게 연관되어 있었다는 사실을 잊지 말아야 한다. 탄소 배출과 기후변화의 상관관계에 대한 오늘날의 지식수준을 고려하면, 지금까지 지속되어왔던 개발을 옹호하기가 더욱 어려워진다. 그러나 근대적 의미의 진보와 개발에 헌신해왔던 사람들이 시간의 화살을 거꾸로 돌리는 것이나 마찬가지인 일을 쉽게 수긍할 수 있을지는 미지수다.

둘째, 변화를 위해 필요한 시스템적 개선은 현재의 일반적 피드백 순환 구조와 서로 맞지 않는다. 시스템에 당장 변화가 필요하다는 요구는 '지금까지 해오던 대로 현재의 시스템을 유지할 경우 21세기의 끝에 벌어질 일을 예측한 결과'에 기반을 둔 요구다. 그러나 인류는 통상적으로 해오던 일에 대한 피드백을 기반으로 행동해 왔다. 즉 주로 생태학적으로 지속가능하지 않는, 지역적이고 단기적인 스케일에서 벌어지는 일에 피드백의 순환 구조가 맞춰져 있다. 이러한 피드백은 고작 몇 초 앞이나 1~2년 뒤 정도를 바라보고 이루어진다. 시간적 스케일이 서로 다른 것이다. 하지만 그와 동시에 화석연료의 폐지를 바라며 지역 공동체에서 활동하는 여러 환경운동가와 단체는 그들이 경험한 스케일의 충돌에서 좌절감을 느낄 때가 많다. 글래드스턴에서는 그린피스와 다른 큰 스케일의 환경 NGO들이 지역 공동체를 소중하게 생각하지 않는다는 불만을 종종 들을 수 있다. "세계인을 대신해 지구를 구하는 사람들이죠. 하지만 그레이트 배리어 리프를 구하는 일은 잘할지 몰라도 소위 지옥 같은 공장지대에서 살고 있는 우리들에 대해서는 전혀 신경 쓰지 않아요."라고 이야기한 사람도 있다. 그는 시드니와 멜버른의 환경운동가들은 온 도시가 문을 닫기를 바랄 것이라고 덧붙였다. 달리 말하자면 지역주민의 입장에서 자신들을 소외시키고 권리를 빼어간다고 생각하는 대상은 높은 층위에서 움직이는 정치인이나 기업가뿐만이 아니라는 뜻이다. 실제로 큰 스케일과 작은 스케일 사이를 오가는 것은 쉬운 일이지만(우리 모두가 매일 하는 일이다), 그 안에 내포된 의미를 이해하기란 어렵다. 특히 서로 다른 층위의 스케일을 통합해서 생각해야 할 때는 더욱 어렵다. 때로는 개인적 행위가 전 세계에 미치는 영향을 알기 위해 스케일을 키워야 할 때도 있고, 때로는 큰 스케일에서 진행되는 일이 지역에 미치는 영향을 이해하기 위해 스케일을 축소해야 할 때도 있다.

… 그리고 에너지가 부족한

부유한 국가(혹은 공동체)와 가난한 국가 간 에너지 사용량의 차이가 매우 크다는 사실은 말할 필요도 없으리라. 비록 그 차이가 어떤 측면에서는 줄어들고 있다고 해도(독일은 과거에 비해 에너지를 덜 탐하고 있고, 중국은 20세기 후반부터 연간 에너지 소비량이 몇 배나 올랐다) 차이는 여전히 크다. 아프리카는 여전히 전기를 사용할 수 없는 지역이 대부분이고, 산발적으로 흩어진 소규모 지역에서만 전기를 사용할 수 있다. 19세기 이전에는 세계 어디서나 그랬듯이, 아프리카인들도 전기 없는 생활을 그럭저럭 잘 견뎠다. 하지만 이미 전기화가 완료된 다른 세계에서 전기 없이 생활하기란 대단히 불편했다. 아크힐 굽타는 남아프리카공화국과 인도의 비교연구에서 가난한 사람들이 전기를 얻는 완전히 상반된 방법을 보여주었다(Akhil Gupta 2015). 인도의 무허가 주거지는 전력망에 연결되어 있지 않다. 그러나 전력회사는 "도시 환경에서 생활하기 위해서는 그곳 사람들도 전기를 필요로 한다는 것을 인지하고, 비공식적 경로로 슬럼가의 주민들이 전력망에 접속할 수 있도록 했다(Gupta 2015, 501)." 물론 공짜는 아니다. 슬럼가의 주민은 지방의 권력자에게 임대료를 내고 비공식적으로 전력망에 접속한다. 전력회사는 복잡한 과정을 거치긴 하지만 어쨌든 공식적인 경로로 전기요금을 받아간다. 남아프리카공화국에서는 전력망에 접속은 되어 있지만 요금을 내기 어려운 빈민들이 불법적으로 전기를 쓰기 위해 계량기를 개조하는 일이 여러 해 동안 비일비재했다. 이러한 관행을 근절하기 위해 당국은 선불 요금제를 도입했고, 이제 공식적인 전력망에 연결된 집에서도 요금을 먼저 내지 않으면 전기를 쓸 수 없게 되었다. 이런 일은 우연하게도 내가 1980년대에 현지조사를 했던 모리셔스 제도의 어촌마을에서 일어났던 일과 유사했다. 이 마을 주민은 1960년대 괴멸적인 사이클론 피해 이후 대부분 정부에서 건설한 주택단지에 살게 되었다. 거기에는 수도관과 샤워시설뿐 아니라 콘센트, 전선, 퓨즈박스까지 갖춰져 있어 전기를 사용하는 생활이

그림 3-3 주요 국가 1인당 CO_2 배출량(2014년)

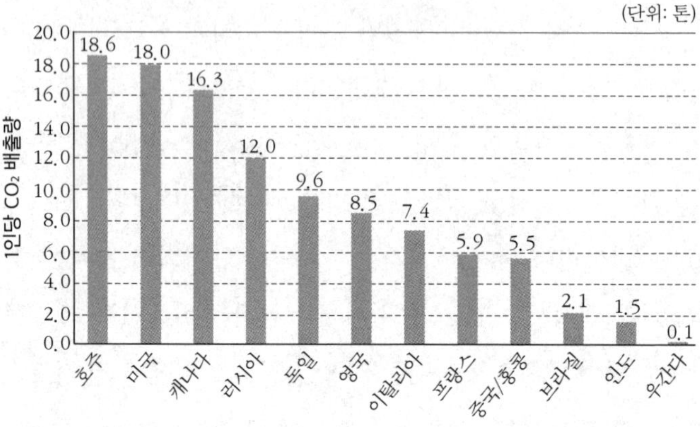

※ 출처: 세계은행(2014)

가능해졌다. 그러나 대부분의 주민은 수도나 전기요금을 낼 수 없을 정도로 가난했으며, 이를 사용할 수 있는 주민은 극소수였다. 그 결과 많은 주민들이 일찍 잠자리에 들었다. 밤이 시작되는 7시 이후부터는 석유램프와 희미한 촛불만이 유일한 광원이었다. 7시 이후로는 숙제를 하는 어린이도 TV를 보는 사람도 없었다.

근대화는 결코 이분법적인 현상이 아니며, 계몽의 빛을 전파하는 일은 아직 끝나지 않았다(특히 전구조차 쓰지 못하는 곳에서는 더욱 근대화를 원한다). 우리는 모두 과학과 종교, 관료제와 비공식적 인맥, 개인주의와 집단주의가 혼합되거나 융합된 채로 공존하는 세상에 살고 있다. 대부분의 글로벌 사우스 지역만큼 근대화가 뒤죽박죽 이루어진 곳도 없을 것이다. 적어도 에너지의 관점에서 보자면 이곳은 근대화가 불완전한 형태로 더듬거리듯 진행되었다. 케냐 시골에서는 노점상에서 휘발유를 0.5ℓ 병에 넣어 파는 모습을 흔히 볼 수 있을 정도로 에너지가 부족하다. 남서부 지역의 마사이족은 일부 주민들만 휴대폰을 사용하는데, 주로 자그마한 태양광 충전기를 쓰거나 인근 마을의 전기를 빌려 충전한다. 그것은 이곳 사람들이 큰 스케일의 세계(근대 국가들 간의 초국적인 커뮤니케이션이 이루어지는 세계)와 자신들의 세계를 드나들 수 있는 유일한 작은 통로다.

글로벌 사우스 지역에서 벌어지는 에너지의 불평등한 공급 현상은 대부분 낮은 수준의 단기적 스케일에서 벌어진 일이 아니다. 처음 발전시설을 지을 당시에는 인구가 '과열'될 것을 예상하지 못했으며, 중산층 가정에서 에어컨을 사용하고 있지도 않았다. 이러한 수요 예측의 실패로 인한 전력 공급의 부족함은 불규칙적이고 예측 불가능한 잦은 정전으로 나타난다. 남아시아와 남아프리카 지역에서는 전력 과부하를 막기 위한 인위적 정전인 '전력 제한 조치loadshedding'가 행해지고 있다. '과열' 프로젝트의 연구원 미칼 빈데그Mikkal Vindegg는 네팔 카트만두 남동부의 작은 마을 루브후Lubhoo에서 방적 농장의 에너지에 관한 연구를 수행했는데, 주로 '전력 제한 조치'의 경제적 · 사회적 영향력에 초점을 맞추었다. '전력 제한 조치' 체제에서는 공장이 작업 일정을 조정할 수 있도록 전력 공급이 끊기는 시간을 일주일 전에 공고한다. 그러나 노동자를 매일 몇 시간씩 집으로 돌려보내야만 하기 때문에 생산력은 악화된다. 빈데그는 과거에는 이것이 심각한 문제가 아니었다고 한다. 그때는 경제규모가 인근 국가의 경쟁자(안정적인 전력 공급을 받는 더 큰 공장이 있는)를 신경 써야 할 정도로 크지 않았다. 루브후의 주민들은 전기를 더 이상 신문물로 여기지 않게 된 이후에야 "전기 설비가 제공하는 기회의 소중함을 절실하게 깨닫게 되었다(Vindegg 2015, 13)." 하지만 이미 기회는 떠나간 뒤였다. 전기를 켰다 껐다 하는 생활로의 전환이 루브후 지역에 미친 영향은 단지 방적 산업의 경쟁력과 생산성에만 그치지 않았다. 많은 주민들이 더 많고 안정적인 수입을 찾아 마을을 떠나게 됨으로써 지역의 노동력이 감소했다. 중산층이 냉장고에 저장할 수 있는 식량의 양도 달라졌다. TV를 시청하거나 집에서 숙제를 하는 등의 근대적 생활을 영위하는데도 지장을 주었다. 그리고 모든 일상생활에서 독특한 스타카토 리듬의 스탑&고 패턴을 만들어내었다. 루브후 주민의 생활은 전기를 사용한 이후에도 크게 '과열'되지 않은 것이 아니다. 정확히는 자주 찾아오는 불편한 시간으로 인해 비자발적인 냉각이 이루어지고 있는 것이다. 빈데그는 에너지를 근대화의 혈액에 비유했으며, 이러한 제한된 전력 공급을 근대화의 빈혈이라 불렀다. 근대화의 빈혈은 단선적이고 누적적인 근대적 발전을 효과적으로 제한했다.

대다수 OECD 국가에 견줘 네팔의 탄소발자국Carbon Footprint(탄소 배출 이력)은 경이로울 정도로 낮다. 세계은행의 추산에 따르면, 2014년 노르웨이의 탄소배출량은 9.2t(수출한 석유와 가스에서 발생한 양 제외)임에 비해, 네팔은 고작 0.2t으로 세계 최저수준이다. 그러나 이는 루브후의 주민과 방적 공장의 입장에서는 상당히 불만족스러운 일이다. 에너지 소비량 감소가 중요한 과제인 부유한 국가들이 처한 딜레마와 네팔의 문제는 극명하게 대비된다. 네팔은 그들과는 정반대로 더 많은 에너지를 쓸 수 있는 방법을 고민하고 있다. 그들에게 가장 현실성 높은 해결책은 저에너지 상태에 적응하는 것이 아니라, 네팔이 보유한 상당한 양의 수력발전 자원을 일부 개발하는 것이다. 에너지가 부족한 다른 국가에서는 태양열 발전이 이와 같은 대안이 될 수 있다. 그들은 아직 화석연료에 많은 투자를 하지 않았기 때문에 미래의 에너지원을 선택하는데 있어 다른 국가(화석연료 발전 설비에 많은 투자를 하고 강력한 자원회사에 대한 의존도가 높은)에 비해 유연성이 훨씬 높다.

솔라스탤지어 명상

쉬운 방법은 없다. 70억 명을 먹여 살리는 일은 정말로 어려운 과제이며, 현재의 세계가 오래도록 생태학적 지속가능성을 유지할 수 있을 것 같지도 않다. 뿐만 아니라 앞으로 세계 인구는 90억, 아니 120억으로도 늘어날 수 있다. 음식 낭비를 아무리 획기적으로 줄인다 하더라도 육류소비도 따라서 줄여야 하고 분배도 보장해야 한다. 게다가 세계 인구의 대부분을 수 작업 농경과 에너지 생산으로 돌리지 않는 이상, 그 많은 인구를 먹여 살리기 위해서는 대규모 음식 생산 시설이 계속 필요하다. (그럴 리는 없지만) 사람들이 아무리 마을 단위의 농경사회로 돌아가기를 원한다고 하더라도 대규모의 인구를 농부로 전업시키기는 불가능하다. 인구밀도의 증가와 희소자원의 압박 또한 중산층에서 유행하는 '구석기 식단'이 지속가능하지 않은 주요한 이유 중 하나다. 과일, 견과, 고기, 꿀 등으로 구성된 이 식단은 세계 인구가 1억 명을 넘지 않을 때에나 지속가능하다. 절충안이 있을지는 모르겠으나 인류는 견과와 고기만으로는 살아남을 수 없다. 또한 앞으로 더 증가할 세계 인구에게는 안정적이고 예측 가능한 음식 에너지 공급처가 필요하다. 비거니즘veganism(완전채식주의), 양식 수산물, 식용 곤충, 유기농 식품 등은 에너지 문제와 연관이 있을 수는 있지만, 이 자리에서 논의할 주제는 아니다. 언젠가는 화석연료 시대와 더불어 육식 시대도 종말을 맞이할지 모르지만, 현재로서는 먼 미래의 일이다.

전 세계 사육 소의 개체수는 1990~2012년 동안 130억 마리에서 150억 마리로 완만하게 증가했지만, 닭고기 생산량은 2000년 600억 톤에서 2014년 950억 톤으로 증가했다. 큰 스케일에서 빠른 변화가 일어나는 중국이나 브라질 같은 국가가 세계적으로 중산층에 편입하며 벌어지는 현상 가운데 하나는 초식성 식단의 감소다. 그러나 글래드스턴의 항구 안내인이 말했듯이, 우리가 당연하게 누리는 그 즐거움을 그들은 누리지 못하게 막을 권리가 있을까?

음식은 에너지다. 원료는 다르지만 석탄, 석유, 가스, 전기도 에너지다. 이 장은 석탄과 근대화에 관한 이야기로 시작했으며, 이제 다시 그 이야기로 돌아가려 한다. 인간은 다른 모든 생명체와 마찬가지로 에너지를 필요로 한다. 사용가능한 에너지를 두고 벌이는 생물종 간의 경쟁도 문제지만, 과열된 세계에서는 현실적으로 지금의 에너지 소비가 지속가능하지 않다는 문제도 있다. 1970년대 환경 운동 구호 중 하나를 다시금 떠올린다. "우리는 벼랑 끝에 서있으며, 지금 막 앞으로 큰 걸음을 내딛으려 하고 있다." 이는 현대 문명이 처한 이중구속의 핵심을 간결하게 드러내는 표현이다. 대부분의 경우 기후변화의 주된 희생양은 그 가해자가 아니다.

그런 의미에서 호주는 흥미로운 국가다. 석탄과 철광석의 주요 수출국이며, 국민 대다수가 운전과 해외여행을 즐기고 집집마다 에어컨을 틀고 사는 호주는 CO_2배출 국가 리스트에서 거의 항상 상위권을 차지한다. 그와 동시에 산호초의 표백현상과 더욱 잦아지는 산불 · 홍수 · 가뭄 등의 천재지변으로 호주는 최근 몇 년 동안 기후변화의 가장 큰 희생양이 되고 있다.

이는 행성 단위의 스케일에서 벌어지는 사실이다. 그러나 지역적 스케일에서도 호주와 호주인은 에너지와 관련된 과열 현상으로 고통받고 있다. 2000년대 초반에 환경의 변화가 초래한 정신적 고통을 칭하는 용어 '솔라스탤지어Solastalgia*'를 만들어낸 사상가가 호주인이라는 사실은 결코 우연의 일치가 아니다(Albrecht 2005). 환경 철학가였던 글렌 알브레히트는 "사랑하는 고향을 떠난 개인이 경험하는 우울감이나 향수병을 뜻하는 노스탤지어와 반대로, 솔라스탤지어는 고향에 직접 살고 있는 사람이 환경의 변화로 인해 느끼는 심리적 고통을 뜻한다."고 정의했다(Albrecht et al. 2007, S95). 사실 이 개념은 뉴사우스웨일스 주의 헌터 밸리 상부의 노천 탄광에 대한 지역의 반응을 연구하는 과정에서 개발되었다. 헌터 밸리는 최고의 농경지대이며, 주 이름의 유래가 된 영국 사우스웨일스 주의 글러모건 계곡의 풍경을 무척 닮았다(그곳에도 큰 탄광이 있다). 석탄 채굴은 십여 년간 이루어졌는데, 2000년대 초반에 급격히 확대되기 시작하며 수풀이 우거진 목가적 풍경을 돌로 가득 찬 건조지대로 바꿔놓았다. 덤프트럭과 채굴기의 소음은 수 킬로미터 밖에서도 들렸고, 한 농부는 야밤에도 탄광을 비추는 조명 때문에 이제는 평화로운 시골 생활과 아름다운 풍경뿐만 아니라 별이 가득한 하늘까지 잃어버렸다고 한탄했다. 알브레히트와 동료 연구자는 이 주제를 상당히 폭넓게 다룬 연구서를 출간했다. 비록 솔라스탤지어 개념은 이론의 여지(정말로 현상을 진단하는 용어인가? 아니면 활동가들이 싫어하는 형태의 개발을 지칭한 것뿐일까?)가 있었지만, 인간이 타고난 자연환경의 극적인

* 철학자 글랜 알브레히트가 2003년 제안한 신조어. 라틴어 'sōlācium(안락함)'과 고통을 뜻하는 그리스어의 어미 '-algia'의 합성어. 타국에서 고향을 그리워하는 노스탤지어nostalgia(향수)와 대비되어, 환경파괴와 기후변화 등의 이유로 낯설게 변해버린 고향에서 느끼는 그리움에서 비롯된 고통을 뜻한다.

변화로 겪게 되는 상실감과 고독감은 다른 지역에서도 공통적으로 발견되는 현상이었다(Glackin 20ll; Jackson 2011). 이는 고향을 떠나지 않았는데도 발생하는 향수병의 형태로 설명할 수 있으며, 대단히 낮은 층위의 스케일에서 작동한다. 동시에 솔라스탤지어에는 지구적 층위의 스케일과 개인적 층위의 스케일이 함께 녹아 있다. 1980년대 이후로 세계 경제에 대규모 규제완화가 없었더라면, 중국의 산업이 저가 물품에 대한 전 세계의 수요를 충족시키지 못했더라면, 에너지를 향한 전 지구적 갈망이 계속해서 치솟지 않았더라면, 헌터 밸리 상부의 농부와 사육사가 그런 상실감을 느낄 일도 없었을 것이다.

일상생활의 세계와 세계 경제 간의 스케일의 충돌이 잦아지자, 사람들은 이 문제로 누구를 비난해야 할지, 무엇을 해야 좋을지를 묻기 시작했다. 헌터 밸리 상부의 농부들도 분노하고, 저항하고, 시위를 하며 점점 주변 환경을 잠식해오는 노천광에 맞섰지만, 탄광은 갈수록 넓어지기만 했다. 2015년 초, 한국의 '한국전력공사KEPCO'에서 헌터 밸리 상부의 바이롱Bylong 계곡의 대지 거의 전부를 매입했다는 발표가 났다. 빚이 있던 농부들은 좋은 값에 땅을 팔라는 제안을 물리치기 힘들었다. 2015년 2월, 주정부의 환경 · 유적관리청OEH: Office of Enviroment and Heritage에서는 헌터 벨리 상부에 16개의 새로운 탄광(대부분 주정부 소유의 대지에 속해있다)을 개발하는 계획을 발표했다. 농부들과 환경운동가들은 정부기관과 자원회사가 서로 긴밀하게 협조하는 모습을 보면서, 솔라스텔지어적 반응을 보이는 한편으로 작은 스케일의 행위는 큰 스케일의 사업과 싸워 이기기 힘들다는 것을 깨달았다. 헌터 밸리 이야기는 성장과 지속가능성 그리고 충돌하는 스케일들 간의 이중구속을 잘 보여준다. 또한 화석연료에서 탈피하고 재생가능한 에너지로의 전환에 관한 논의가 이루어지고 있는 이 시점에도 여전히 석탄은 그 자체로 근대화를 상징하는 자원이자, 왕의 지위를 유지하고 있음을 다시금 상기시켜준다.

추신: 이 장의 글쓰기를 마무리하고 잠시 쉬는 시간에 최신 축구뉴스와 유럽의 위기에 관한 기사를 읽고 싶어 가디언지의 홈페이지에 접속했다. 웹페이지 한쪽에 신문사에서 주관하는 "땅 속에 묻어두세요.Keep it in the ground" 캠페인을 주제로 한 대화형 박스가 있었다. 자신의 나이를 입력하면, 내가 살아있는 동안 지구상에서 태워 없앤 석탄의 양을 알려주었다. 내 경우에는 기자의 대 피라미드 4만3천 개 분량이었다. 나는 그 스케일을 계산된 수치로만 인식할 수 있었을 뿐 도저히 실제 이미지로 떠올릴 수 없었다.

4

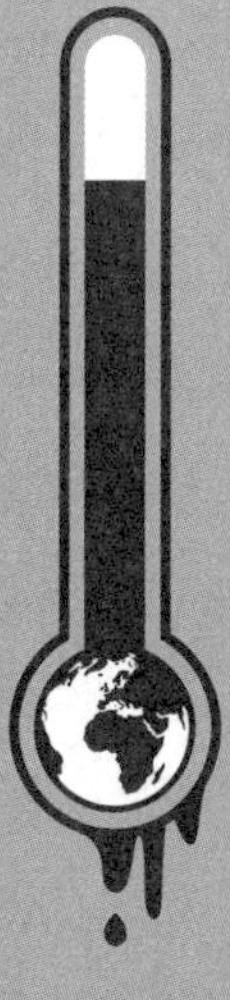

이동성

네팔 마을의 전력 제한 조치가 만들어 낸 독특한 불규칙 리듬은 다른 수많은 영역에도 복제되었다. 프랑스 사상가 폴 비릴리오는 '딜레이(지연)없는 세상'이 왔다고 했지만(Paul Virilio 2000), 그가 말한 것은 커뮤니케이션의 즉시성에 관한 것이었을 뿐이다. 21세기 후반부터 자동차와 오토바이 수가 급속도로 증가했지만, 그에 상응하는 도로 시스템은 갖추지 못한 다카Dhaka(방글라데시의 산업중심지)의 교통정체에 관한 이야기는 아니었다. 그 교통정체는 부유한 개인과 빈곤한 대중이 공존하는 도시인 다카의 하부 체제들 간에 공조가 이루어지지 않고 있음을 보여주는 현상이다. 다차선의 고속도로에서 교통 흐름은 크게 자유로운 흐름, 맞춰가는 흐름, 정체의 세 가지 유형으로 나타난다. 이 세 가지 유형은 과열 프로세스에 내포된 의미를 드러내는 비유적 표현으로도 활용 가능하다. 자유로운 흐름에서 맞춰가는 흐름으로 변했다고 굳이 속도를 줄일 필요는 없지만, 주변 차량의 차선 변경 여부 등을 주의해서 살펴야 할 필요는 있다. 맞춰가는 흐름에서 정체로 변화하는 과정은 인내심 부족한 운전자에게는 물론 교통 흐름의 수학적 모델을 구축하는 과학자들도 아직 완전히 파악하지 못했다. 시속 100km를 유지하던 교통 흐름이 한순간에 완전히 멈춘 상태로 변하기도 한다(흐름을 멈추게 하기 위한 인간의 개입이 전혀 없어도). 기존에 분리되어 있던 세계와 여러 지역 간 접촉의 가속화는 상호 간의 커뮤니케이션을 증진시키기도 했지만, 오해와 다툼도 그만큼 증가시켰다. 덴마크의 한 신문사에서 예언자 무함마드의 모습을 묘사한 12편의 만화를 싣자 2005~2006년에 걸쳐 많은 무슬림 국가에서 폭동과 시위가 벌어진 사례가 대표적이다(Eide et al. 2008). 커뮤니케이션만 과열된 것이 아니라 그에 대한 반응도 마찬가지로 과열되었다는 점이 위험하다. 덴마크 신문사는 "하고 싶은 말을 해라. 어차피 그 말을 듣는 것은 당신과 같은 종류의 사람들이다."로 표현되는 자유로운 흐름에 적응되어 있었지만, "생각하고 말해라. 누가 네 말을 듣게 될지 모른다."는 맞춰가는 흐름에 따르지 않을 수 없었다. 덴마크와 다른 무슬림 국가 간의 외교적 마찰이 더 커졌다면 결국에는 완전한 정체상태에 빠지게 되었을 것이다.

금융위기 또한 경제 침체로 이어진다. 고층빌딩을 건설하던 크레인이 움직이지 않게 되고, 조선소 도크에서 배가 나오지 않으며, 주택시장의 거래가 끊긴다. 하지만 경제 위기의 원인은 너무도 복잡해서 경제학자들의 예측이 불가능하다.

가속화된 변화가 모든 것을 빠르게 변화시키지는 않는다는 사실을 반드시 유념해야 한다. 여러 지역 · 활동 · 영역에서 일어나는 과열현상은 냉각을 수반하는 경우가 많다. 첫째, 가속화된 변화는 결코 영원히 지속되지 않기 때문이다. 제임스 퍼거슨의 『근대성의 열망Expectations of Modernity』(James Ferguson 1999)에 등장하는 전직 광부들은 여전히 코퍼벨트(구리광산지대)가 그들의 활동으로 시끌벅적하던, 근대화와 진보라는 꿈에 전념하며 살아가던 사회를 그리워한다. 둘째, 때로 과열과 냉각은 직접적인 상관관계가 있기 때문이다. 아무리 해가 떠오른다고 해도 그림자가 짙게 드리워지는 지역은 있기 마련이고, 그런 곳은 버려지고 잊히게 된다. 마지막으로, 마가렛 미드Margaret Mead가 제2차 세계대전 이후 마누스Manus 섬의 문화적 변화를 다룬 연구에서 말했듯이, "한 문화 내의 다른 부분들은 서로 다른 속도로 변화(Mead 2002[1956])"하기 때문이다.

이렇듯 서로 다른 속도로 변화하는 프로세스들 간의 간극에서 '문화 지체Cultural Lag'가 발생한다. 서로 다른 변화의 리듬 간의 경계는 많은 분쟁과 갈등이 일어나는 장소이기도 하다. 보수적인 기독교인과 무슬림들은 각자의 경전에 새겨져 있는 법과 제도를 21세기의 일상생활에 조화롭게 적용하기 어려울 것이다.

과열된 세계의 가장 핵심적 특성 중 하나는 바로 이동성의 증가다. 지그문트 바우만은 "오늘날 우리 모두는 움직이고 있다(Zygmunt Bauman 1999)."고 이야기했다. 물론 새로운 형태의 보편적 노마디즘nomadism을 두고 한 말은 아니었다(그랬다면 터무니없는 이야기가 되었을 것이다). 이는 우리(혹은 대부분의 인류) 모두가 가속화된 변화에 직간접적 영향을 받고 있다는 뜻이다. 사실 대부분의 사람은 여전히 자신이 태어나지 않은 곳에서 그리 멀지 않은 영역 안에서 살고 있다. 비율로 따져보면 오늘날 국제 이주를 하는 인구의 비율은 제1차 세계대전 직전에 비해 낮은 수준이다(Castle and Davidson 2000). 비록 이주를 하는 절대적인 인구수는 더 많을지 몰라도, 지난 세기에 비해 세계 인구가 3배 증가했다는 사실을 고려해야 한다. 현대 사회의 여러 다른 영역들과 마찬가지로, 지난 수십 년간 이동성 역시 다양한 형태로 급격히 증가했다. 2000년부터 2012년 사이 전 세계 항공 교통량은 2001년 9/11 테러와 2003년의 사스SARS 공포, 2007~2009년의 경기침체 등의 여파로 일시적인 하락이 몇 차례 있었음에도 불구하고 60% 증가했다. 보다 지역적인 스케일에서 보아도 이동성은 다양한 방면으로 증가했다. 중국에서 2012년 한 해 동안 팔린 자동차의 대수는 1999년 중국 내 총 자동차 수보다 많다.

산업화 사회의 시작과 함께 많은 지역에서 흔히 보게 된 노동이민은 지난 수십 년간 눈에 띄게 가속화되었다. 전체 국제 이주민의 수는 1965년 6,500만 명에서 2010년 2억 1,400만 명으로 증가했고, 1990년에서 2010년 사이 글로벌 사우스와 글로벌 노스 지역 간 이주민의 규모는 4천만 명에서 8천만 명으로 2배가 되었다(UN 2014). 비록 난민과 노동이민자를 구별하기 어렵다고는 해도, 원래 이민 사유는 복합적인데다가 난민 역시 새롭게 정착할 국가에서 생계수단을 필요로 한다는 점은 동일하다. 수백만의 국제 이주민들은 고향의 가족이나 지인들에게 돈을 보낸다. 1990년대 초반 이후 국제송금액의 급격한 증가는 글로벌 노스 지역에서 일하는 노동이민자가 전에 보다 더욱 많아졌고 급여 또한 올랐음을 나타낸다. 가령 방글라데시에 유입된 국제송금액은 2005년 40억 달러에 불과했지만 2011년에는 110억 달러를 넘어섰다(Barai 2012). 1990년에서 2010년 사이 글로벌 사우스에서 글로벌 노스 지역으로 떠난 이주민은 46.9% 증가한 반면, 공식적으로 송금된 금액은 557.8% 이상 증가했다(Clemens and McKenzie 2014). 이 수치는 측정 방법에 조금 의문점이 있기는 하지만, 송금액이 상당량 증가했다는 것만큼은 의심의 여지없는 사실이다. 외환 송금액이 GDP의 1/4 이상을 차지하는 국가도 있으며, 이제 동아프리카의 웬만한 마을에서는 이동전화 가판대는 물론이고 웨스턴 유니온Western Union*의 사무실도 쉽게 볼 수 있다. 이러한 형태의 이동성은 현대 세계에서 무척 중요한 요소다. 하지만 나는 이 장에서 이동성을 '과열'의 관점에서 논의하기 위해 그와는 대조적인 두 가지 주제를 논점으로 잡았다. 이 두 가지는 서로 다른 이야기 같지만 알고 보면 현대세계에 대한 상호 보완적인 서술이다. 둘 모두 빠르게 증가하고 있으며, 특유의 과열 현상을 유발하고 있다. 하지만 세계적 지배층의 관점에서는 그렇게 보이지 않을 수 있다. 인류학자 루벤 앤더슨Ruben Andersson

* 국제 송금 서비스로 유명한 미국의 금융, 통신 회사.

은 유럽으로 밀입국하는 이민자 연구에서 "세계화에는 … 예측 불가능한 스케일의 '시공의 압축'이 포함된다. 몇몇 여행자들(고위층, 국외 노동자, 관광객 등)은 그들이 거리상의 제약과 국경을 뛰어넘었다는 사실을 기뻐하지만, 한편으로는 바로 그 때문에 초조함을 느끼는 사람들도 있다(Andersson 2014, 4)."고 했다. 이 장을 관광에 관한 논의로 시작하는 이유다.

관광 거품

당신은 발리로 떠나기 전부터 오랫동안 관련 정보를 탐독해 왔으며, 그에 따라 몇 가지 기대를 품고 있다. 무엇보다도 크리스털처럼 투명한, 관광 책자에 '짙은 하늘색Azure'으로 묘사된 바닷가를 떠올린다. 코코넛 나무가 늘어서 있을까? 반얀나무 그늘을 뒤로 한 광활한 해변일까? 당신은 언제 먹어도 맛있는 향기로운 음식과, 가믈란gamelan* 악단의 몽환적 연주와, 황금빛 논과 힌두 사원 그리고 신비로운 고대의 문화(발리에 힌두교가 들어오기 이전의 원주민 세계의 문화)의 흔적까지 구경할 생각으로 머릿속이 가득하다.

그러나 당신이 세계적으로 유명한 관광지 쿠타 해변에서 겪게 될 상상속의 발리와 실제 현실 속의 발리의 차이는 큰 충격

* 인도네시아 전통음악.

그림 4-1 전 세계 관광 인구의 증가

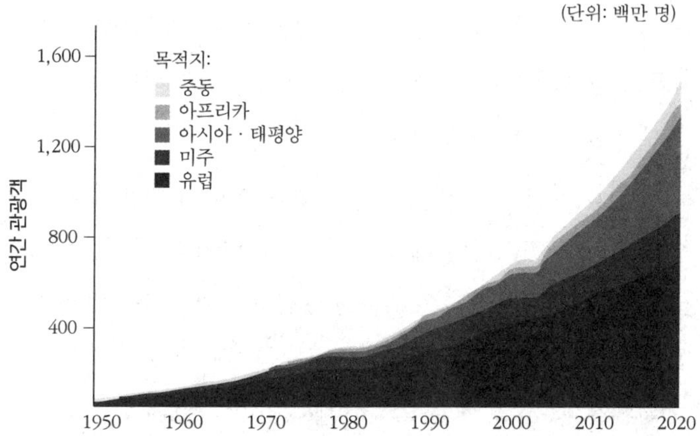

※ 출처: 유엔세계관광기구(UNWTO) 2014, 14

으로 다가올 것이다. 당신이 열심히 읽었던 트립 어드바이저, 론리 플래닛, 발리 사회에 관한 몇 편의 인류학 연구서는 하나같이 이러한 경험을 대비하는 데 도움이 되지 않았다. 가이드북에서는 선베드 대여료를 깎으라든가, 정중한 태도를 유지해야 한다든가, 그럼에도 해변가의 호객 행위는 단호하게 거절해야 한다든가 하는 조언은 있었을 것이다. 그러나 어째서인지 해변에 도착하기 위해서는 쓰레기 더미로 가득한 지역을 이리저리 통과해야 한다든가, 수영을 즐기기 위해서는 바다 위에 떠 있는 폭 20m의 쓰레기의 띠(대부분이 비닐포장재다)를 헤치고 나가야 한다는 사실은 언급하지 않았다. 또한 수영을 할 때는 너무 많은 바닷물을 마시지 않도록 입을 꼭 다물고 있어야 한다. 점점 늘어나고 있는 관광시설에서 배출하는 하 · 폐수는 대체로 처리시설을 거치지 않고 바다로 바로 들어가기 때문이다. 이와 같은 장소에서는 대중의 빈곤이 다른 개인의 부, 특히 외국 관광객의 부(그 지역의 부유한 개인이 그들뿐인 것은 아니지만)와 비교되어 더욱 충격적으로 다가온다.

수영을 마친 뒤에 목을 축이고 쇼핑을 하기 위해서 해변 뒤쪽의 거리를 건너가면 새롭게 문을 연 '비치워크'라는 이름의 쇼핑몰이 있다. 들어서는 순간 부드럽고 차가운 공기가 훅하고 불어오는 이곳에서 당신은 평소 관심이 있던 세계적인 브랜드의 제품을 몇 푼 싸게 살 수는 있을 것이다. 그러나 그 안에는 지역의 신문이나 생수를 파는 가게는 없다. 스타벅스 옆에 있는 카페 사르디나에 야외 테이블이 있는 것을 발견하고는 들어가 주문을 한다. 주방에서 갓 나온 바질과 마늘을 뿌린 향긋한 뽀모도로 올리브 해산물 요리가 식탁에 오르고, 앞에 놓인 맥주가 하이네켄이 아닌 인도네시아산 빈땅Bintang임을 확인하고 기뻐한다. 어쨌든 이런 이국적인 경험을 하기 위해 멀리까지 찾아왔으니 말이다.

쿠타 해변의 여행은 옛 노르웨이 탐험가 토르 헤이에르달Thor Heyerdahl의 글귀를 생각나게 한다. 헤이에르달은 1947년 뗏목 '콘티키Kon-Tiki'호를 타고 태평양을 건널 때 상당히 오랜 기간 동안 인간의 활동이나 흔적을 보지 못했다고 한다. 하지만 20년 뒤 콘티키호의 탐사와 비슷했지만 상대적으로 유명하지는 못했던 '라Ra'호의 탐사 때는 거의 매일 떠다니는 쓰레기를 목격했다고 한다. 발리의 서쪽 해변에는 해류가 자바로부터 동쪽으로 흐를 때면 인간이 쓰레기로부터 벗어날 수 있는 곳이 없다. 심지어 스쿠버 다이빙으로 깊은 바다 속으로 들어가도 마찬가지다.

모험심 강한 서양인들(몇몇 인류학자들도 포함된)이 발리를 이국적인 낙원으로 만들기 시작했던 양차 세계대전 기간에 이 섬에는 대략 1백만 명의 원주민이 살고 있었다. 그것만으로도 이미 인구밀도가 높은 편이었지만, 오늘날에는 4백만 명으로 늘었다. 21세기의 시작부터 2014년 사이에 늘어난 인구만 1백만 명이다. 발리의 서쪽 해변에서 문화적 수도라 불리는 도시 우붓Ubud까지 차를 타고 가다 보면 마치 그 4백만 명 모두가 동시에 차나 오토바이를 타고 움직이고 있는 듯한 느낌을 받는다. 1시간에 갈 수 있는 거리를 2~3시간 걸려 도착하는 건 흔한 일이다. 남부 바다의 낙원은 교통 체증이라는 변비로 고통받고 있다.

다른 여러 지역에도 이와 비슷한 상황이 벌어졌다. 80년 전 서양인들은 처음으로 발리인들에게 서양의 영향력 때문에 발리의 전통문화가 사라질지도 모른다는 경고를 주었다. 하지만 현재 발리의 문화와 생활방식에는 외국의 영향력에 놀랍도록 강한 내성이 생겼다고 한다. 학자, 예술가, 음악가들은 1930년대부터, 호주의 히피들은 1970년대부터, 전 세계 휴양객들은 1980년대부터 발리를 찾았으니, 발리의 문화가 오랫동안 서양과 접촉하면서 보여준 회복탄성력은 놀라운 수준이라고 볼 수도 있다. 하지만 발리인의 낙원이 상실되었다는 이야기는 국제 관광의 일반적인 경향성 측면에서 보자면 유일하지도 특별하지도 않은 흔한 이야기다. 가믈란 연주와 공연이라는 전통의 명맥을 유지시켜준 것은 대체로 오래된 진짜 이국적 전통을 맛보기 위해 기꺼이 돈을 내고 싶어 하는 관광객들이었다.

21세기의 세계를 뜨겁게 달구며 가파른 상승세를 보여주는 여러 영역 가운데 관광은 가장 독보적인 증가세를 보이는 영역 중 하나다. 물론 1975년 이후 세계 에너지 사용량도 2배로 증가했으며, 세계 인구의 증가세도 결코 뒤지지 않음을 인정한다. 그러나 동일한 기간에 국제 관광객의 수는 훨씬 빠르게 증가했다. 엘리자베스 베커Elizabeth Becker는 다음과 같이 정리했다.

> UN 세계관광기구는 2012년 단일년도 국제 관광객이 역사상 최초로 10억 명을 넘었다고 발표했다. 관광 인구의 증가를 나타내는 그래프는 일직선으로 상승했다. 1960년 2,500만 명, 1970년 2억 5천만 명, 1995년 5억 3,600만 명, 2008년 9억 2,200만 명을 지나 2012년에 이르러 10억을 넘어섰다. 전체적으로 보면 연간 6% 이상씩 증가한 셈이다. (Becker 2013, 17)

"관광과 관광객은 내가 혐오하는 두 가지다."는 유명한 문구로 시작하는 레비스트로스의 『슬픈 열대』가 출간되기 훨씬 이전인 1930년대부터 관광객들은 그들이 지역 고유의 문화에 어떤 악영향을 미치지는 않을지 걱정했다. 그중에는 안티관광객anti-tourist이라는 독특한 유형의 관광객들도 있었다. 이들은 어째서인지 자신들의 정체성을 드러내기를 거부했으며, 목적지도 다른 관광객들이 그다지 찾지 않는 장소를 (아마도 다른 안티관광객들과도 떨어져서) 찾아다녔다. 안티관광객은 최근 문화적 관광객cultural tourist라는 이름으로 다시 나타나고 있으며, 전체 관광객 중에 적지 않은 비율을 차지한다. 그리고 유럽인들은 단체 관광이 유럽의 문화에 미칠 영향을 걱정했다. 이미 1960년대부터 전형적인 '관광객용 메뉴'로 식사를 하고, 버스 시간에 맞춰 다니느라 시스티나 예배당을 10분 만에 둘러보고 나오면서 2주 만에 '유럽을 경험했다'고 말하는 미국과 일본 관광객들을 두고 비아냥거리기도 했다. 하지만 이는 시작일 뿐이었다. 오늘날 파리나 로마를 여행하는 사람에게 가장 필요한 조언 중 하나는 줄서기를 피하는 법이다. 출발 전에 미리 인터넷으로 표를 끊거나, 새벽부터 콜로세움을 찾아가라는 등의 조언은 그 무엇보다 중요한 조언이다. 하지만 표를 미리 끊어놨어도 군중을 피할 수는 없다. 몇 해 전 바티칸 박물관에 갔을 때, 어찌나 사람이 많던지 벽에 걸린 예술작품을 잠깐이라도 제대로 볼 수 있을까 하는 걱정보다는 소매치기 걱정을 더 했을 지경이었다. 다행히 미켈란젤로의 그림은 천장에 있었지만, 대신 폐쇄공포증에 걸릴 뻔했다.

현대사회의 특징인 전문화와 다양화의 논리는 관광에도 그대로 적용된다. 현대의 관광은 안데스 산맥 하이킹부터 캐리비안 해海 크루즈 여행까지, 두바이의 고층호텔에서 보내는 호화로운 휴가부터 포스트아파르트헤이트 이후 남아프리카공화국

흑인 마을의 현실을 탐방하는 문화적 관광까지, 5성급 호텔에서 보내는 메카 순례부터 노르웨이 피요르드 해변의 장관을 감상하는 보트투어에 이르기까지 그 형태가 대단히 다양해졌다. 생태학적으로 지속가능한 관광에 참여하는 사람도 있지만(비록 목적지까지는 비행기를 타지만), 붐비는 해변에서 한손에 칵테일을 들고 선베드에 누워 시간보내기를 좋아하는 사람도 있다. 그중에는 가난한 나라를 여행하며 그들에게 도움이 되고 싶다는 소망을 가진 사람들도 있다. 물론 부유한 관광객에게 그런 좋은 사람이 된 듯한 기분을 느끼게 해주는 대가로 성업 중인 고아원과 자선사업단체들도 있다(이들의 위선은 진심에서 나온다). 역사적 · 문화적 의미가 분명한 잘 꾸며진 장소를 선호하는 사람도 있고, 공항처럼 어디에나 존재하는 비장소non-place를 주로 선택하는 사람도 있다. 두바이의 인공 스키장을 다녀온 사람은 더 이상 알프스 여행을 할 필요가 없다고 큰 소리를 치곤 한다. 남들과는 다른 특별한 '진짜'를 찾아다니는 사람도 있다. 그러나 이들은 세월이 흐를수록 점점 더 공항이나 항구로부터 멀리 떨어진 장소를 찾아가야만 할 것이다.

관광은 밀레니엄의 전환기에 그 성격이 바뀌었고, 모더니티의 과열현상을 보여주는 대표적 사례가 되었다. 이 과열된 세계에서는 너무 많은 것들이 변화하고 빠르게 성장하고 있으며, 그로 인해 많은 것들이 '과잉trop-plein'되어 보인다. 사막 한가운데에서 각기 마피아 머니와 오일 달러로 벌어들인 돈을 막대한 규모로 소비할 뿐인 도시 로스앤젤레스와 두바이가 바로 인류의 미래를 보여주는 좋은 예라는 사람도 있다. 세 번째 예를 찾아보자면, 멕시코의 '리비에라 마야Riviera Maya' 북부의 휴양도시 칸쿤Cancún이 좋을 것이다. 이곳은 플로리다 해변이 사람들로 붐비기 시작할 때부터 휴양지로 떠오르기 시작했다. 미국인들은 동부 해변에서 비행기로 4~5시간 내에 위치한 따듯하고 쾌적한 휴양지를 원했다. 그들은 멕시코 유카탄 반도에서 완벽하고 긴 모래사장과 훼손되지 않은 정글을 간직한 장소를 찾았고 개발에 착수했다. 1970년 이전에는 몇 개의 어촌 마을만 있던 자리에 2015년 현재 영국 리즈Leeds시市만한 도시가 들어서 있다. 칸쿤의 가장 큰 특징 중 하나는 멕시코 전역에서 이따금 대량학살까지 벌이는 마약 카르텔의 영향력이 확실히 약하다는 것이다.

이동성의 증가, 현대적 시설의 확산, 특히 관광지의 확대로 점점 신비로움이 사라지고 있는 이 세계에 대한 애가哀歌는 오래전부터 있어 왔으며, 바로 그러한 향수에 기대 안티관광객(또는 문화적 관광객)의 숫자도 꾸준히 늘어나고 있다. 책의 서문에서 인용했던 레비스트로스의 『슬픈 열대』의 한 구절이 절로 떠오른다. "소위 현실을 잊기 위한 여행에서 우리가 목격하는 것은 인류 역사의 가장 불행한 측면이 아니고 무엇이랴? (Lévi-Strauss 1961 [1955], 43)"

프랑스 인류학자가 이렇듯 애틋한 글을 썼던 당시 전 세계 국제 관광인구는 오늘날의 2%에 불과했다. 하지만 여기에는 미묘하면서도 중요한 차이가 있다. 당시 관광산업에는 여러 미래가 있었고, 비장소non-place적 관광도 그 중 하나였다. 새로운 밀레니엄이 시작된 이후, 9/11테러와 글로벌 금융위기에도 불구하고 크루즈 관광의 이용객 수는 2000년 700만 명에서 2014년 2,100만 명으로 증가했다. 15년 사이 3배가 증가한 셈이다.

이 글을 쓰는 날짜를 기준으로 세계에서 가장 높은 건물로 알려진 높이 829.8m의 두바이 부르즈 할리파가 건설된 시기가 2010년이라는 것도 언급할 필요가 있다. 남부 아시아의 저임금 노동자를 혹사해 건설한 이 건물의 스위트룸과 호화로운 객실은 해외여행을 자주 즐기는 전 세계의 부유한 손님들이 점유하고 있다. 그 건물의 12층을 사용하고 있는 아르마니 호텔에는 세계 각지에서 온 스태프들이 일하고 있지만, 아랍 에미리트 출신은 극소수다.

두바이 어촌 마을을 세계적 금융 센터이자 세계인의 놀이터로 개발하는 일에는 대가가 따랐다. 그 대가는 저임금으로 착취당한 노동자의 고통만이 아니다.

> 두바이 만에 떠있는 죽은 물고기들은 관광객을 유치하기 위해 만든, 도시를 관통하며 흐르는 '소금물'의 강으로 인한 오염의 피해자다. 2009년 죽은 물고기의 양은 100t을 넘었고, 대부분은 이미 넘쳐나고 있는 쓰레기 매립장에 묻혔다. (Becker 2013, 196)

현대 관광산업에는 아직 개발되지 않은 틈새시장이 많다.

대부분은 두바이에 비하면 거의 알려지지 않은 수준이지만, 거의 예외 없이 성장 중에 있다. 예를 들어 문화적 관광을 추구하는 사람들 사이에서는 넘쳐나는 관광객으로 인한 문제를 미리 예방하기 위해 의도적으로 관광객 수를 제한하고 있는 국가인 부탄에 입국하는 방법이 새로운 관심사로 떠오르고 있다. 남극해 크루즈 관광객 수는 역대 최고치를 갱신하고 있다. 아프리카 국립공원에는 코끼리 수보다 관광객의 수가 더 많다. 유럽 문화사의 특별한 한 페이지를 장식하고 있는 도시 베네치아는 그 문화의 정수를 맛보기 위해 찾아오는 연간 수백만 명의 관광객들로 이미 오래전부터 몸살을 앓고 있다.

인구학적 관점에서 볼 때 21세기 이후의 가장 큰 변화는 중국의 갑작스런 성장세였다. 이는 다른 여러 영역의 변화에도 큰 영향을 미쳤다. 2011년 중국의 환전 제한 조치가 완화되자, 수백만의 중국인이 처음으로 해외에 나가 자유롭게 돈을 쓸 수 있게 되었다. 중국에서 부유층이 급격히 증가하기 시작한 것도 이때였다. 2011년 중국인이 연휴기간에 해외에서 사용한 돈은 720억 달러(약 82조 원)였고, 2012년에는 1,020억 달러(약 116조 원)였다. 단 1년 사이에 중국은 국제 관광업계의 최대 소비국(단일 국가 기준) 지위에 올랐다. 이와 같은 중국의 성장이 관광산업의 트렌드를 선베드에서 카지노로 바꿔나갈 것이라는 예측은 선부른 판단일지 모른다. 그러나 관광학부를 운영하면서도 기초 중국어를 필수과목으로 지정하지 않은 수많은 대학들은 지금부터라도 학생들에게 중국어를 가르쳐야 할 것이다.

중국은 해외여행만 많이 다니는 것이 아니다. 중국 내의 국제 관광산업 역시 빠르게 성장 중인데, 이에 대해 경험 많은 여행작가 엘리자베스 베커는 다음과 같이 논했다.

> 2020년 중국이 세계 1위의 여행목적지가 될 때까지 관광산업은 중국 GDP의 10% 이상을 담당할 것이다. 그에 상응하는 관광객을 유치하기 위해서 추가로 필요한 여객기는 5,000대 수준이며 소요 예산은 6천억 달러(약 682조 원)로 추정된다. (Becker 2013, 312)

국제 관광산업에서 가장 큰 질적 변화는 성장도, 다양화도 아니다. 관광지에서 관광객의 편익만을 위해 존재하는 집단의 수가 임계점을 넘을 정도로 많아졌다는 사실이다. 과거 지역공동체와 관광업의 관계는 지금과는 반대였다. 두바이나 칸쿤과 같은 인공적인 관광지를 제외하면 관광객은 기존 지역공동체에 찾아온 방문객으로 여겨졌다.

이와 같은 변화는 관광지로서의 역사가 길고 많은 방문객이 찾았던 지역에서도 일어났다. 파리 샹젤리제 거리에 늘어선 레스토랑에서 합리적인 가격에 판매하는 스테이크 프리츠Steak Frites*와 한 잔의 메종 와인 세트는 프랑스 요리의 다양함을 보여주는 메뉴라고 하기는 어렵지만 그것이 파리지앵 문화의 일

* 스테이크와 감자튀김이 함께 나오는 프랑스의 대중적 음식.

부로 여겨지기 시작한 지는 오래되었다. 여름철이면 수많은 관광객으로 붐비지만 유네스코에 의해 건축물 구조 변경이 금지된 크로아티아 두브로브니크Dubrovnik의 주민은 24시간 운영하는 야외 박물관에서 무급 아르바이트를 하는 기분을 느낀다고 한다. 베네치아는 관광객의 방뇨와 발걸음으로 인한 오염과 물리적 손상으로 오랫동안 전쟁을 치러왔다. 스페인 코스타 블랑카에서 묵었던 한 호텔 TV에서는 15개의 채널이 나왔는데, 스페인어 방송은 하나도 없었다. 한 세대 만에 전 세계 관광 인구가 400% 증가한 이래, 이러한 사례는 광범위하게 퍼지기 시작했고 이제는 친숙하게 느껴질 정도다. 최근의 민족지적 연구에서 정체성의 상업화가 새로운 트렌드로 떠오른 것도 이상하지 않다(Comaroff and Comaroff 2009). 지역주민은 규모가 큰 관광기업을 자기 지역을 문화적으로 침탈하는 해적으로 여기며 그들에게 밀려나지 않기 위해 스스로를 상업화시키고 있다. 그래서 물질적인 것은 물론 비물질적인 대상까지 문화상품으로 만들기 위해 상표권 등록을 추진하기도 한다.

나는 호주 현지조사 중에 글래드스턴 공장에서 일하다 은퇴한 뒤 그곳에서 300km 남쪽에 있는 선샤인코스트의 그림 같은 해변 주택으로 이사한 사람들을 알게 되었다. 그중 한 부부는 자신들은 관광객을 위한 시설이라고는 찾아보기 힘든 도시에서 관광 말고는 다른 일이 거의 없는 곳으로 왔다는 사실이 너무 좋다고 이야기했다. 각기 브리즈번의 북쪽과 남쪽에 위치한 선샤인코스트와 골드코스트에는 각 백만 명 정도의 주민이 있으며, 매년 주민의 수배에 달하는 관광객(대부분 휴가를 즐기러 온 호주인)이 찾아온다. 이곳 주민들은 스스로를 관광객으로 여길 때가 많다. "그렇지만 선샤인코스트에 관광객을 위한 시설이 많은 것이 당신들에게 그리 좋은 일인가요? 두 분은 관광객이 아니잖아요?"라고 물었던 내게 그 남편은 이렇게 대답했다. "그렇지 않아요, 여기서는 일 년 내내 관광객처럼 살 수 있다니까요!"

카리브나 아프리카 어린이에게 자라서 무엇이 되고 싶냐고 물으면, '관광객'이 되고 싶다는 대답을 심심찮게 들을 수 있다. 이러한 세계(혹은 일부 세계)의 미래를 삐딱한 판타지 소설풍으로 묘사해 보자면, '전 세계 중산층은 모두 관광객이 되어버렸고, 나머지는 그들이 필요로 하는 물건을 찾아다주거나, 그들이 어떤 장소(특별한 의미나 자랑스러운 역사가 담긴 '장소'든 편안히 쉴 수 있는 '비장소'든)에 가도 좋은 인상을 받을 수 있도록 서비스를 제공하는 일에 고용된 세계'를 상상할 수도 있을 것이다. 실은 이미 1982년에 영국의 작가 제임스 G. 발라드James Graham Ballard가 이 비슷한 내용을 특유의 디스토피아적 풍자로 풀어낸 『좋은 시간 되세요*Having a Wonderful time*』라는 소설을 쓴 적이 있다. 소설 속에는 카나리아 제도를 찾은 영국인 관광객들이 등장한다. 이들은 조금 늦게 돌아오는 줄 알았던 귀국 비행기가 결코 다시는 찾아오지 않을 것이며, 그들은 본국에서 추방당해 남은 삶을 영원히 관광객으로 살아야 하는 형벌을 받았다는 사실을 서서히 깨닫게 된다.

왜곡과 과장이 섞인 이야기이긴 하지만 그때나 지금이나 상황은 별반 다르지 않은 것 같다. 북유럽에서 남유럽의 콘도나 아파트를 찾아 내려온 사람 대다수는 고국에서 이미 잉여가 된 사람들이다. 그들은 비록 자신의 선택으로 이곳을 찾았지만, 대다수는 정부가 보내주는 송금액(연금 등의 사회보장 서비스)에 의존하고 있다. 구조적 측면에서 보자면, 발라드의 소설에 나오는 무기한 관광객 형벌을 받은 자들과 동등하다.

관광산업의 성장과 관광객스러운 주민의 증가는 역설적이게도 세계적인 경제 통합과, (부유하지는 않아도) 경제적으로 여유가 있는 계층의 이동성 증가와, 충격적일 정도로 심화된 불평등과, 생산보다는 소비에 초점을 맞추게 된 중산층의 문화가 총체적으로 작용한 결과다. 당연한 이야기지만 이 세계에는 그러한 관광객 무리를 마주치는 것 자체가 힘든 지역도 많다. 그러나 타일랜드 바닷가부터 런던 중심가의 쇼핑센터, 하와이, 남아공의 크루거 국립공원에 이르는 많은 지역에서 관광산업은 꾸준히 영역을 넓혀왔으며, 이제 임계점을 넘었다고 본다. 위에서 언급한 지역들은 오로지 '관광'에 의해서만 정의될 수 있으며, 다른 방식으로는 설명할 수 없는 지역이다. 이 지역주민들은 자신들이 지닌 상대적 우위를 잃지 않기 위해 최선을 다해 주어진 역할에 임해야 한다. 그리고 머지않아 기초적인 중국어를 하게 될 것이다.

세계적인 관광산업의 성장은 풍부한 화석연료 덕분에 가능했으며, 과열현상의 주요한 특성을 모두 지니고 있다. 그 성장세는 지속적이고 화려했으며, 때로는 폭주 프로세스의 의도치 않은 결과도 초래했다. 그중 가장 두드러진 부작용은 인구과잉과 지역적 특색의 상실이다. 모리셔스 정부는 1990년대에 그들 섬의 매력요소는 평화롭고, 조용하고, 거의 자연 상태 그대로인 해변에 있다는 것을 깨닫고 그 어떤 건물도 가장 키 큰 야자수보다 높아서는 안 된다는 법안을 통과시켰다. 그러나 모든 지역이 이 같은 선견지명을 갖고 있지는 않다. 인류는 화석연료를 착취해 몇몇 지역을 오로지 관광객만을 위한 장소로 만드는데 성공했다. 그러나 이국적인 아름다움을 간직한 많은 관광지는 알아채지 못한 사이 사람들로 북적대고 시끄럽고 냄새나는 지옥으로 변해버렸다.

세계 관광산업은 신자유주의의 세계화를 통한 시장 규제완화에 의해 가능해졌으며, 그와 동시에 시장 규제완화의 중요한 대상이 되었다. 세계적으로 중산층의 이동성이 증가하기 시작한 1980년대 이후 호텔부터 패키지 관광 상품에 이르는 다양한 관광산업 인프라에 초국적 기업의 투자가 무척 용이해졌다. 항공 요금이 저렴해지고, 행정 절차는 간소화되었으며, 관광수익은 늘어났다.

관광산업은 네트워크의 연결과, 인프라 개발과, 쓰레기 생산을 대규모로 수행함으로써 인류세의 도래에 확실하게 기여했다. 세계화는 종종 별다른 이유 없이 억지로 '문화적 균질화'라는 안타까운 현상을 벌이곤 한다. 문화적 균질화는 특히 관광의 영역에서 두드러지는데, 울프 하네르츠(Ulf Hannerz 1990)의 표현을 빌리면 관광을 일종의 '교환기switchboard'처럼 보이게 한다. 관광산업은 관광객과 관광 서비스 제공자를 서로 연결시켜주고, 비교하게 해주며, 양쪽 모두에게 비슷한 영향을 미치기 때문이다. 발리에 있든 도미니카에 있든 모든 관광호텔은 큰 틀에서 세계적으로 동일한 문화적 문법을 따른다. 동시에 이와 같은 극단적 균질화 혹은 '평탄화'는 관광의 영역에서 불평등과, 초국적 연결과, 다양성/동일성의 축axis에 대한 논의가 세계적으로 일어나게 될 것이라는 긍정적 조짐도 된다. 기후변화나 최근 떠오르는 정체성 정치의 문제처럼 관광도 점점 더 많은 세계인이 공유하는 공통의 언어가 되고 있다. 관광은 획일적이지 않으며, 사람에 따라 관점과 관심사가 다르다(호텔을 찾는 손님과 그곳에서 일하는 메이드의 관점은 극단적으로 다를 것이다). 하지만 관광 자체는 세계 어디서도 쉽게 알아볼 수 있는 행위이기 때문에, 주로 지역 단위 이상의 글로벌 스케일에서 이루어지는 인권 논의에서 공유 가능한 논의의 틀이 된다. 돈 · 영어 · 인류학 이론이 그러하듯이 관광도 비교가능성comparability을 만들어낸다. 이제 막 시작된 관광에 대한 전 세계적 논의는 불완전하고 비대칭적이며 미완성 상태지만, 인류의 생존 측면에서 다루어지는 과열현상 논의 가운데 가장 기대되는 영역이다. 관광은 다양한 스케일에서 작동하며, 지역의 고유한 스케일을 형성하는 과정에 기여한다. 자라서 관광객이 되고 싶다고 대답한 어린이는 초국적인 비교가 가능한 인식적 스케일을 지니고 있다. 비록 시야가 제한적이고 왜곡된 측면이 있지만, 그는 관념적으로 아주 멀리 떨어진 대도시 및 지역의 이미지를 스스로 생성해 낼 수 있다.

모든 관광지는 서로 분리되어 있던 사회적 공간적 스케일이 마주치는 장소다. 이 만남은 신사적이고 상호보완적으로 이루어지기도 하지만 충돌을 일으킬 때도 있다. 케냐 국립공원의 캠프 입구에서 수공예품을 파는 마사이족 여성과 캠프의 주인인 외국인 사이의 관계는 상호보완적이다. 이는 멕시코 플라야 델 카르멘Playa del Carmen 지역의 어부와 어부의 수확물을 구매하는 호텔 연합 사이의 관계도 마찬가지다. 그러나 동일한 시장에 소자본과 대자본이 동시에 투입될 때의 상황은 정반대다. 기존에 영업 중인 작은 커피숍이 있는 해변에 스타벅스가 새롭게 문을 여는 경우다. 이러한 상황에서는 대체로 다른 모든 조건이 동일하다면 대자본이 소자본에 손쉽게 승리한다. 관광이 아닌 다른 맥락에서도 결과는 비슷할 것이다. 관광산업은 대규모의 항공망과 많은 연료 소비를 바탕으로 유지되므로, 태생적으로 성장과 지속가능성이라는 근본적 이중구속의 속성을 지니고 있다. 하지만 관광이 가진 이중구속에는 앞서 언급했던 또 다른 요소가 있다. 관광지가 본래의 지역성을 유지한 채 관광객을 손님으로 받아주는 주체에서 관광객에게 서비스를 제공하기 위해 존재하는 객체로 변해버리는 순간 그 지역은 더 이상의 자주성도, 스스로를 규정할 권리도 갖지 못하게 된다. 그리고 지역의 의견이 직접적으로 반영되지 않은 다른 누군가가 써준 초국가적인 연극의 무대에서 관광지라는 주어진 역할만 수행해야 하는 존재가 된다. 물론 현실에서는 이 과정에 지방의 주체들(비록 일부일지언정)과 타협이 이루어지지만, 이는 그들을 글로벌 스케일의 시스템 안에 포섭하기 위함이기도 하다. 이때 지역의 스케일은 글로벌하게 확장되지만, 그와 동시에 스케일의 확장으로 인한 유연성도 감소도 동반된다. 9/11 이후의 비행기 공포증이나 2007~2008년 글로벌 금융위기 등을 겪은 많은 이들이 느꼈듯이 큰 스케일의 위기는 작은 스케일의 재생산 조건에 영향을 미친다. 그리고 작은 스케일에서는 이러한 사건을 컨트롤할 수 없음은 물론 작은 영향력도 행사하기 어렵다. 그리스의 경제위기가 한창이었던 2015년 여름, 아테네의 카페들은 자신이 속한 지역보다 높은 층위의 스케일에서 발생한 불안정성으로 인해 관광객이 떠나가고 매출이 급감하는 것을 목격했다. 이 작은 사업체들은 경제적 안정성은 국가에 의존하고 있었고, 물질적 재생산 기반은 외국인 관광객에 의존하고 있었기 때문에 관광객이 없는 상황에 쉽게 적응할 수 없었다. 개인 행위자의 관점에서 보자면 보다 높은 층위의 시스템에 통합되는 것은 더 많은 이익을 얻을 수 있는 기회를 다수 확보할 수 있는 반면 약점이 증가하고 유연성은 감소한다. 이 원칙은 당연히 관광에만 적용되지 않는다. 높은 층위의 스케일에 통합되는 것은 지역의 생존을 위한 일이기도 하지만, 더 높은 층위에의 의존도를 높이는 양날의 검이기도 하다. 이는 세계적인 과열현상의 고질적 문제다.

폭발적으로 성장한 글로벌 관광산업은 이동성을 증가시켰으며, 이동성을 자신의 중요한 조건 중 하나로 삼았다. 세계 중산층의 이동성은 경기의 흐름에 따라 오르내리며 그 외의 다른 요소들도 이동성의 증가와 제약에 영향을 준다. 그러나 이들이 지니는 이동성과는 불평등의 스펙트럼 상 정반대에 위치하는 이동성과 이동불가능성이 존재한다. 바로 평화와 안정을 찾아 밀려오는 난민들의 이야기다. 이 역시 과열현상을 잘 드러내주는 주제다. 난민은 이동성을 지녔다는 점에서는 관광객과 동일하지만 관광객과는 다르다. 바우만(Bauman 1998)은 이동성의 비대칭성에 관해 명확하고도 유용한 논의를 제공한 저서에서, 관광객은 자발적 여행자이며 목적지에서 환영을 받지만, 난민이나 부랑자는 강제로 여행을 떠나게 된 자들이고 목적지에서 따듯한 환대를 받는 일이 거의 없음을 지적했다.

난민 위기

몇 해 전, 나는 카나리아 제도의 테네리페 섬에서 가족과 일주일간의 휴가를 즐기고 있었다. 그때의 카나리아 제도는 금융위기가 벌어지기 직전의 호황기였다. 섬의 모든 비어있는 장소

그림 4-2 전 세계 난민

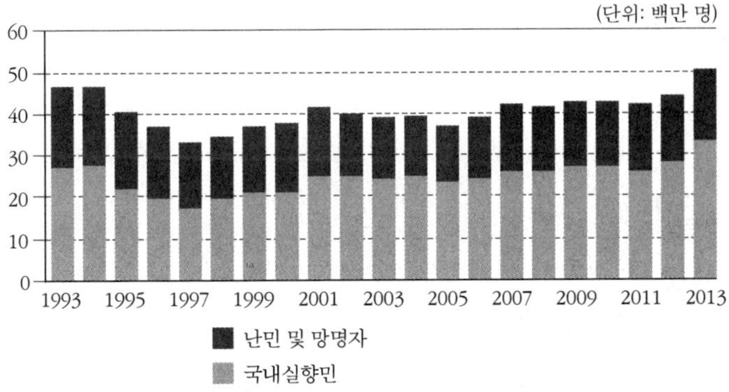

※ 출처: UN고등인권위원회(UNHCR) 2013

그림 4-3 시리아 난민(2012~2015년)

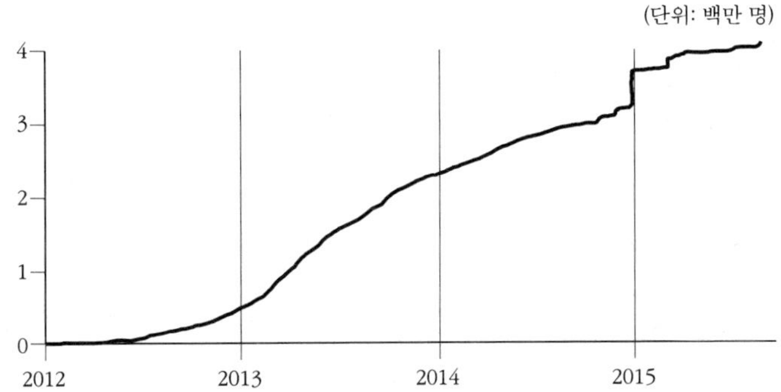

※ 출처: UN고등인권위원회(2016)

마다 개발이 진행 중이었고, 카나리아 자치구는 스페인의 모든 지역 가운데 가장 빠른 성장세를 보이고 있었다. 모든 지역이 경기 호황으로 기대 이상의 성장을 이루고 있었으며, 예외는 라리가에서 꼴찌를 한 라스팔마스의 축구팀뿐이었다. 대서양의 따듯한 바람을 맞으며 느긋하게 산책을 하던 중에 우리는 건설 중인 쇼핑센터와 콘도와 테라스가 있는 아파트를 보았다. 지역주민이 운영하는 잡화점에 들어가 스칸디나비아 지역의 잡지와 향기로운 덴마크산 담배를 샀다. 그러던 어느 날 지역 신문에서 라스팔마스 지역의 그란 카나리아 섬에 상륙한 아프리카 난민 보트에 관한 기사를 보았다.

이 세계의 실태를 충격적으로 보여준 에게해를 둘러싼 분쟁에서 원주민들은 거의 아무것도 할 수 없는 구경꾼이나 마찬가지였다. 카나리아 제도에 밀려온 국제 이주의 물결은 크게 세 종류의 사람들로 구성된다. 첫 번째는 부유한 북유럽인으로 철새나 소위 '기후 난민'으로 불린다. 이들은 일 년의 일부 혹은 거의 전부를 자신이 소유한 안락한 아파트에서 보낸다. 그들은 물질적으로 풍요롭고 물건을 골라서 살 수 있으며 약간의 지루함마저 느끼고 있다. 그들 삶의 주요한 목표는 북유럽의 칙칙한 겨울을 피해 찾아온 이곳 테네리페 섬에서 매일을 의미 있는 활동으로 채우는 것이다. 때로 골프도 즐기면서. 두 번째는 첫 번째 유형의 사람들을 위해 테라스가 있는 아파트와 슈퍼마켓을 건설하는 현장, 화장실 청소, 냉장고에 음료수를 채워 넣는 등의 일을 하는 사람들로, 페루 · 에콰도르 · 루마니아 · 폴란드 등 가톨릭 국가에서 더 많은 소득과 자녀의 괜찮은 미래를 위해 찾아온 이들이다. 당시만 하더라도 그들의 미래는 밝은 편이었으나, 몇 년 뒤 금융위기가 찾아오며 상황은 바뀌었고 많은 이들이 고국으로 돌아갔다.

세 번째는 서아프리카에서 다 망가져가는 위험하고 낡은 보트(결코 항해에 적합하지 않다)를 타고 바다를 건너온 난민으로, 이들은 임시 캠프에 수용되어 카나리아 제도의 경제를 책임지고 있는 관광객의 시선으로부터 안전하게 격리된다. 그들은 비싼 삯을 내고 위험천만한 항해를 하느라 갖은 고생을 하며 이곳에 도착하지만, 대다수는 그들이 출항했던 서아프리카의 부둣가로 인정사정없이 돌려보내진다.

모든 보트난민이 카나리아 제도의 모래사장에 도착하는 것도 아니다. 2005년 다카르를 출발해 공해상에서 실종(원인은 엔진고장으로 추정된다)된 배가 있었다. 선체는 그로부터 1년이 조금 안 된 어느 날 카리브해의 바베이도스 섬에서 발견되었는데, 탑승자 전원은 이미 오래 전에 사망했고 시신은 말라있었다. 말리 출신의 한 젊은이가 의식을 잃기 전에 프랑스어로 "가족들에게 도움이 되고 싶었을 뿐이에요. 미안해요."라고 또박또박 쓴 유서가 발견되었다. 당시 다카르에서 배를 타고 나오는데 필요한 비용은 북유럽에서 왕복 비행기를 타고 카나리아 제도의 호화 리조트에서 2주간 휴가를 보낼 수 있는 비용과 맞먹었다. 서아프리카에서 가족 중 누군가를 유럽으로 보내는 일은 그만큼 큰 투자였지만 이 방법을 선택한 절대 다수는 좌절을 겪게 되었다.

이 세 유형의 극명한 대비는, 보다 큰 세계로의 통합 과정에 수반되는 서로 다른 삶의 세계 간의 충돌이 얼마나 비이성적이고 잔혹한지를 보여주는 대표적 사례다. 덧붙이자면 테네리페 섬은 그러한 세계를 가장 만나기 쉬운 장소이기도 하다. 1990년 테네리페 섬 북부 연안에서 대서양을 바라보는 마을 가라치코Garachico에서 한 기념상이 제막되었다. '이주민의 상El Monument al Emigrante'이라 명명된 이 기념상은 여러 개의 여행 가방을 들고 바다를 바라보는 한 남자의 형상을 하고 있다. 그런데 남자의 심장이 있어야 할 자리에 커다랗고 둥근 구멍이 뚫려 있다. 수백 년간 카나리아 제도는 신대륙을 향해 떠나는 이주민들의 징검다리였다. 가장 최근에는 1975년 스페인의 독재자 프랑코 장군Francisco Franco이 사망한 뒤 그를 따르던 파시스트 무리가 이곳을 거쳐 신대륙으로 갔다. '이주민의 상'은 '사람은 때로 어쩔 수 없이 고향을 떠나야 할 때가 있지만, 그 누구도 회환이 없을 수는 없다.'는 메시지를 보는 이에게 전하고 있다. 그 남자는 자신의 심장을 고향에 남겨놓고 떠나는 사람이다.

1년여 뒤, 신문 헤드라인에서 카나리아 제도를 찾는 난민 뉴스는 자취를 감추었고, 대신 터키나 리비아에서 출항해 지중해를 건너오는 난민이 급증한다는 뉴스가 그 자리를 차지했다. 여러 해 동안 지중해에서는 북아프리카를 탈출한 보트난민들이 죽거나 실종되는 일이 끊이지 않고 일어났지만, 난민의 숫자는 오히려 늘어나고 있었다. 시리아뿐 아니라 에리트레아Eritrea, 아프가니스탄을 비롯한 여러 지역에서 많은 난민이 불확실한 미래를 벗어나고자 국경을 넘고 있다. 그러나 이들 대부

분은 임시 난민캠프에 수용되어 오랫동안 망명신청 절차가 진행되기를 기다리기만 하는 신세가 된다.

여러 해 동안 지중해는 살아갈 기회를 찾는 삶과 부유한 삶 사이의 대비가 가장 극명하게 드러나는 무대가 되었다. 아시아 · 아프리카에서 증가한 이동성이 현재 유럽의 통치영역과 만난 결과, 지중해가 지닌 국경으로서의 기능에 변화가 생겼다. 과거 지중해는 그리스와 레바논, 모로코와 스페인의 국경으로 기능했지만, 이제는 독일과 콩고, 네덜란드와 시에라리온 사이의 국경이 되었다. 솅겐조약Schengen Agreement*은 국가 간에 적용되던 국경의 논리를 유럽연합이라는 보다 큰 스케일의 국경 논리로 확장시켰다. 냉전 이후 (특히 유럽에서) 국가 간 경계가 많이 약화되었지만, 고대로부터 해상 교류의 고속도로로 활용되었던 지중해는 오히려 유럽과 북아프리카 · 아시아의 경계로써 더욱 강화되었다. 물론 유럽의 국경이 완전히 사라진 것도 아니고, 유럽인과 난민 사이의 불평등이 어디서나 쉽게 목격될 정도로 만연한 것도 아니다. 저 유명한 베를린 장벽을 비롯해 지난 수십 년간 여러 장벽들이 무너져 내렸다. 그러나 또 다른 형태의 장벽들이 대단히 확고하면서도 효율적인 형태로 건설되고 있다. 새로운 장벽은 멕시코 리우그란데 강변에, 요르단 서안에, 프랑스 북부 항구도시 칼레에, 아프리카 대륙

* 유럽연합 회원국 간의 국경이동을 자유롭게 한 협정. 1985년 프랑스, 벨기에, 서독, 룩셈부르크, 네덜란드의 5개국으로 시작했고, 현재 비유럽연합 국가를 포함해 총 26개 국가가 참여 중이다.

속의 유럽도시인 세우타Ceuta와 멜리야Melilla의 난민 캠프에 세워지고 있다. 지중해 국경경비를 담당하고 있는 프론텍스Frontex*는 지중해의 최전방 경계를 확고히 하기 위해 최선의 노력을 기울였지만 불가능한 일임이 판명되었다. 아프리카와 아시아에서 탈출을 시도하는 수백 수천의 난민을 막을 수 있는 방벽은 없으며, 그들 중 적지 않은 수는 무사히 그리스나 이탈리아의 해변에 도착한다.

그러나 유럽 국가들은 도중에 익사한 난민의 수까지는 집계하지 못한다. 유럽은 로마시대에 '우리들의 바다Mare Nostrum'라 불렸던 지중해가 이제는 '죽음의 바다Mare Moriens'로 변해버렸다는 사실과 직면해야 했다.

1990년대 솅겐조약으로 내부의 국경을 거의 없앤 유럽연합은 그 반대급부로 외부의 국경을 강화해야만 했다. 유럽연합은 불법 이민자를 색출하기 위해 조직적으로 움직이기 시작했고, 2004년부터는 프론텍스가 그 업무를 주관했다. 당시 주요 관리 대상은 서아프리카의 다카르와 누악쇼트 등의 항구였고, 최근에는 지중해를 경유해 들어오는 루트다.**

유럽연합의 국경은 비록 표면적으로는 닫혀있지만, 시리아 사태 때는 그 어느 때보다도 열려있었다. 리비아 정부의 붕괴는 강도나 살인을 당하지 않고 유럽에 가기 위해 그만한 대가

---

* 유럽연합 국경경비기구.

** 이후의 문단은 Knudse(2015)에서 더 자세히 설명하고 있다.

를 지불할 능력이 있는 사람들이 항구를 쉽게 빠져나갈 수 있는 상황을 만들어 주었다. 유럽에서 흔히 이루어지고 있는 난민 인신매매는 큰 위험을 무릅쓰고 많은 돈을 써서라도 가족과 함께 부유하고 안정된 유럽국가에서 평화로운 삶과 생계수단을 찾길 원하는 사람들이 결코 원하지 않는 길이었다. 그들은 그렇게 될 바에는 불쾌하고, 인원초과에, 위험하고 불확실하지만 난민보트에 탑승해 지중해를 건너는 편이 차리라 더 낫다고 판단했다. 이는 그들이 고향에 회한만을 남겨두고 떠나는 것이 아니라, 미래에 대한 희망을 안고 떠나는 것이기도 함을 의미한다.

지중해 보트난민의 증가는 부분적으로 시리아 내전에 기인한다. 2012년 1월에는 1천여 명에 불과했던 시리아 난민은 2015년 12월에는 415만 명으로 증가했다. 미래에 시리아가 얼마나 발전하게 될지는 몰라도 이주민이 되고 싶은 난민의 수는 줄어들 기미가 보이지 않는다. 전쟁과 억압을 피해 도망나온 그 많은 사람들 중 대다수는 한편으론 가망 없는 가난의 굴레에서 벗어나기 위해 나온 사람들이기도 하다. 이들은 과거에 비해 훨씬 접근과 사용이 쉬워진 이동수단, 보다 발전된 커뮤니케이션 수단, 더욱 전문화된 중개인을 활용한다. 또한 유럽에 가면 새로운 경제적 기회를 잡을 수 있다는 사실(물론 이 사실은 경우에 따라서는 오해가 될 수도 있다)을 그 어느 때보다도 잘 알고 있다. 진지한 의미에서 지중해 보트난민 사태는 21세기 초의 글로벌화 된 세계를 대표하는 이미지다. 물론 좋은 의미는 아니다. 단선적 사회 진화의 약속, 즉 역사에는 방향성이 있으며 아직 발전하지 못한 나라들도 언젠가는 서양을 '따라잡을 수 있다'는 믿음이 깨어졌음을 다시금 일깨워주는 의미다. 세계의 충돌은 결코 멀리서 천둥소리만 들려오는 번개와 같지 않다. 우리들의 코앞에서 벌어지는 일이다. 현재 난민 사태를 겪는 유럽인들을 가장 불안하게 만드는 요소가 바로 그것이다. 불과 몇 해 전만해도 팔레스타인 난민은 대부분 중동지역의 난민 캠프에 수용되었고, 베트남 보트난민은 남중국해에만 나타났다. 그리고 지중해는 북유럽 관광객들의 놀이터였다. 하지만 지금은 더 이상 그렇지 않다. 중동에서 온 난민도 지중해의 보트난민이 된다. 조용하고 아름다운 그리스의 섬에서 뷔페로 저녁식사를 마치고 해변을 거닐던 관광객들은 이제 길게 늘어선 아프리카 난민의 행렬을 피해 차를 타고 서둘러 숙소로 돌아와야만 한다. 2010년대 중반, 그리스 섬에는 매주 1천여 명의 난민이 도착했다. 이제 지중해 해변에서 파도에 밀려오는 쓰레기와 비닐봉지는 더 이상 이목을 끄는 대상이 아니다. 해변에 떠오르는 어른과 아이의 시체를 목격하게 되었기 때문이다. 프론텍스와 해안경비대는 난민을 관광객 및 일반인과 분리하기 위해 최선의 노력을 기울였지만, 굶주리고 더럽고 지치고 두려움과 굴욕감에 떠는 난민들은 더 이상 흑백사진에 무수한 점으로 묘사되는 군중의 일부로 남아있지 않았다. 이들은 난민으로 가득 찬 보트를 타고 아름다운 지중해의 파도 위를 너울거리며 전 세계 관광객들이 가장 선호하는 휴양지 가까이로 다가온다. "그들은 TV, 스마트폰, 태블릿PC, 그리고 현실에서 고화질로 우리 앞에 나타난다(Knudsen 2015, 저자 번역)."

현재의 난민문제에 관한 논의의 배경이 되는 시간적 · 공간적 스케일을 조금만 확장해 보면, 지중해에 왜 이런 압력이 가해질 수밖에 없었는지, 유럽과 그 주변국들 간에 존재하는 정치적 안정성과 부유함과 삶의 기회의 커다란 불균형이 계속될 수밖에 없는지를 쉽게 이해할 수 있다. 인구통계학자 폴 데미니Paul Demeny가 25개 EU 회원국(지금은 28개국이다)과 모로코 · 파키스탄 등의 주변국의 인구 증가 추세를 비교한 결과를 두고 토마스 호머-딕슨Thomas Homer-Dixon은 놀라움 그 자체라고 말했다.

> 1950년 유럽 주변국의 총 인구(1억 6,300만 명)는 유럽 전체 인구(3억 5천만 명)의 절반 수준이었다. 2000년 유럽 주변국의 인구는 거의 4배가 증가한 5억 8,700만 명으로, 유럽 전체 인구인 4억 5,100만 명을 넘어섰다. UN은 2050년에는 유럽 주변국의 인구가 유럽 전체 인구(4억 1백만 명)의 3배를 넘는 13억 명에 이를 것이라고 예측했다. (Homer-Dixon 2005, loc. 730)

유럽의 인구는 노령화되고 있는 반면, 주변국의 인구는 거의 절반이 30대 이하다. 시리아의 심각한 위기를 논외로 하더라도, 주변으로부터 유럽에 가해지는 압력이 줄어들 것 같지는 않다.

UN난민기구UNHCR: UN High Commissioner for Refugees는 제2차 세계대전 이후 강제로 유민이 된 1백만 명 가량의 사람들을 돕기 위해 1951년 설립되었다. 전 세계에서 난민이나 유민이 된 사람의 수는 1964년 700만 명, 2005년 3,700만 명, 2013년 5,100만 명, 2014년 6,000만 명으로 추산된다(UNHCR 2015). 또한 2014년에는 난민이나 유민 중 고향으로 돌아갈 수 있게 된 사람의 수가 31년 만에 최저치를 기록했다.

난민의 급격한 증가에 대한 지역적 해석은 다양하게 존재할 수 있지만, 전쟁과 난민의 상관관계는 명백하다. 폭력사태가 많이 발생할수록 피난민의 수는 증가한다. 시리아의 내전, 이라크에서의 침략적 전쟁, 예멘이나 리비아의 국가붕괴 사태는 모두 대량의 난민을 만들어냈고, 이들이 가장 향하기 쉬운 곳은 유럽의 '우리의 바다'인 지중해였다. 더 중요한 사실은 이 모든 사태가 국경 문제나 외국의 정치적 개입과 무관하지 않았다는 점이다. 리비아의 붕괴는 서방세계의 군사 개입이 초래한 결과였으며, 시리아 내전에는 러시아 · 나토 · 미국이 적극적으로 교전 중인 세력들에 개입 중이다. 이로 인해 국경선 자체가 재편되고 불안정해지고 의문시되고 있다. 이슬람 무장단체에 의해 130명이 사망한 2015년 11월의 파리 테러도, 프랑스를 비롯한 서방 국가들이 중동을 침략해 적지 않은 무고한 사망자를 냈던 일과 결코 무관하지 않다.

시리아 내전과 난민 사태는 어쩌면, 아니 정말로 기후변화와 관계가 있을 것이다. 2011년 내전이 일어나기 전 수년간 지속된 가뭄은 온 나라의 농경지를 불모지로 만들었다. 도시는 급속도로 팽창했고 정부의 지원은 미미했다. 이러한 상황은 정부와 대척하는 시민이 빠르게 늘어나도록 부채질을 했고, 이는 반정부 세력에게 좋은 기회가 되었다. 권력의 공백이 발생한 영역에 다에시Daesh: IS가 들어왔고, 이들은 곧 국토의 상당부분을 통치하게 되었다.

대부분의 시리아 난민은 인근 국가에 있다. 2015년 암만Amman 외곽에 자리를 잡은 자타리Zaatari 난민캠프는 요르단에서 세 번째로 큰 도시였고, 레바논에 사는 사람 5명 중 1명은 시리아 난민이었으며, 터키는 국내 시리아 난민의 수를 160만 명으로 추정했다.

이 인도주의적 위기 앞에서 유럽은 모호하고 주저하는 태도를 보였다. 대부분의 유럽 국가는 요르단과 레바논에 유입된 난민의 극히 일부만을 받아들였다. 예외적으로 독일과 스웨덴이 문을 열고 시리아에서 온 망명 희망자들을 선뜻 받아주었다. 유럽의 정책은 공통적으로 난민의 생명을 구하는 일과 소위 '인신 매매단'으로 불리는 범죄조직(이들은 난민이 지중해를 건널 수 있게 해준다)을 격퇴하는 일에 초점을 맞추고 있다. 많은 사람들이 언급했듯이, 유럽은 난민사태에 관하여 인도주의와 군사적 행동의 조합이라는 기묘한 대응을 지중해에서 펼치고 있었다. 그러나 난민의 정착을 위한 계획은 세우지 않았다. 오히려 군사력으로 난민의 유입을 막는 한편, 임시 망명 센터의 난민은 그들이 돌아갈 수 있는 상황이 올 때 까지 억류해 두려 했다. 그러나 삶의 기회를 찾아 지중해를 건너오는 수많은 실향민을 언제까지고 그런 임시방편으로 막을 수는 없다. 이동성의 증가가 과열효과의 특징 중 하나가 되면서 유럽의 정치인들은 딜레마에 빠지기 시작했다. 유럽 정부들은 바깥 국경을 완벽하게 지켜내기로 결정했다. 그들은 철조망을 두르고 감시탑을 세운 6m 높이의 장벽이 실은 투과성이 있는 막이나 다름없다는 사실을 아직도 제대로 깨닫지 못하고 있다. 그 막을 뚫고 흘러들어오는 난민은 사실상 열역학 제2법칙처럼 거스를 수 없는 사회학적인 물리법칙에 따른 것이라고 봐야 한다.

자연과학적 비유를 들어 이야기한 김에, 초기 세계화 논의에서 자주 사용되었던 '나비효과'를 언급해 보고자 한다. 지구물리학자 에드워드 로렌츠Edward Lorenz에 의해 1972년 처음 소개된 이 효과는, 작은 스케일의 사건이 원인이 되어 큰 스케일에 영향을 미치는 현상을 뜻한다. 작은 사건에서 비롯된 하나의 프로세스가 스케일이 확장되면서 끝에 가서는 아주 크고 눈에 띄는 결과를 초래하는 현상이다. 쿠바 트리니다드에서 나비 한 마리가 날개짓을 하면 그것이 주변 공기에 작은 움직임을 일으켜 공기 입자를 특정한 방향으로 흐르게 한다. 이 흐름이 지나가던 산들바람과 만나 증폭되며 북쪽으로 방향을 튼다. 이런

식으로 점점 강해진 바람은 뉴욕에 도착할 때쯤이면 눈보라로 변해 도시를 강타한다. 이와 유사한 방식으로 종교적 박해를 피해 가족이 함께 도망치거나, 가족의 생계를 걱정한 청년이 바다를 건너는 등의 작은 움직임이 지역적 삶과 공동체의 거대한 전환이라는 흐름으로 변하는 것이다. 어디에서나 일어나는 일은 아니지만 주로 그들의 움직임이 합류하는 곳, 즉 국경선, 항구도시, 난민캠프, 때로는 유럽의 교외 지대 등에서 일어난다. 대형 난민캠프는 수많은 작은 스케일의 사건이 초래한 부작용이 모인 결과이며, 그 작은 사건들은 결국 큰 스케일의 사건들(전쟁, 종교적 차별, 외세의 개입 등)의 결과다. 일단 설립된 난민캠프는 그 자체로 고도의 노동 분화가 이루어지고 수천 개의 상호보완적인 역할과 지위가 존재하는 큰 스케일의 조직으로 변형된다.

앞에서 언급했듯이 태어난 곳을 떠나 다른 나라에서 사는 세계인구의 비율은 오늘날보다 제1차 세계대전 직전이 더 높았다. 그러나 중요한 차이점이 두 가지가 있다. 첫째, 당시 대부분의 국제 이주민은 백인이었으며, 이들은 이주하는 장소가 본국의 식민지든 아니든 그 곳의 정치권력으로부터 환영을 받았다. 둘째, 오늘날의 인구는 1914년에 비해 3배 이상 많으며, 당시에는 지금에 견줘 국경 왕래가 더욱 어려웠다(특히 비백인 계층에게는 더욱더 어려웠다). 또한 난민을 받아들이는 정부는 새로운 이주민들이 국가에 어떤 긍정적 기여를 해줄 수 있는가를 묻지 않고, 난민들이 사회 통합에 문제를 일으킬 소지가 있다고 규정하고 이슈화를 한다. 많은 OECD국가는 비유럽 출신의 능력이 검증된 이주민을 위해 자리를 마련해 두고 있다. 이들에 대한 수요는 높은 편이며 관련 행정 절차도 빠르게 진행된다. 어디로 이주하든, 어디에서 왔든, 그저 보호가 필요해서 온 사람보다는 적절한 생산력과 구매력을 가진 사람(구매력만 있어도 상관없다)이 훨씬 따뜻한 환대를 받는다. 이런 식으로 신자유주의 이데올로기는 이주의 영역에서도 핵심으로 자리잡았다(Aas and Bosworth 2013). 일부 국가는 아직 인도주의적 이유로 망명을 받아들이고 있지만, 대부분은 경제적 생산력이 없다고 여겨지는 이주민을 원하지 않는다.

난민에게는 이동성이 있다. 그러나 그 이동성은 불규칙하며 상당한 기간 동안은 이동에 제약을 받는다. 이 제약은 네팔의 전력 제한 조치처럼 시스템 차원에서 자유로운 이동을 막는 것이다. 난민들이 '이동'에 사용하는 시간의 대부분은 사실은 기다리는 시간이다.

시리아나 에리트레아를 떠난 난민이 유럽으로 들어오는 루트는 정해져 있지 않다. 시리아난민은 주로 터키나 이집트를 경유해서 들어온다. 터키 루트가 더 돈이 많이 들지만 반드시 안전하다는 보장은 없다. 육로(터키)를 선택하든지, 해로를 선택하든지 유럽 국경을 넘기 위해서는 중개업자의 도움이 필요하다. 그러나 믿음직하지 못한 중개인에게 돈을 떼인 난민의 사연은 어디서나 들을 수 있는 흔하고 흔한 이야기다. 보트에 타기도 전에 계획이 틀어진 사람들의 수는 파악조차 할 수 없다. 우리가 아는 것은 1,000명 중 10명 정도만이 실제로 지중해를 건너는 데 성공해 기약 없는 기다림 상태에 처해진다는 것이다.

역설적이게도 과열되어 견딜 수 없게 된 고향에서 떠난 결과는 아무것도 하지 못하는 채로 기약 없이 기다리기만 하는 긴 냉각cooling down의 시간이다. 사실 기다림은 고향을 떠나기 이전부터 시작된다. 고향을 떠나기로 결정했어도 우선은 기다려야만 한다. 오늘보다는 내일이나 모레 혹은 다음 주가 떠나기에 더 유리한 날이기 때문이다. 혹은 함께 떠나기로 한 친인척, 필요한 물건이나 돈을 가져다주기로 한 지인, 그것도 아니면 그저 마지막 인사를 나누고 행운을 빌어줄 누군가를 기다려야 하기 때문일 것이다. 이처럼 여행을 떠나기 오래전부터 기다림은 시작된다. 마을을 떠난 이후에 시작되는 더 나은 미래를 향한 더딘 움직임은 기약 없는 긴 기다림이라는 장애물에 자주 부딪힌다. 그들을 국경선으로 옮겨줄 이동수단은 고장을 일으키거나 타이어에 펑크가 난다. 돈을 받은 중개인은 똑같이 숨어다녀야 하는 처지의 난민 20명과 함께 다 쓰러져가는 아파트에 놔두고 어디론가 사라진다. 그가 돌아올 때까지 몇 시간 혹은 며칠을 기다려야 한다(돌아온다면 말이다). 어떻게든 항구에 도착했지만 배를 타기 위해서는 며칠 아니 몇 주일을 또 기다려야 한다. 그러나 막상 타야 할 보트를 눈앞에서 보면 심장이 내

려앉는다. 상상했던 것보다 훨씬 엉망이고 안전하게 보이지 않기 때문이다. 하지만 여기까지 와서 돌아갈 수도 없는 노릇이다. 이 보트를 타기 위해 너무 많은 것을 투자했기 때문이다. 그들은 허름한 보트를 타고 수 주간의 불쾌하고 위험한 항해를 견뎌내야만 한다. 그러나 그 시간은 난민 신청 절차가 진행되기를 기다리는 기간에 비하면 (적어도 시간의 양으로 따진다면) 아무것도 아니다. 도착한 국가의 정부가 그들의 운명을 결정하기까지는 몇 주, 몇 달, 심지어는 몇 년을 기다려야 할지도 모른다. 차라리 보트를 타고 지중해를 건너던 때가 훨씬 희망적이었다.

이러한 기다림의 시간은 어딘가를 향해 나아가고 있다는 느낌을 주는 이동성을 멈추게 하고, 한 걸음 앞에 갈 때마다 드는 '조금만 더 가면 고통스런 과거로부터 벗어날 수 있다'는 생각은 절망과 좌절의 좋은 재료가 되곤 한다. 나우루Nauru*와 마누스Manus**라는 이름의 또 다른 보트난민들은 호주 정부가 마련한 수용소에서 하루 중 대부분의 시간을 물과 식량 및 화장실 이용과 같은 기초적인 서비스를 받기 위해 줄을 서서 기다리는 데 사용하고 있다.

달리 말하자면 이러한 기다림은 권력의 비대칭성만을 드러내는 것이 아니라 그 자체로 중요한 사회적 팩트다. 현지조사

* 호주 동북방에 있는 섬나라 나우루 공화국.
** 파푸아뉴기니의 섬.

를 하는 인류학자들도 자주 공공기관의 바깥에서 서류나 정보 제공자를 기다리곤 한다. 우리는 우리를 기다리게 하는 그분들이 호의를 베풀어주기를 바랄 수밖에 없는 처지임을 잘 알기에 그들에게 맞춰주는 것이다. 난민들의 기다림은 시간의 희소성이야말로 가장 귀한 자원임을 암묵적으로 인정하는 행위다. 그들은 모든 것을 두고 떠나왔으며 가진 것은 아무것도 없다. 심지어는 자신을 둘러싼 논의에 대한 권리도 없다. 그들의 시간은 비어있으며 버려졌다. 유럽 지중해 해변의 수용소에 있는 난민들은 평소보다도 더 많은 잠을 잔다. 그들의 삶은 멈춰져 있다. 그들은 기다리면서 지금 느끼는 불안감보다 더 밝은 미래가 있기를 꿈꾼다. 현재 상황과는 정반대의 세속적인 꿈을 누적시키고 있다.

국경에서, 항구에서, 난민 캠프에서 이루어지는 이 비자발적 냉각은 그 난민들이 과열 프로세스에서 배제되어 있음을 의미한다. 그들이 고향으로 돌아가 망가진 삶을 추스르거나, 새로운 고향의 낯선 기후와 언어와 직업과 음식에 적응하기 위해 애쓰게 될 때까지, 그들의 시간은 대부분 수동적으로 흘러간다.

관광객에 비하면, 난민은 가난하고 자신의 의지와는 상반되는 길을 가고 있다. 뿐만 아니라 그들은 이 과열된 세계의 예외적 존재다. 그들은 이도저도 아닌 상태에 있으며, 비생산적인 인간이자, 맞지 않는 장소에 서있는 존재다. 그들이 경제성장의 폭주 프로세스나 화석연료 의존과 생태학적 지속가능성 사이의 이중구속에 이바지한 것은 거의 없다. 이들은 목적지에

도착해서 새로운 삶을 꾸릴 수 있게 될 때까지 실로 무한대에 가까운 유연성을 보여준다. 시노브 벤딕슨Synnøve Bendixsen은 오슬로에 있는 팔레스타인 무등록 난민의 삶을 묘사하면서, 그들의 주된 소망은 쓸모 있는 일(말을 배우고, 일을 하고, 관계를 형성하는 일)을 할 수 있게 되는 것이라고 했다. 그러나 그들에게 허용된 일은 기다리는 일, 아니 기다리다가 즉각 강제추방 당하는 일뿐이다. 그러므로 세계적 난민 문제는 다른 과열현상(정체성 정치, 경제위기, 환경파괴 등)과 자연히 연관되어 있기는 하지만, 난민의 삶은 그것의 반대 사례로 적용될 가능성이 높다. 그들은 대부분 인근 국가의 난민캠프나 수용소에 '보관warehoused'되어 있으며 과열된 세계의 실질적 지분은 갖고 있지 않다. 그러므로 난민 사태의 궁극적 원인은 과열현상이 초래한 급격한 변화로 그들의 고향이 경제적 · 사회적 지속가능성을 잃어버렸기 때문이지만, 그 결과로 나타난 난민의 행렬은 과열의 정반대 측면(냉각)을 표상한다. 그들은 잉여이자 과잉이고 불필요하고 힘없는 존재이며, 소비자로서도 생산자로서도 유능하지 못하기 때문에 소비와 생산의 과정에서 제외된다.

'과열' 프로젝트의 동료 연구자 엘리자베스 쇼버(Elisabeth Schober 2015)가 강조했듯이, 마르크스는 잉여노동과 상대적인 과잉인구는 영구적이든 일시적이든 생산과정에서 불필요한 존재로 지목된다고 했었다. 이러한 관점에서 보자면, 임금노동을 하지 않는 난민들은 자본주의적 입장에서도 무의미한 잉여가 될 뿐 아니라 그들을 사회적 문화적으로 통합하려고 노력하는 사회의 입장에서도 쓸모없게 여겨진다. 하지만 난민 센터를 나온 이후 그럭저럭 삶을 잘 꾸려나가고 있는 사람의 수도 놀라울 정도로 많다. 이들은 종종 비공식적인 노동과, 관계망과, 국가의 입장에서는 불필요해 보이지만 그들이 원래 있었던 공동체에는 없었던 것들을 바탕으로 그들만의 '평행 사회'들을 창조해 내기도 한다. 현대 세계의 수많은 사람들과 마찬가지로, 그들 역시 경계에 질문을 던지고 도전하고 있다. 이들이 모습을 감추는 곳은 비대해지고 있는 도시들의 미로 같은 네트워크 속이다.

5

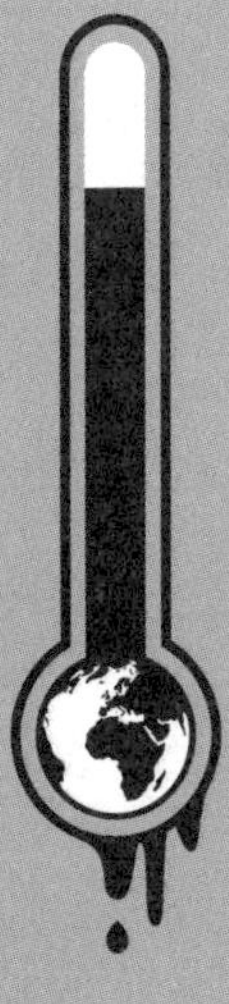

도시

2014년 2월 말, 악명 높은 베이징의 스모그 농도가 최고 기록을 갱신했고, 외신 기자들은 얼굴에 마스크를 쓰고 전 세계에 이 사태를 보도하고 있었다. 자금성과 만리장성의 방문객 수는 급감했고, 당국은 사람들에게 될 수 있는 한 실내에서 나오지 말 것을 당부했다. 그러나 이 당부는 관광객에게는 쉽지만 건설현장 노동자나 배달부들에게는 지키기 어려운 것이었다. 호주 TV에 출연한 한 중국 연구자는 그 스모그는 햇빛을 가려 식물의 생육을 방해하고 농업 생산력을 약화시킬 수 있기 때문에 '핵겨울과 유사한 측면이 있다'고 했다.

세계보건기구WHO는 1m³안에 PM2.5(미세먼지) 35㎍ 이상을 포함하고 있는 공기는 되도록 호흡하지 말라고 경고하고 있다. 기술적 논의는 차치하더라도 베이징에서는 그 수치가 초과하는 날이 500일 넘게 이어졌다. 덧붙여 말하면 스모그의 주된 원인은 시내 차량 운행량의 증가 때문이 아니라 거대해지고 있는 대도시 주변의 공장과 석탄 화력발전소의 증가 때문이다.

그즈음 호주 언론은 호주 소유지만 편의상 위탁운영 중이었던 뉴기니 마누스 아일랜드의 망명센터에서 발생한 폭력사태를 보도했다. 이 사태로 많은 비무장 난민 신청자들이 죽거나 심각한 부상을 입었다. 그러나 뉴기니에 살던 한 호주인은 내게 '설령 망명센터 안이 아닌 밖에 있었어도 그다지 안전하지 않았을 것'이라고 말했다. 파푸아뉴기니는 세계에서 가장 폭력적인 사회 중 하나다. 특히 수도인 포트모르즈비Port Moresby는 가야 할 목적지의 위치와 가는 방법을 정확하게 알지 못하는 외국인이 돌아다니기에는 극도로 위험한 도시다. 모르즈비의 인구는 약 40만 명으로 그리 많지는 않지만, 빠르게 성장 중이다. 또한 그들 대다수는 남는 것이 시간뿐인 사람들이다. 한 세대 전만 하더라도 그들은 나이 많은 친척들의 보호 아래 마을에서 원예업에 종사했었을 터였다. 그러나 현재 공식적인 실업률만 60%를 넘는 모르즈비에서 그들 대부분은 라스콜Raskols이라 불리는 하급 갱스터로 살고 있다.

주로 대규모 투자와 채굴, 인구 성장, 이동성 증가, 기업식 농업의 빠른 성장, 기반시설 개발 등에 의해 과열된 세계에서는 여유 공간이 드물다. 불과 수십 년 전만해도 모든 사람이 나태해보일 정도로 느리게 움직이던 평화로운 장소가 지금은 일자리와, 돈과, 섹스와, 권력과, 타인의 환심을 사기 위한 숨막히는 경쟁과, 긴장과, 갈등으로 가득한 장소가 되었다. "세계는 움직이고 있다."는 명제가 참이라면, 그 움직이는 세계인의 대다수가 향하는 종착역은 난민 센터가 아니라 크고 작은 도시다. 이는 논쟁의 여지가 없는 사실이다.

그림 5-1 1950년 이후 세계의 도시화 추세

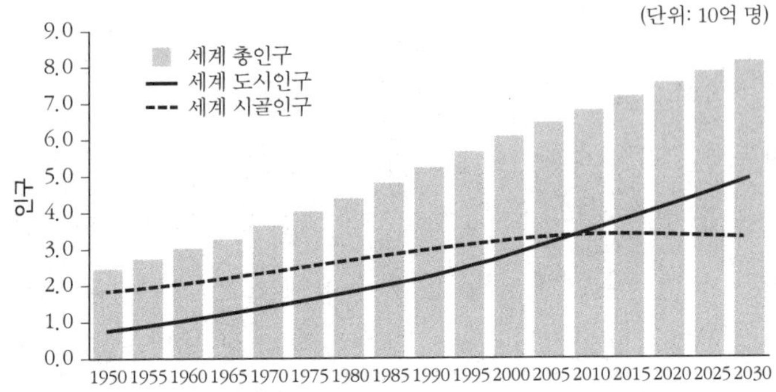

※ 출처: 유엔 세계 도시화 전망(UN World Urbanization Prospects) 2014

브라질의 주요 커피 수출항인 상파울루São Paulo는 세계의 교차로이자 역동적인 대도시로 기능한 지 100년이 넘었다. 남반구 최대의 도시인 상파울루의 인구는 2천만 명 이상으로 자가용을 소유한 주민이 점점 늘어나고 있다. 금요일 오후가 되면 시 경계를 출입하는 차량의 행렬이 총합 200km에 달한다. 2011년 11월 금요일 저녁에는 도시 전체에서 총 500km의 교통정체가 발생했다고 기록되었다(작은 도로까지 포함한 수치다). 세계 기록도 가능한 수치다. 파울리스타Paulistas(상파울루 시민)들이 자랑하는 지하철은 운행거리가 고작 75km다. 운전자 대부분은 그 시간에 앞차의 범퍼를 바라보며 TV 시청, 화장, 면도, 전화 통화, e메일 등으로 시간을 때운다. 매일 출근하는 데에만 2~3시간을 사용하는 한 변호사는 마치 감옥에 갇힌 기분

이라고 표현했다.

교통정체는 과열현상을 드러내는 가장 적절하고 강력한 이미지이며, 가속화의 모순적 부작용을 있는 그대로 보여준다. 자동차와 같은 속도기술과 현대화의 산물은 인간이 빨라지는 것을 돕지만, 어느 시점에 도달하게 되면 거꾸로 느려지게 만든다. 또한 교통정체는 가속화된 성장에 관한 소수의 예견, 즉 주변 맥락의 변화를 수반하지 않고 오로지 성장만을 추구하는 발전은 유연성을 상실하게 된다는 경고를 상기시킨다. 불과 한 세대 만에 인구 수만 명의 소도시에서 1,800만 명의 대도시로 성장한 방글라데시의 수도 다카는 도시 면적에서 도로가 차지하는 비율이 7%밖에 되지 않는다. 일반적인 다른 대도시는 전체 면적에서 도로가 차지하는 비율이 25%다(물론 여기에 해당하는 도시 쿠알라룸푸르에서도 저속으로 움직이는 차량의 행렬은 일반적인 모습이다). 이곳의 도로 기반시설은 1970년도의 교통량(자전거와 인력거와 스쿠터와 버스와 약간의 자동차로 구성된) 기준으로는 충분했을지도 모르지만 지금은 아니다. 때로는 걸어가는 편이 빠를 정도지만 인도 또한 붐비기는 마찬가지다. 자카르타부터 멕시코시티에 이르기까지 빠른 성장을 하고 있는 많은 도시는 교통 문제를 겪고 있으며 이는 신자유주의의 지배와 그 한계를 떠올리게 한다. 전체 인구 중에는 부유한 개인이 되어 자가용을 사는 사람도 많지만 정부의 새로운 도로 건설에 장애가 되는 빈곤한 대중도 함께 존재한다. 발리에는 버스를 찾아보기 힘든 편인데 그나마도 대개는 교통정체로 멈춰 있다시

피 한 폐차 직전의 만원버스다.

아무리 산업혁명 이후 전 세계의 인구와 에너지 사용량과 이동성이 크게 증가한 때문이라고 해도, 도시화의 진행속도는 유례없이 빨랐다. 이 책에서 다룬 다른 현상과 마찬가지로, 도시화 또한 1990년대 이후로 지금까지 계속해서 고속기어를 넣고 달리는 중이다.

나폴레옹이 세인트헬레나 섬을 탈출하던 때만 하더라도 인류는 주로 시골에 살았으며 대부분의 시간을 식량생산에 사용하고 있었다. 멜라네시아에서 중앙아프리카에 이르는 대부분의 세계에 우리가 아는 도시town*는 존재하지도 않았다. 그러나 도시는 우리를 인류세로 인도한 주요하고 오래된 문화사적 유산이다. 도시는 농경보다 선행하지는 않았으나, 국가보다는 먼저 생겨났다. 룩소르, 바빌론, 아테네, 아즈텍의 수도 테노치티틀란과 같은 고대 도시를 보더라도, 아니 더 최근으로 와서 런던, 암스테르담, 파리와 같은 도시를 살펴보더라도, 도시는 언제나 사회를 고도화하고 창조적 문화를 키우는 원천이 되어왔음을 알 수 있다. 전체 인구가 사용한 에너지의 총량으로 사회

* town은 마을village보다는 크지만 도시city보다는 작은(혹은 city로 발전하기 전 단계의) 집단 거주지를 의미한다. 그러나 town을 별도의 용어로 번역하기에는 마땅한 용어가 없어 부득이 '도시'로 통일하고 필요한 경우 원문을 병기하거나 '소도시'등을 사용하는 방향으로 했다.

진화의 정도를 측정했던 레슬리의 단순한 진화 모델에서도 많은 수의 사람들이 농업 이외의 활동에 전념할 수 있을 정도로 에너지가 역치閾値를 넘어서는 곳은 도시가 유일했다. 도시에서는 노동 분화가 일어난다. 식량생산에서 면제된 도시민은 상인, 학자, 필경사, 종, 도둑, 매춘부, 정치인, 관료, 군인, 매점주인, 푸주한, 제빵사, 성직자, 철학자 등이 되었다. 도시는 또한 외부의 영향력을 흡수하는 동시에 내부의 사람을 외부로 보내기도 하는 문화의 교차로였다. 문화적인 교환대이자 사회 개혁의 실험실이었다. 시골생활에서 벗어나고 싶은 이들의 도피처가 되어주기도 했다. "도시의 공기가 인간을 자유롭게 한다. Stadtluft macht frei"는 문구는 적어도 중세 독일에서는 결코 빈말이 아니었다. 실제로 도시에서 만 1년을 넘게 살았다는 사실을 증명할 수 있는 자는 봉건 영주의 농노 신분에서 벗어날 수 있었기 때문이다. 이러한 도시town는 규모가 작고 성장 속도가 더뎠다. 샤를마뉴 대제 이전에 건설된 남부 독일의 도시 튀빙겐 Tübingen은 지금도 인구가 8만 5천 명에 불과하며 그 중 1/3은 학생이다.

그러나 도시의 공기가 자유를 준다 해도, 그 명제가 참이 되기 위해서는 적어도 그 도시의 대기는 베이징보다 깨끗해야 하고 생계수단을 얻을 기회가 포트모르즈비보다는 많아야 할 것이다. 오늘날 글로벌 사우스에서 진행되는 도시의 성장은 갈피를 잡을 수 없고 제어가 어려우며 폭력적이고 위험하다. 세계 인구의 성장은 대부분 도시 지역, 크게는 도시 주변의 비공식적 거주지 혹은 슬럼가까지 포함한 지역에서 일어난다. 유럽 도시인구가 연간 0.13% 수준으로 완만하게 증가할 때, 동남아시아의 도시인구는 3.4% 늘어난다. 중국을 포함한 남아시아의 도시들에서는 현재 매주 120만 명씩 인구가 늘어나고 있다.

200년 전, 도시인구는 전 세계인구의 10% 이하였다. 그러나 한 세기가 지나면서 그 비율은 2배로 늘어났다. 1960년에는 1/3을 차지했고, 2008년 UN은 인류 역사상 처음으로 도시인구가 전체인구의 50%를 넘었다고 공표했다. 이는 분명 인류가 하나의 문턱을 넘어선 순간이지만, 도시다움에 대한 정의가 다양함을 유념해야 한다. 덴마크에서는 200명 이상의 인구가 모여 사는 주거지는 도시urban로 분류한다. 남쪽 나라들(내가 노르웨이 사람이고, 지역적 정체성은 상대적임을 잊지 마시기를)에서 도시란, 시장이 있고 적어도 2개의 버스 정류장과 하나의 영업 중인 카페가 있는 마을을 뜻한다. 미국에서는 인구 3,500명까지는 도시로 인정하지만, 일본에서는 3만 명 이하는 도시로 여기지 않는 편이다. 그러나 앞에서도 설명했듯이 스케일은 단순히 사이즈만을 의미하지 않는다. 스케일은 사회 구성과도 관련이 있다. 이 점을 잘 이해하고 있는 인도 통계청은 도시 주거지의 정의를 인구가 아닌 사회적 복잡도complexity의 수준을 반영해 내렸다. 인도에서 도시란 성인 남성의 75% 이상이 농지가 아닌 곳으로 일을 하러 가는 지역을 뜻한다. 인도 도시에 비공식적 구역이 상당히 많음을 고려할 때, 이는 농업이나 어업으로 생계를 유지하는 사람은 전체 도시인구의 25%를 훨씬 밑돈다는 이야기가 된다.

도시의 대략적인 규모를 통계적으로 살펴보면 남반구 도시들의 성장속도는 놀라울 정도다. 200년 전 아프리카에서 도시에 사는 사람은 대단히 드물었다. 하지만 2015년에는 4억 5천만 명(1975년 아프리카 대륙 전체의 인구보다 많은 수치다)이 도시에 살고 있고, 2050년에는 12억 명에 달할 전망이다. 지금처럼 꾸준히 도시가 성장하면 도시인구의 비율은 2015년 37%에서 2050년 55%에 도달할 것이다. 2015년 19억 명(1915년 세계인구보다 많은 수치)인 아시아의 도시인구도 2050년에는 33억 명으로 1950년 세계인구보다 많아질 것이다. 1970년, 소위 메가시티(거주인구가 1천만 명 이상인 도시)에 사는 세계 인구는 3,900만 명이었다. 그것이 2015년에는 3억 8천만 명이 되었으며, 그 10년 뒤에는 6억 명을 넘을 것으로 예상된다. 제1차 세계대전 당시 인구 1백만 명 이상의 도시는 전 세계에 20개가 되지 않았지만, 최근(2016년)에는 450개 이상이 될 것으로 추정된다(UN 2014).

더 많은 사례를 들 수 있지만 여기서 그만두겠다. 도시화는 21세기 초반의 세계에서 목격된 모든 과열현상 가운데 가장 충격적인 것이다. 또한 현대의 발전 가운데 사회 조직에 가장 큰 영향을 미친 발전이기도 하다.

도시는 여전히 개인의 꿈과 목표 실현에 필요한 기회를 많이 제공한다. 또한 직업 분화 정도의 광대함은 국가에 비해 개인의 유연성이 크게 증대되었음을 보여준다. 그러나 사람도 한

꺼번에 너무 많이 먹으면 변비에 걸리듯이 도시도 비슷한 문제로 고통 받고 있다. 시간당 1천 대의 통행량을 기준으로 설계된 도로는 운전자가 1천 명일 때는 속도와 공간적 유연성을 크게 증대시켜주지만, 1만 대의 차량이 갑자기 몰리면 교통정체에 빠지고 만다. 2050년 도시에서 살게 될 것으로 예상되는 64억 명(2015년은 35억 명이다)은 1~2세대 전의 도시인에 비해 도시생활을 매력적으로 만들어주는 자원에의 접근이 많이 제한될 것이다. 브라질, 인도, 중국, 서아프리카 등지의 도시에서 계속해서 생겨나고 있는 거대한 무허가 주거지의 띠는 도심지와의 연결성을 언급하기 어려울 정도로 도시에서 멀리 떨어져 있다. 그곳은 그냥 슬럼일 뿐이다. 도시라는 빛나는 대상과는 아무 상관없는 그냥 슬럼이다. 그리고 시의회가 그곳 주민들을 위해 지하철, 도서관, 공공 직업소개소, 공공 수영장 등의 설립을 허가해 줄 때 까지는 아주 오랜 시간이 걸릴 것이다.

제2차 세계대전 이전, 대부분의 아프리카 소도시town는 작은 관공서건물과 상업중심지로 이루어져 있었다. 그러나 지난날의 한가했던 교역소는 오늘날 100만 명 이상의 영구거주자를 지닌 북적이는 도시가 되었고, 휑했던 사거리에는 택시 정류소와 허름한 다층건물들이 들어섰고, 실외에서 장사하던 가게들은 가건물 안으로 들어왔으며, 무허가 주거지는 통계 지도를 만들기 불가능할 정도로 늘어나고 있다. 하지만 이러한 성

장에는 기반시설의 확충이 수반되지 않았다. 지역을 위한 편의시설은 전혀 없거나 있더라도 극히 드물고, 수도와 전기 같은 기초적인 서비스조차 만성적인 부족에 시달리고 있다. 모리타니아의 수도 누악쇼트는 흔히 5만 명을 위한 시설에 200만 명이 사는 도시로 불린다.

1958년 작은 어촌 마을에 불과했던 누악쇼트에 식민지 본부를 건설했던 프랑스는 그곳에서의 식민 사업이 1~2년 만에 끝날 것이라고는 예상하지 못했다. 20년 뒤 15만 명의 인구를 두었던 그 도시는 2015년에는 200만 명이 살게 되었다. 사람들은 왜 수도 누악쇼트의 변두리로 몰려들었을까? 1450년의 독일 튀빙겐에는 자유와 번영을 찾아서 왔을지 몰라도 오늘날 누악쇼트를 찾은 이들은 오랜 가뭄과 사막에서의 무장봉기에 지쳐서 온 것이다. 많은 이들은 도시에서도 여전히 유목민 시절처럼 텐트에서 지내지만 가축이라곤 한두 마리 뿐이거나 아예 없고 수입도 없이 지낸다. 상파울로의 많은(그리고 지금도 증가 중인) 중산층이 하루 중 많은 시간을 자동차 안에서 보내고 있는 반면, 누악쇼트의 빈민들은 그 시간을 물과 식량을 배급받기 위한 줄서기에 쓰고 있다.

그러나 글로벌 사우스 지역의 도시 대다수에는 희망을 찾아 궁핍한 시골을 벗어난 사람을 받아줄 만한 노동시장이 존재하지 않는다. 이러한 현상은 에티오피아의 수도 아디스아바바Addis Ababa나 아프리카의 희망과 꿈의 근원지였던 요하네스버그처럼 급속히 성장한 대도시에도 마찬가지다. 보통의 시골출신 사람들에게 주어지는 일자리란 대개 비공식 · 무허가 직종인데다가 온갖 종류의 일을 다 해야 하는 높은 수준의 유연성을 요구한다. 그들의 고용주는 아마 공중보건법에 대해서도 신경 쓸 필요가 없을 것이다. 이와 관련한 아프리카의 가장 악명 높은 사례는 아그보그블로시Agbogbloshie로 불리는 가나의 아크라Accra다. 아크라는 나이지리아의 베넹시市부터 토고와 베넹공화국을 거쳐 바닷가를 따라 거의 끊어지지 않고 600km나 이어지는 무허가 주거지의 서쪽 끝에 있는 도시로 5천만 명의 인구가 살고 있다.

지역주민에게 소돔과 고모라로 불리는 아그보그블로시는 아크라 중심지 북쪽에 있으며 1990년대 이전까지는 아무도 살지 않는 늪지대였다. 그러나 글로벌 노스에서 생산된 전자제품 쓰레기가 산더미처럼 쌓이기 시작한 뒤로 가나 북부에서 수천 명의 이주민이 찾아와 살게 되었다. 그곳에 쌓여있는 쓸모없어진 컴퓨터, 스캐너, 프린터 등은 대체로 '개발 원조품'이라는 명목으로 보내진 것이다. 부유한 국가들이 글로벌 사우스 지역에 전자 쓰레기를 버리지 못하도록 규제를 했기 때문인데, 실상은 쓰지 못하는 물건들이다. 그러나 그 쓰레기는 아그보그블로시 주민들의 생계수단이다. 주민들은 폐기된 사무용 기기들에서 금속으로 된 부분(때로는 비싼 금속도 있다)을 조심스럽게 떼어 내 판다. 건강에 나쁘고 위험한 작업이지만 부지런한 소년은 하루에 4~5유로를 벌기도 한다(Stade 2013).

소돔과 고모라의 경제 시스템과 상파울로의 교통정체는 비록 그 이미지는 서로 다르지만, 모두 글로벌 사우스 지역의 폭발적인 도시화의 실상을 신랄하게 보여주는 사례다. 아그보그블로시의 전형적 삶은 난잡하고 냄새나며(상하수도가 없는 교외 지역이다) 글로벌 노스의 쓰레기에 경제적 기반을 두고 있다. 오늘날 증가하고 있는 도시인구 가운데 상당수는 아그보그블로시처럼 썩은 내가 결코 사라지지 않는 비공식적 임시 거주지에서 위험하고 짧은 생을 살고 있다.

불과 십수 년 사이에 도시와 시골의 관계는 완전히 뒤바뀌었다. 역사상 대부분의 인류는 도시에서 살지 않았다. 시기별 식량 공급 사정에 따라 그 규모의 크고 작음에는 변화가 있었어도 대체로 작은 공동체 단위로 흩어져 살았으며, 인간의 삶은 매년, 매 세대마다 주기적으로 반복되는 것이었다. 국가와 도시가 생겨난 이후에도 도시는 소수만을 위한 장소였다. 오늘날에는 오히려 시골에서의 삶이 예외적이다. 인구의 압박과 토양의 황폐화, 그리고 수탈이나 다름없는 방식으로 토지를 사들이는 채굴기업과 농업회사들이 매년 수백만 명을 도시로 몰아넣고 있다. 돈을 벌고 도시가 제공하는 여러 혜택을 누려보겠다는 꿈을 이루기 위해 도시를 찾는 이들은 얼마 지나지 않아 도시의 부정적인 면들을 목격하게 된다. 카불Kabul, 라고스Lagos, 치타공Chittagong, 바마코Bamako와 같이 급격히 성장한 도시에 갓 들어온 사람들은, 도시가 편안하다고 느끼는 일반적인

전 세계 중산층과는 달리 도시생활에 기뻐하지 않으며 오히려 전보다 삶이 더 나빠졌다고 생각한다.

사람들은 앞으로도 이처럼 비체계적이고 즉물적으로 만들어지는 새로운 대도시에서 살아가게 될 것이다. 그러나 상파울로의 교통정체는 차라리 특권층의 사치스러운 걱정으로 보일 정도로 어렵게 사는 사람들이 점점 많아질 것이다. 사람들은 생계를 위해 더 다양한 틈새시장을 개발할 것이고, 그만큼 경쟁도 심해질 것이다. 도시가 확장됨에 따라 물과 식량도 점점 더 멀리까지 공급되어야 할 것이다. 환경오염은 삶의 질과 수명에 악영향을 끼칠 것이다. 의도적이든 그럴 수밖에 없는 사정이 있었든, 행정당국이 도시 안쪽에 사는 거주민을 아무런 경고나 권유 없이 돌려보내는 일도 자주 있다. 여유가 줄어들면 유연성도 없어진다. 다른 논의에서도 잘 보여주었듯이, 물질적 삶의 유연성 감소는 과열현상의 주된 요소 중 하나다. 이제는 전원마을, 아니 높은 수준의 상호 신뢰와 분업으로 잘 구조화된 시장이 있는 소도시town로도 되돌아 갈 수 없다. 그러나 인구 수백만을 넘는 메가시티들은 머지않은 미래에 사회적으로도 경제적으로도 지속가능성을 잃게 되는 사태가 만연해질 것이다. 기적을 바라지 않는 이상, 이 도시들은 더 많이 인도적이 되어야 하고 더 많은 유연성을 확보해야 한다.

도시생활과 과열현상의 매개변수들

글로벌 사우스 도시의 성장은 인류세를 표현하고 묘사하는 주된 대상이다. 사람들이 도시로 모이게 된 이유는 시골 지역의 생활 여건이 나빠진 탓도 있지만, 도시가 인류 역사상 가장 정교하고 복잡하게 설계된 사회 제도였기 때문이기도 했다. 현재 벌어지고 있는 전 지구적인 이촌향도離村向都 현상에는 압출요인push factor과 흡입요인pulling factor이 모두 있지만, 이 둘은 상호 연관되어 있다. 글로벌 사우스 지역의 빠른 도시화의 어디까지를 신자유주의 사상과 그 실천의 결과물로 봐야 하는지에 대해서는 많은 논의가 있었지만, 그 답은 결코 단순하지 않다(Sassen 2014 외 참조). 이론상 가속화된 도시화는 신자유주의가 아닌 다른 종류의 사상적 지배체제 아래에서도 똑같이 일어날 수 있다. 급속한 도시화의 필요조건은 빠른 인구성장과 농업 생산성의 증가, 그리고 시골 지역의 생계수단이 줄어드는 대신 도시에서 얻을 수 있는 경제적 기회는 늘어나는 현상이다. 마르크스가 특유의 무뚝뚝한 표현으로 말했듯이, 아무것도 모르는 시골사람이 복잡한 도시 세계로 들어가면 사회적 스케일은 물론 인식적 스케일도 함께 확장되며, 이는 그 사회의 지배적 사상과는 상관이 없다. 하지만 도시의 성장은 사실상 신자유주의 사상이 지배한 결과물이다. 많은 국가가 국제 금융기관과 증여자의 요구에 따라 토지를 사유화한 결과, 기존에 토지를 계약이 아닌 관습에 의거해 사용해오던 사람들은 밀려나게 되었다. 데이비드 하비(David Harvey 2005)는 공공재의 사유화와 토지 수탈과 부동산 투기를 하나로 묶어서 '강탈dispossession'이라는 용어로 표현했는데, 현재의 도시화는 이러한 강탈이 누적된 결과인 경우가 많다.

강탈 자체는 목적이 아니다. 그것이 의미를 갖기 위해서는 부의 축적이 이루어져야 한다. 강탈의 추진동력으로는 주로 광산업, 기업식 영농, 부동산 개발의 세 가지가 이용된다. 규제완화는 지금의 세계 경제체제를 더욱 초국적으로 만들었으며, 급증하는 광물자원의 수요와 글로벌 노스 못지않게 확산된 글로벌 사우스의 중앙집중화된 기업식 영농은 시골지역 사람들이 과거의 삶의 양식을 유지하기 힘든 상황을 초래했다. 그러나 모든 시골사람들에게 해당하는 이야기는 아니었다. 개중에는 채굴기업이나 식량생산 기업에게 토지의 사용권을 파는 작은 행운을 잡거나 그들에게 고용되어 생계를 이어가게 된 사람도 있지만 대다수는 빈손으로 떠나야 했다.

도시의 놀라운 성장은 전형적인 폭주 프로세스다. 도시화는 여러 세기 동안 시골과 도시사람에게 이로운 방향으로 세계의 여러 지역에서 엇비슷하게 진행되어왔으나, 최근에는 통제가 불가능해지고 무계획적이고 예측할 수 없는 방향으로 나아가고 있으며 의도하지 않았던 여러 부작용을 초래하고 있다. 호머-딕슨은 오늘날의 메가시티에 대해 다음과 같이 논했다.

> 사실 지금의 대도시는 고대 로마와 비교하면 훨씬 사회적 · 기술적으로 복잡하다. 물론 이 자체로는 나쁜 것이라 할 수 없다. 다만 그 도시에서 매일 매시간 벌어지는 일들이 도시 인근의 후배지와 저 멀리 떨어진 어딘가로부터 막대한 양의 고에너지를 수혈해 오는 덕분에 가능하다는 것을 의미한다.(Homer-Dixon 2006, loc. 846)

현대 도시가 이례적으로 빠르게 성장한 것이 사실이기는 하지만, 도시의 빠른 성장이 역사상 유례가 없었던 것은 아니다. 조셉 테인터(Joseph Tainter 1988)는 사회 붕괴에 관한 역사 연구에서 운송비용의 증가와 행정 체계의 복잡화가 서로마제국과 아즈텍 제국 멸망의 주요한 원인이라고 주장했다. 도시가 성장할수록 시민의 생존을 위해 필요한 식량 공급자도 늘어나야 하며, 식량의 생산과 분배를 획기적으로 개선할 수 있는 기술적 발전이 이루어지지 않는 한 이는 더 많은 생산자와 더 넓은 토지를 확보해야지만 가능하다. 모든 관련 전문가가 동의하지는 않지만, 테인터의 견해에 따르면 브리타니아 지역을 향한 대규모 원정은 로마제국 역사상 다키아Dacia(현재의 루마니아 지방) 원정과 더불어 가장 소모적이고 지속가능하지 않은 확장 시도였다. 군인, 필경사, 상인들이 안개 낀 황량한 섬을 탐험하는 수고는 둘째치더라도, 올리브유와 와인을 지속적으로 공급하고 가장 기초적인 기반시설을 짓기 위해 로마의 건축 기술자와 대리석 등을 가져오는 일은 보통 일이 아니었다. 그러나 이러한 수고에 비해 로마가 가져가는 경제적 이익은 무척 적었다.

개인적 차원에서는 도시의 성장이 유연성의 확보에 어느 정도 도움이 되었을지는 몰라도, 사회적 차원의 유연성은 감소했다. 도시에서 살게 되면 직업, 거주지, 자녀의 학교, 식습관 등 시골생활에서는 선택지조차 없었던 다양한 변화가 가능해질 수 있다. 그러나 개인이 아닌 도시 사회 전체의 관점에서 보면 유연성은 감소한다. 도시는 사회적 관계망과 행위가 복잡하게 맞물린 고도화된 네트워크와 높은 수준의 에너지 소비량에서 벗어날 수 없게 된다. 전기가 들어오지 않는 가정이 대다수인 킨샤사Kinshasa(콩고 민주공화국의 수도)와 같은 도시조차 정전이 일주일 넘게 이어진다면 큰 혼돈에 빠질 것이다. 그러나 도시의 배후지역에 해당하는 시골은 오히려 사회 체제가 덜 복잡한 덕분에 생존에 필요한 에너지와 식량을 얻는 방법에 더 많은 유연성을 확보할 수 있다. 아무리 단단한 쇠사슬도 가장 약한 고리 하나만 부서지면 제 역할을 할 수 없게 되며, 그 사슬이 길어지면 길어질수록 끊어지기도 쉬운 법이다.

도시에서는 식량 · 에너지 생산 시스템의 유연성이 낮지만, 반대로 도시 주변지역(도시 외곽이나 도시와 도시 사이에 위치하는)의 생산 시스템 유연성은 도시보다 크게 높다. 이 지역은 여전히 직접 식량을 생산하는 동시에 많은 서비스업과 제조업을 병행하고 있어 유연성이 높다. 또한 적어도 단기적인 수준에서는 '기존에 시도해 보지 않았던 대안적 변화'를 시도해 볼 수 있는 여지가 많다. 그렇기 때문에 이들 지역은 현재의 문제 많은 대도시들이 대도시가 되기 이전이었던 때와 많이 닮아 있다.

도시는 사실상 이중구속의 가장 중요한 특성이 실체화된 것이다. 다른 모든 조건이 동일할 때 일반적으로 성장은 지속가능성의 저하를 수반한다. 도시는 복잡한 공급라인과 고도화된 서비스 체계에 의존하고 있으며, 환경오염과 쓰레기 문제를 일으키고 전염병의 위험성도 안고 있다. 이는 도시의 시스템적 유연성을 떨어뜨릴 뿐 아니라 인류의 생태발자국 확대에도 일조했다. 하지만 그렇다고 해도 도시 생활이 꼭 시골 생활에 비해 지속가능성이 떨어진다고는 하기 어렵다. 도시는 인접한 주민이 많은 덕에 운송의 필요성이 적고 작은 지역에 집중적인 서비스 제공이 가능하기 때문이다. 문제의 핵심은 에너지(주로 석유, 전기, 식품의 형태로 제공되는 에너지)가 생산되고 유입되는 방식에 있다. 성장과 생태계의 이중구속이라는 관점에서 보자면 문제는 도시 자체가 아니라, 도시가 조직되는 방식과 에너지의 생산과 분배가 연계되는 방식에 있다.

도시는 복잡성과 다양성으로 가득한 대단히 훌륭한 대규모 시스템이다. 그러나 이 말은 큰 규모의 도시에는 작은 스케일의 사회가 존재할 수 없다는 뜻이 아니다. 다만 도시에서는 다양한 사회적 스케일들이 시골 사회에는 존재하지 않는 방식으로 상호 연결되어 있다는 뜻이다. 마을에서 도시로의 이동은 사회적 네트워크의 크기를 엄청나게 확장시켰다. 도시에서 사람 간의 연결은 대체로 단선적이지만 유대관계가 약한 연결고리 옆에는 언제나 더 가깝고 친밀한 관계가 병존한다. 이러한 관계를 통해 사람들은 또 다른 네트워크에 연결된다. 한마디로 평균적으로 도시사람은 시골사람에 비해 더 많은 사람을 알고 있다는 뜻이며, 이는 도시가 지닌 사회적 스케일의 층위가 더 높다는 것을 보여주는 지표다. 또한 사람이 중심이 된 네트워크와, 그 네트워크 간의 교류는 고차원적 스케일의 사회 조직을 형성하는 근간이 되어준다. 도시민들은 필수적 서비스와 생존에 필요한 물질을 얻기 위해 그렇게 형성된 대규모 시스템에 의존한다. 게다가 도시 안에서 이루어지는 다양한 사람들과의 수많은 접촉은 그들의 인식적 스케일을 다른 세계로 확장시켜준다. 물론 도시마다 존재하는 다양한 수준의 불평등(온건한 수준일 수도 있고 심각할 수도 있다)은 가난한 자를 부자로부터 격리시키는 배타적 공동체Gated Community를 만드는 경향이 있지만(Caldeira 2001), 그럼에도 도시 생활이 복잡해지면 인식적 세계도 그에 맞춰 복잡해진다.

위에서도 언급했듯이 복잡하고 수준높은 스케일(규모와 다양성의 모든 측면에서)을 특성으로 하는 도시 문명은 인간에게 부귀와 활력을 제공하는 동시에 한계도 부여한다. 그리고 때로는 끝없는 몰락을 보여준다(이에 관한 역사적 사례는 Tainter 1988 참조). 도시는 대단히 정교한 기계 설비를 만드는 작업에 비유할 수 있다. 필요한 부품 100개 중 99개가 제때에 맞춰 들어왔다고 하더라도 백 번째 부품이 오지 않았다면 완성될 수 없다. 복잡한 시스템이 취약해지는 주된 이유가 여기에 있다. 철도망에서 발생한 작은 신호 오류로 10만 명의 사무직 근로자가 지각할 수 있다. 이처럼 작은 사건이 일으키는 커다란 나비효과는 전근대 시절의 동요 하나를 떠올리게 한다. "못 하나가 없어 말발굽을 못 달았네. 말발굽 하나가 없어 말이 넘어졌네. 말이 넘어져 기사가 죽었네. 기사가 죽어 전쟁에 패했네. 전쟁에 패해서 왕국이 멸망했네. 모든 것은 말발굽에 박을 못 하나 때문이었네."

지금부터는 두 가지 유형의 도시를 두 가지 측면에서 살펴보고자 한다. 이전 장에서 난민과 관광객을 나란히 비교했듯이, 여기서는 글로벌 사우스의 비공식부문informal sector과 글로벌 노스의 고도로 분화된 도시를 비교하고자 한다. 이렇게 하면 하나의 대상만을 살펴볼 때보다는 더 넓은 시야에서 과열현상을 바라볼 수 있을 것이다. 앞으로 진행될 논의의 바탕이 될 두 가지 질문을 던졌다. 하나는 도시의 과열현상이 만들어낸 유연성에 관한 질문, 다른 하나는 서로 다른 유형과 층위의 스케일이 충돌하는 과정에 대한 질문이다.

비공식성: 유연한 과열현상

경제의 비공식부문을 발견하고 관련 이론을 정립하는데 일생을 바친 인류학자가 있다. 1970년대 초반 가나의 야외 시장을 현지조사 중이었던 키스 하트Keith Hart는, 그곳에서의 거래가 대부분 물물교환이나 선물과 같이 경제학계에서 일반적으로

그림 5-2 아프리카 도시화 전망(1950~2050년)

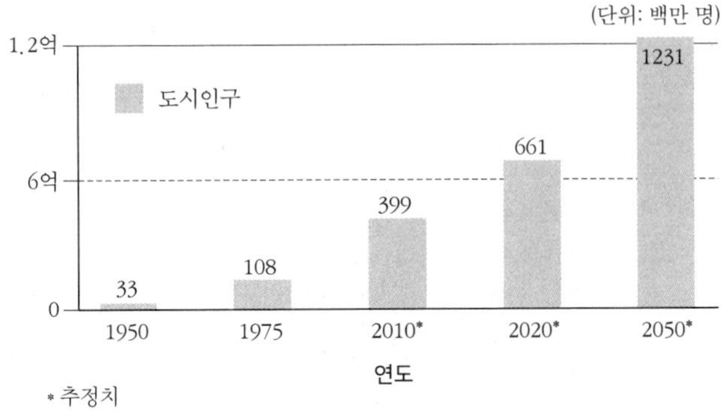

※ 출처: UN(2014)

받아들여지지 않는 형태로 이루어진다는 사실에 충격을 받았다. 금전등록기도 없었고 영수증을 써주지도 않았고 세금계산서를 발행하지도 않았다. 토고에서 밀수된 가방과 신발들, 오렌지 상자, 위스키 박스처럼 출처가 의심스러운 물건이 있어도 경찰관은 아무것도 묻지 않았다. 아마 입을 다물어주는 대가로 이미 무엇인가를 받았으리라. 바꿔 말하면 그곳에는 UN과 국제적 NGO의 눈을 피해 작동하며, 국가 GDP 통계나 개발업체의 지출 내역에 기록되지 않는 거대하고 다양한 '지하 경제'가 있다는 뜻이다.

물론 경제학자를 비롯해 몇몇 학계에서는 이른바 '블랙 이코노미Black Economy'의 존재를 오래전부터 알고 있었다. 그러나 하트의 연구(1973)는 거기서 한 걸음 더 나아가 가나와 같은 나라에서는 지하경제 또는 비공식부문이 한 국가의 경제에서 상당한 부분을 차지할 뿐 아니라 경제성장에 관한 통계 수치는 그런 나라의 실제 경제상황을 잘 반영하지 못하고 있음을 보여주었다. 또한 비공식부문에서 이루어지는 거래를 보다 넓은 사회적 분석에 끌어들임으로써 좁은 의미의 경제학에 견줘 경제인류학이 가질 수 있는 강점을 잘 보여주었다. 경제적 활동은 사회적 구조라는 직조물 사이에 촘촘히 박혀 있어 그 둘을 떼어놓고 생각할 수 없다는 사실도 보여주었다. 개인의 부채, 대출, 선물, 기존 평판, 신용 창출, 명예와 불명예, 안정성 확보의 여부, 채무 관계망 등은 그 개인이 도움을 필요로 할 때 가야 할 곳과 가지 말아야 할 곳을 알려주는 지표가 된다. 공식부문의 경제에는 이러한 요소들이 부족하다. 적어도 원칙적으로는 공식부문의 경제가 모더니티의 특성인 제도적으로 분화된 사회적 삶에서 비롯되는 경제행위에만 기여하는 한은 그러하다. 하트가 비공식부문에 대한 연구에서 주로 보여준 것은, 아프리카가 아직도 현대화되지 않았다는 이야기가 아니다. 오히려 사회의 공식적 · 비공식적 부문을 구분하는 현대의 기준이 인공적이며 사회의 기본적인 논리(삶의 모든 측면이 그러하듯이 경제에도 도덕적 가치판단은 배어 있다)와 반대된다는 점이다. 어쨌든 공식부문의 경제도 기능하기 위해서는 비공식적인 요소를 필요로 한다. 예를 들면 개인 간의 신뢰, 비공식적 합의, 뜻밖의 크리스마스 선물 등 이른바 '기름칠'이 되어주는 것들로서 시스템의 유연성을 높여주는 요소들이다.

앞에서도 주장했듯이 도시의 과열현상에서 중요한 문제는

인구 증가에 발맞춰 늘어나지 못하고 정체된 기반시설이다. 또 다른 문제는 생계유지를 고도화된 복잡한 시스템에 의존하기 때문에 발생한 취약점으로, 작은 연결고리 하나만 무너져도 전체 시스템이 멈춰버릴 가능성이다. 지금도 확장 중인 메가시티의 시스템 유지에 필수적인 플랜테이션 영농만 보아도 석유 수급이 부족해지면 생산과 공급 모두에 치명적 영향을 받는다. 화학 비료 제작에 필수인 인산염이 다 떨어지거나, 열대지방 전역의 바나나가 공통으로 걸리는 시가토카Black sigatoka병처럼 식물 전염병이 돌기 시작해도 마찬가지다. 단일 품종을 큰 스케일로 재배하는 플랜테이션 농업과 열대지방의 전통적 소농의 농업을 비교해보면, 스케일의 확대가 유연성을 감소시키는 경향이 있다는 사실을 분명하게 알 수 있다.

소농은 가족의 생계에 필요한 식량을 생산해낼 뿐 아니라 잉여 생산품을 시장에 팔기도 한다. 또한 다양한 작물을 조금씩 생산해 생존의 수단으로 삼는다. 가령 옥수수가 병에 걸려도 콩을 길러 먹고 살 수 있다. 이에 비해 단일품종재배에 기반을 둔 플랜테이션 농업은 회복력과 적응력이 떨어진다. 가뭄이나 가격 폭락 혹은 전염병이 생기면 하나밖에 없는 생산품의 가치가 하락해버리기 때문이다. 어쩌면 비공식부문의 경제도 이러한 소농과 같다고 볼 수 있지 않을까? 그리고 대규모 전력망에 기반을 둔 고에너지의 안정적인 공급에 의존해야 하고, 모든 것이 시간에 딱딱 맞춰 돌아가야 하는 경직된 공식부문은 생산성은 높지만 유연성이 떨어지는 플랜테이션 농업과 비슷하지 않은가? 이러한 가정은 단순한 학문적 호기심이나 귀추법에 따른 논리실험이 아니다. 유연성이란 어떤 일을 다른 방식으로도 수행할 수 있는 능력을 나타내기 때문에, 모든 스케일에서 개인의 삶과 공동체와 사회가 얼마만큼의 유연성을 보여주는지는 중요한 문제다. 특히 급격히 성장하는 도시의 경우, 시스템적 차원에서 유연성이 크게 제한되는 취약점이 발생할 수 있다. (이 글을 쓰고 있는 지금, 인구 7백만의 도시 방콕에서 높은 물 소비량과 몇 해 동안 계속된 장마전선의 약화로 인해 점점 담수가 고갈되고 있다는 뉴스가 들려왔다.)

유연성은 어느 한 영역에서 증가하면 다른 영역에서는 떨어지는 경향이 있으며 그 반대도 마찬가지다. 이 점에 비춰볼 때 비공식부문은 대단히 흥미롭다. 구텐베르크의 위대한 발명으로 정보 전달의 영역에서 유연성이 증대되었다. 그러나 언어적 변이의 영역은 유연성을 상실했으며(방언의 표준화), 각 지역에 내재된 경험에 근거한 세계관도 사라짐에 따라 지식은 고착화되고 외면화外面化되었다. 자동차도 도시 외 지역민들의 공간적 유연성을 크게 높여주었지만 반면에 지역적 유연성을 떨어뜨렸다. 자동차는 그들이 지역적 한계에서 벗어날 수 있게 해주었지만, 그들이 지금까지 의존해왔던 이웃과의 도덕적 유대관계를 느슨하게 만들었다. 전화도 비슷한 효과를 불러왔다.

얼마나 많은 사람들이 비공식부문의 경제, 즉 물물교환과 화폐거래를 포함해 경제활동으로 정의내릴 수 있는 행위지만 공식부문의 경제활동으로는 집계되지 않는 일에 종사하고 있는지는 알 수 없다. 다만 비공식부문의 경제활동에 참여하는 사람이 공식부문의 참여자보다 많은 나라가 적지 않다고 한다(ILO 2014). 지역 노동시장의 동향에 따라 공식과 비공식부문을 왔다갔다하는 사람들도 있다. 원칙적으로는 공식부문에 속하는 경제활동(제조업 같은)에 비공식적 형태의 일자리로 참여하는 사람도 있다. 생계를 위해 비공식적 식량생산을 병행하는 이도 있다. 그러나 어떤 이들은 공식부문에 속해 있던 자신의 직업이 비공식부문으로 떨어지기도 한다. 안정적인 고용과 즉각적인 생존 사이에 존재하는 이 유동적인 회색지대를 설명하는 데에는 새롭게 떠오른 개념인 프레카리아트가 특히 유용하다(Standing 2011). 프레카리아트적인 불안정한 노동은 일반적으로 공식부문에 속하지만 불안정하고 일시적이며 영속성을 전혀 보장하지 못한다. 불안정한 노동이 전 세계 공통의 현상이 되어가는 가운데, 글로벌 사우스에서는 도시지역의 확대와 함께 비공식부문도 빠르게 증가하고 있다.

가나에서 하트가 연구했던 비공식 경제는 인류학자들에게는 익숙한 것이었고, 글로벌 사우스에만 존재하는 것도 아니었다. 아마도 세계에서 가장 비공식부문 경제의 영역이 적은 나라일 노르웨이에도 유럽의 다른 나라에서 건너온 담배와 술을 밀거래하는 시장이 번성하고 있다. 목수나 페인트 공에게 일을 요청할 때는 종종 영수증 처리여부를 따로 확인받기도 한다. 성매매나 마약거래가 아니더라도 많은 상품과 서비스가 이처럼 세금을 절약하기 위해 아무런 기록도 없이 교환되고 유통되고 있다. 그래도 공식 경제가 주도적인 사회에서는 이러한 비공식부문의 경제를 일종의 예외로 취급하는 편이다. 그러나 모든 경제적 행위와 네트워크와 전 시스템이 완전히 비공식부문에만 의존하고 있는 사회에서는 이야기가 다르다. 이러한 상황은 아프리카의 시장은 물론 수많은 도시의 몸집을 불리는데 공헌하고 있는 광범위한 무허가 주거지에도 해당한다. 복지국가가 아닌 나라의 도시에서 빈민으로 사는 자의 물질적 재생산 수단은 따지고 보면 거의 비공식적인 것이다. 그들은 그러한 상황 속에서 살아갈 길을 찾는다. 소년들은 넓은 주차장에서 차를 찾아주고 동전 한두 개를 받거나, 신호대기 중인 차량 운전자에게 볼펜 따위를 팔거나 한다. 때로는 작은 구멍가게를 하는 형을 도와 심부름을 하기도 한다. 여성들은 미용사가 되기도 하고, 채소나 마리화나를 재배해 팔기도 하고, 매춘을 하거나, 좌판에서 밀수품을 팔기도 한다. 남성은 주로 관광객을 돕고 돈을 받거나, 밀수 위스키를 팔기도 하고, 쓰레기장에서 먹을 만한 음식이나 쓸 만한 물건을 뒤지거나, 빈병을 모으기도 하고, 도둑질을 하기도 하고, 차량 수리나 세차 일을 하기도 한다. 그 외에도 이들이 하는 비공식적 경제행위는 많다. 글로벌 사우스 도시빈민의 삶이란 대체로 즉각적인 생존을 위한 삶이다. 위태롭지만 엄청난 유연성을 가진 삶이다. 수도가 끊기더라도 물을 얻기 위해 아는 사람에게 부탁할 수도 있고, 하루 이틀 정도는 씻지 않고 살 수 있다. 전기가 끊겨도 크게 상관없다. 애초부터 전기에 의존해 생계를 유지하지 않았기 때문이다. 관광객이 없는 날에는 자신만의 작은 농장에서 농작물을 돌보면 된다.

비공식부문에 관한 가장 매력적인 설명을 보여주는 책으로는 대륙 간의 비공식 무역에 관한 여러 인류학자의 연구를 모은 『세계의 또 다른 경제*The World's other Economy*』(Mathews et al. 2012)가 있다. 이 책은 중국 도매상, 두바이나 샌디에이고 같은 허브 지역, 소매상, 소비자 등 폭넓은 대상을 다루고 있다. 신新실크로드를 움직이는 사람들과 그들의 목표와 꿈을 따라가 본 연구(Pliez 2012), 아프리카 무역상들이 전자제품과 휴대전화를 저렴한 값에 사가는 홍콩 충칭맨션의 미로를 파헤친 연구(Mathews 2012), 멕시코의 불법복제 CD산업을 추적한 연구(Aquiar 2012), 인도 콜카타 지역의 연구(Bandyopadhyay 2012) 등 여러 사례연구를 통해 과열된 세계에 대한 대안적 이미지를 제시한다. 이 책은 큰 스케일의 기반시설 확장 사업, 초국적 광산업 및 농업, 국제적인 기후협약, 전 세계에 영향력과 체인점을 늘려가고 있는 스타벅스나 애플 같은 브랜드에 대해 논의하지 않는다. 대신 아래로부터의 세계화 또는 '풀뿌리 세계화'를 다룬다(Ribeiro 2006). 이는 세계의 연결성을 지속적으로 강화하는데 기여하며 긍정적인 과열현상을 불러오는 세계화다. 이를 통해 더 다루기 쉽고 저렴한 이동수단, 더 풍부하고 저렴한 (불법적으로 만들어진 상품일수록 저렴하다) 상품이 나온다. 도시가 성장함으로써 가짜 레이벤 선글라스와 저렴한 스마트폰을 살 수 있는 사람이 많아지게 되면, 더 많은 상인들이 이윤을 남기기 위해 국경을 넘나들며 도매상과 물건값을 흥정하게 될 것이다.

중국 이우義烏와 이집트 카이로 사이의 무역 루트를 다룬 장에서 플리에즈(Pliez 2012)는 이집트 국민의 계층을 다음과 같이 나누었다. 가장 부유한 계층은 350만 명 정도로, 이들은 오리지널 브랜드를 소비하고 이스탄불과 두바이 등지를 여행하며 카이로에서 가장 비싼 쇼핑몰을 이용한다. 중위 계층은 1,500만 명으로, 이들은 비싸지는 않아도 대체로 공식부문의 경제에 속하는 상품을 구매한다. 이보다 아래의 4천만 명은 "이집트의 질 낮은 의류를 대신해 아시아의 상품이 장악한 저가의류 시장의 거대한 소비자 그룹을 형성하는(Pliez 2012, 22)" 이들이다. 마지막으로 이집트 사회의 최하층에는 불법복제품이나 밀수품조차도 살 수 없을 정도로 가난한 4천만 명의 사람들이 있다.

비록 노동자 계층의 구매력이 상위 계층에 비해 상당히 떨어지기는 해도 그들은 저렴한 상품을 소비할 여력을 갖추고 있으며 그 수가 매우 많다.

비공식부문에서 이루어지는 작은 스케일의 도시 무역은 실제로 세계적 무역 네트워크에서 상당한 부분을 차지하고 있다. 광저우에 상주하는 아프리카인의 수는 여러 개의 아프리카 식당이 영업을 유지하고, '초콜렛 시티' 혹은 심한 말로 '리틀 할렘'이라 불리는 그들만의 구역까지 확보할 정도가 된다. 이우에도 중동 무역상이 선호하는 '무슬림 거리'가 따로 있다.

멕시코 도시에서는 불법복제 CD/DVD 시장이 번성하고 있다. 공디스크는 주로 중국에서 이민 온 사업자나 멕시코 기업체(범죄 신디케이트라고 불러도 무방하다)가 중국이나 미국에서 밀수해온다. 하루 350장의 CD/DVD를 복사할 수 있는 컴퓨터(이것도 주로 중국에서 수입된다)를 가진 업자들이 이 공디스크를 구매해 복제품을 만들고 그럴싸한 컬러 표지와 함께 소매상들에게 넘긴다. 그러나 복제에 필요한 원본은 따로 구해야 한다. 주로 제작사에서 합법적이지 않은 방법으로 원본을 구입하며, 대개는 개봉 혹은 공개되기 이전에 유출된 것들이다. 반면 그 시스템은 국경 없는 세상과는 거리가 멀다. 사실 국경은 중국 상품이 세계 여러 나라로 나가지 못하게 막는 장애물이기도 하지만, 동시에 밀무역상의 이익을 위해서 필요한 것이기도 하다. 이들은 국경 없는 세계에는 관심이 없다. 1990년대 북미자유무역협정NAFTA의 결과로 미국과 멕시코의 국경이 완화되어 상품을 합법적으로 들여올 수 있게 되자 두 국가 사이의 비공식 무역은 고사되었다. 그때에 맞춰 저렴한 중국산 상품이 합법적 불법적 경로 모두를 통해 시장에 들어왔다. 중국 상품이 수입되기 시작하자 그 것을 위한 새로운 연결망이 즉각 만들어졌다.

밀무역을 하다가 국경에서 물건을 빼앗기거나, 경찰의 습격을 받거나, 벌금형이나 징역형에 처해질 위험은 대체로 해당 조직의 크기에 반비례한다. 강력한 사업가(혹은 마피아)는 작은 행상인이나 복제CD 제작자와 달리 커넥션을 형성하고 많은 뇌물을 지불할 능력이 있다. 중국의 복제품 제조업자부터 멕시코에서 스카프를 파는 행상인까지, 위험을 감수한 채 비공식 무역에 참여하는 사람들은 여전히 많다. 그들 중 대다수는 법의 테두리 안쪽과 바깥 사이의 중간 지점을 찾아낸다. 글로벌 노스의 밀무역 시장에서는 행상인들이 임대료와 세금까지 내는 경우도 있지만, 취급하는 상품은 으레 밀수품이거나 불법복제품(일부 무역상들은 '레플리카'라고 부르기를 선호한다)이다.

매튜스와 베가는 책의 서문에서 다음과 같이 묻고 답했다. "루이비통의 복제품을 파는 것은 부도덕한가? 그렇다고 할 수도 있다. 루이비통이 창작 디자인으로 얻는 수익을 뺏는 일이니까. 하지만 아니라고 할 수도 있다. 그 복제품을 사는 세계의 가난한 사람들은 어차피 대부분 오리지널 루이비통을 살래야 살 수 없기 때문이다(Mathews and Vega 2012, 9)." 질 낮은 저렴한 복제품은 그들이 세계적 소비주의에 동참할 수 있게 해주며, 사는 사람들도 애초에 제품에 큰 기대를 걸지 않는다.

'아래로부터의 세계화'에 종사하는 사람 중 일부는 다음과 같이 반문하기도 한다. 만약 비공식부문의 무역이 없었더라면, 이처럼 '더 좋은 신자유주의', 즉 힘 있는 기업들만이 글로벌 소비주의의 이득을 가져가는 것이 아니라 작은 무역상과 소규모 제작자들도 똑같이 그 혜택을 (비록 규모는 좀 작아도) 가져가는 자유무역체제는 가능하지 않았을 것이라고. 비공식부문의 무역이 새로운 틈새시장을 개발하고, 전 세계 수백만의 비특권계층을 대상으로 적절한 소비주의를 촉진시킨 것은 분명하다. 또한 아바나 길거리에서 팔리는 밀수 담배부터 리바이스 청바지의 복제품에 이르는 많은 상품은 비공식부문이 없었더라면, 소비자들에게 선택의 기회로 제공조차 되지 않았을 것이며, 그 사업에 종사하는 수백만의 사람들도 실업자가 되었을 수 있다.

주류 경제개발 이론가 중 일부는 비공식부문도 언젠가는 공식화될 것이라고 주장한다. 일례로 경제학자 에르난도 데 소토(Hernando de Soto Polar 2007)는 슬럼가 주민의 판잣집을 공식적으로 인정해주면 그들에게도 대출을 받고 소규모 투자를 할 수 있는 능력이 생기고 지위가 상승할 수 있다고 한 주장으로 유명하다. 또한 그라민 은행Grameen Bank의 설립자이자 노벨 평화상 수상자인 무하마드 유누스Mohammad Yunus는 소액대출이 풀뿌리 경제를 합법적 영역으로 끌어올 수 있다고 믿는다(Mathews and Vega 2012, 13). 그러나 현대 도시인구의 막대한 성장과, 상품의 초국적 이동을 제한하는 재정정책의 지속과, 국가 내부 및 국가 간에 존재하는 거대한 불평등을 고려하면 이러한 일은 그다지 일어날 것 같지 않다. 비공식적인 서비스업, 가내수공업, 저임금 노동착취 공장의 생산품 등과 같은 비공식부문의 경제활동은 유연성과 회복탄력성이 크고 다양한 용도에 적용될 수 있다. 투자금도 크지 않고, 위험부담도 수백만의 소규모 사업자들에게 분산된다. 미국에서 들여오는 수입품 시장이 감소하자 멕시코 상인들은 중국으로 발길을 돌렸다. 그들은 과거 티후아나Tijuana의 국경지대에서 일명 '파유카 오르미가

fayuca hormiga', 다른 말로 개미무역상을 통해 미국에서 들여오던 물건을 중국에서 들여오기 시작했다. 행상을 하다가 쫓겨나면 다른 자리를 찾고, 찾지 못하면 다시 돌아오기도 한다. 비공식 무역업자가 파산해도 개인 차원에서 그칠 뿐 시스템에는 아무런 영향이 없다. 또한 작은 무역업자는 큰 회사에 비해 다시 처음부터 사업을 시작하기도 쉽다. 정부는 종종 슬럼가를 철거하곤 하지만 곧 다시 생겨난다. 슬럼가를 다시 세우는데 투입되는 노동력은 제한적이지만 건축 재료는 상황에 맞춰 유연하게 선택할 수 있다.

논리적으로는 비공식부문의 경제는 그 존재를 공식부문에 의존하고 있지만, 공식부문은 비공식부문을 필요로 하지 않는 것처럼 보인다. 그러나 나는 이런 시선에 반론을 제기한다. 폭증하고 있는 글로벌 사우스 도시는 내부적으로 사회적 불평등이 심각하며, 그 시민 대다수는 공식적인 노동시장에의 진입이 제한되어 있다. 이러한 상황을 고려할 때, 비공식부문의 경제가 없었다면 그 도시들이 살아남기는 어려웠다고 본다. 필리핀에도 있고 방글라데시에도 있는 가짜 아이폰이나 청바지의 제작자는 자신의 생계를 비공식성에 의존하고 있다. 순수한 수익률의 관점에서 보자면, 미국 경제는 꾸준히 유입되는 비공식 노동력에 의존해 왔다는 논쟁이 있다(Harris 2002). 비공식 노동력은 임금이 저렴한데다가 기본적으로 고용에 관련된 세금을 물지 않아도 되기 때문이다. 무역, 소매, 제조, 서비스 등 여러 영역에서 비공식부문은 공식부문에 비해 새로운 노동력을 수용하거나 다른 영역으로 전환할 때 더 강한 유연성을 발휘한다. 도시에서 비공식부문이 성장한다면, 그 도시는 과열현상이 진행되고 있으며 심하면 폭주에 이를 수 있는 도시라는 의미다. 초국적인 소규모 비공식 무역의 증가는 생태학적 지속가능성과는 거리가 먼 산업의 성장에 의존한다. 그러나 현대 도시의 맥락에서 보자면 그것은 공식부문의 틈새를 메꿔주고, 일자리를 제공하며, 눈에 보이지는 않지만 분명히 존재하는 수백만 명의 현실적 요구를 공식과 비공식부문 모두에서 만족시켜준다. 비공식부문은 글로벌 사우스 지역에서 점점 증가하는 광역도시권의 적응력과 유연성을 강화시켜준다.

그러나 무엇보다 중요한 것은 복잡화된 사회는 비공식성으로만 유지되지 않는다는 점이다. 비록 꽤 많은 사람들이 풀타임 또는 파트타임으로 비공식부문에 참여하고 있다 하더라도, 그것만으로는 공동의 이익 창출이 가능한 큰 스케일의 시스템을 구성하지는 못한다. 비공식적 영역은 기본적으로 복잡화된 사회에 필요한 기반시설, 즉 전력망이나 학교, 도로, 경찰 등에 대해 비용을 지불하지 않는다. 반면 오늘날 도시에서 완전한 비공식의 영역에 속하는 수백만 명의 사람들은 거주지도 수입도 비공식적이며 국가로부터 받는 혜택은 없는 것이나 다름없다. 뿐만 아니라 공식적 영역 안에서 그럭저럭 살아가고 있는 시민은 자신들이 제공하는 사회 기반시설을 함께 사용하는 '잉여 인구'를 필요로 하지 않는다. 사실 비공식부문은 대체로 공식부문의 성장에 위협이 된다. 『풀뿌리 세계화』에서 주로 다룬 대상인 중국에서 수입되는 품목들은 사실 대부분 공식적 영역에서도 생산하고 또 생계를 의존하고 있는 물건들이었음을 유념해야 한다. 엘리자베스 쇼버(개인적 대화)가 지적했듯이, 비공식 무역은 자주 공식부문에 대한 투자가 진행된 이후에 따라온다. 일례로 쇼버는 필리핀에서 한국 기업의 해외직접투자FDI가 몰려들어오자, "대자본이 길을 닦아놓은 영역에서 작은 기회를 얻기 위해 찾아온 한국인이 많아졌다."고 이야기했다. 그러므로 공식부문과 비공식부문은 동전의 양면이며, 21세기 초반의 과열된 도시의 특성을 구성하는 상호 보완적인 구성요소라 할 수 있다. 현재 상황으로 보아 당분간은 공식부문과 비공식부문 모두 필요할 것이다. 그러나 이는 결코 비공식부문이 아무런 문제를 일으키지 않는다는 뜻이 아니다. 또한 아무런 안전장치 없는 불안한 삶으로 내몰리는 비공식부문의 종사자만을 위한 이야기도 아니다. 이동성을 논한 4장의 결론에서 발리의 예를 들어 개인의 부는 증가하지만 공적 영역의 삶은 악화되는 사회의 사례를 보여주었다. 발리에는 전보다 더 많은 사람들이 자동차와 오토바이를 살 수 있게 되었지만 대중교통은 불규칙적이고 불만족스러워졌다. 하지만 정부는 인구와 활동량의 증가에 발맞춰 사회기반시설과 공공서비스를 확충할 능력이 없다. 비공식성은 이와 유사한 방식으로 공적 영역의 영향력을 감소시키고 약화시키는 결과를 초래한다.

초다양성의 도시

도시의 성장이 가속화되고 비공식성을 띠게 된 이유는 주로 글로벌 사우스 도시의 무분별한 확장과 관련이 있다. 동시에 가속화된 변화가 초래하는 심각한 사상적 · 정치적 갈등은 글로벌 노스 지역에서도 일어나고 있다. 글로벌 노스 도시인구의 수치상 증가세는 낮지만, 인구통계학적 구성은 20세기 중반부터 눈에 띄게 변화했다. 또한 앞서 설명했던 다른 과열 경향들과 함께 개발속도도 최근 몇십 년 사이 더욱 빨라졌다. 여기서는 주로 오슬로와 노르웨이의 사례를 논하고자 한다. 베를린, 런던, 스톡홀름을 대상으로도 할 수 있지만, 오슬로가 특히 흥미로운 몇 가지 이유가 있다.

내가 처음 스티븐 버토벡Steven Vertovec의 '초다양성Superdiversity' 개념을 알게 된 것은 2006년 오슬로 대학의 세미나가 끝난 뒤, 그 세미나의 진행자였던 버토벡 교수와 한잔 마시러 간 자리에서였다. 버토벡은 "과거의 이민자는 출신 지역과 목적지가 거의 한두 군데로 정해져 있었다. 반면 지금은 아주 다양한 지역에서 이민자가 발생하며 목적지도 상당히 다양하다."는 이야기를 했다. 계속해서 런던을 예로 들어 설명했는데, 새로운 이민자 그룹에서 가장 높은 비율을 차지하는 사람들은 기존에 영연방과 어떠한 관계도 없었던 사람들이며, 도시 안에서 특정 구역에 모여 살지 않으며 사용하는 언어의 종류가 당황스러울

그림 5-3 노르웨이 이민자 인구(1970~2014년)

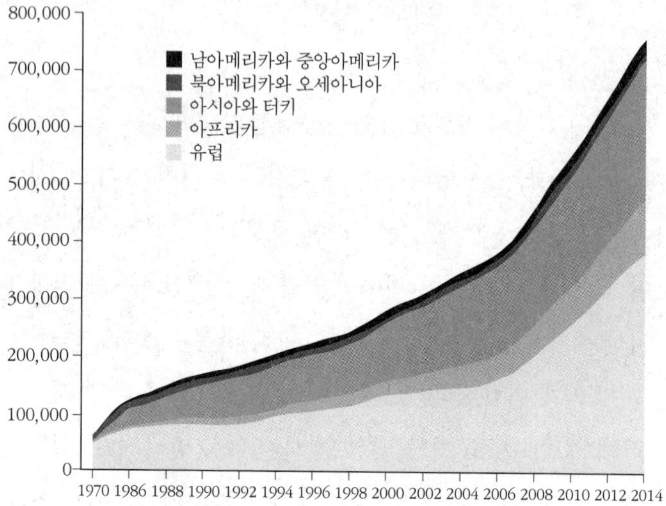

※ 출처: 노르웨이 통계청(2015)

정도로 다양하다고(내 기억이 맞는다면 300종이었다) 했다. 1년 뒤 그는 다양성이 한층 더 다양하게 분화된 도시의 상황을 정리한 글을 발표했고, 그 글은 현재 초다양성에 관한 유명한 논문이 되었다(Vertovec 2007).

버토벡 교수와의 대화 후, 나는 집에 돌아와 내 고향의 최근 인구 통계를 살펴보았다. 오슬로시를 구성하고 있는 16개 자치구 중 공식적으로 가장 인종 다양성이 높은 자치구에 등록된 주 사용언어의 수는 148종이었다. 런던이 초다양성의 도시가 된 것은 분명하다. 그러나 유럽 끝자락에 있는 작은 도시도 이 정도의 초다양성을 가졌음을 고려하면 세계 최고의 국제도시가 그 정도의 초다양성을 지닌 것은 크게 놀랄만한 일도 아니다.

초다양성은 이민자의 수가 증가하고 출신 지역이 다양해진다는 것만을 의미하지 않는다. 오히려 그것은 중요한 내용도 아니다. 초다양성은 그 도시의 인구가 예전보다 더 많은 이동성을 지녔고, 성격을 규정하기 어려워졌고 변화의 폭이 커졌음을 의미한다. 나는 노르웨이의 새로운 문화적 다양성에 관한 조사연구(CULCOM 2004~2010년)를 진행하면서 여러 폴란드 노동자에게 앞으로의 계획에 대해 물었지만, 대다수는 자신이 얼마나 오래 이 나라에 머물 계획인지 정확하게 답하지 못했다. 가장 전형적인 대답은 "내 고용 계약은 4개월 후에 끝나요. 계약 갱신이 되지 않으면 독일이나 영국으로 갈 것이고, 그것도 여의치 않다면 폴란드로 돌아가야지요."였다(Eriksen 2010). 노르웨이 에어라인과 라이언에어Ryanair*는 폴란드 노동자들이 노르웨이에서 일하는 동안 고향에서의 생활을 유지할 수 있도록 7개의 폴란드 도시로 향하는 저렴한 직항 노선을 운영 중이다. 달리 말하자면 그들은 이민자도 이민자가 아닌 것도 아닌 상태다. 폴란드인은 소말리아, 파키스탄, 스웨덴 출신을 제치고 공식적으로 노르웨이에서 가장 큰 이민자 집단이 되었다(수년간 1위는 파키스탄과 스웨덴이었다). 하지만 노르웨이에 살면서도 공식적으로 노르웨이로 주소를 옮기지 않았고, 앞으로도 옮길 예정이 없는 폴란드인이 그 외에도 수만 명 더 있다. 초다

* 유럽의 대표적 저가항공사.

양성의 도시에서 이민자의 사회구조적 위치는 무척 다양하다. 오래전에 노동 이민을 온 자와 그 후손들도 있고, 난민과 난민의 자녀들도 있다. 학업을 마친 뒤에 눌러앉은 학생도 있고, 휴가차 놀러왔다가 집에 가는 법을 잊은 듯 보이는 여행자도 있고, 여행하러 왔다가 비공식부문의 일자리를 찾은 사람도 있고, 노르웨이 시민과 결혼한 외국인도 있고(이 그룹은 다시 두 부류로 나눌 수 있다. 하나는 노르웨이 남자와 결혼한 러시아, 타일랜드, 필리핀 여성이고, 다른 하나는 파키스탄-노르웨이인 배우자를 찾아온 파키스탄 남녀다), 망명신청을 했다가 거절당한 뒤 숨어든 사람들도 있고, 가게에서 아르바이트를 하며 모은 돈으로 학비나 남미 여행 자금을 마련하는 스웨덴 젊은이들도 있고, 고국에서보다 쉽게 일자리를 구할 수 있어서 노르웨이를 찾은 독일 의사도 있고, 문화적으로도 잘 맞으면서 대지의 드넓음을 만끽할 수 있는 장소를 찾아온 네덜란드 이민자도 간간히 있다. 얀 블롬마에트(Jan Blommaert 2010)가 보여주었듯이, 초다양성은 문화적으로 복잡한 세계를 만들어낼 뿐 아니라, 주 사용언어의 다양성도 빠른 속도로 늘려간다. 이는 새롭게 정착한 이민자들과 기존 거주민들 간의 커뮤니케이션을 위해서다. 일례로 블롬마에트의 고향 벨기에서는 일반적으로 네덜란드어와 프랑스어와 영어를 모두 사용한다. 또한 초다양성 도시에는 일시적 이민이 많다. 21세기 이후 노르웨이에 들어오는 순 이민자의 수는 폭증했지만, 나가는 이민자의 수 역시 상당히 증가했다.

초다양성보다는 오래되었지만, 니나 글릭 쉴러(Nina Glick Schiller et al. 1995)의 '트랜스마이그레이션Transmigration' 개념이 있다. 이는 사회적 의무와 상호보완적이면서도 자주 충돌하는 이민자들의 경험에 주목한 개념으로, 이민자들은 자신들이 영속적인 '리미널리티liminality'* 상태에 처해 있음을 자각하고 있다. 이들의 이주는 단순히 새로운 사회에 완전히 동화되는 것이 아니라 고향 및 출신 사회와의 지속적인 관계맺음과 참여와 동시에 진행된다. 미국에 이민 온 유럽 이민자들이 한두 세대 이후에 보였던 모습과 유사하다. 이러한 행위는 초국적인 의무와 관습의 네트워크를 통해서 이루어지는데, 이는 구식의 국경국가 체제를 더욱 복잡하게 만든다. 마지막으로 이주자들의 초다양성 공동체 또한 시민권의 시선에서 이해되어야 함을 잊지 말아야 한다(이에 관한 인류학자의 논의는 Lazar 2014 참조). 이는 포함과 배제의 문제에 국가가 적법함과 바람직함이라는 가치를 기준으로 행사하는 영향력을 중요하게 보는 관점으로, 초다양성 공동체 관련 논의의 차원을 한 단계 더 깊게 한다.

도시에 새로운 역동성이 생겨나는 것은 인구통계학자들에

---

* 반 게넵이 창시하고 빅터 터너에 의해 정립된 통과의례의 세 가지 과정, 즉 분리-전이-통합 중 전이轉移 단계의 특성을 규정하는 용어다(빅터 터너 지음, 박근원 옮김, 『의례의 과정』, 2005 참조). 명칭은 문턱을 의미하는 라틴어 līmen에서 유래했다. 기존의 세계에서 분리되어 있지만, 아직 새로운 세계로 통합되기 전인 이도 저도 아닌 상태betwixt and between, 즉 일종의 과도기적 상태를 뜻한다. 본래는 통과의례를 대상으로만 사용되었지만, 정치 · 문화 등 사회의 여러 변화를 탐구할 때 널리 사용되고 있다.

게는 악몽이 될 수 있지만, 인류학자에게는 새로운 희망이 될 수 있다. 노르웨이는 1980년대 후반부터 이민자들을 자석처럼 끌어들이고 있었고, 덕분에 오슬로는 더욱 흥미로운 도시가 되었다. 노르웨이의 이민 체제는 대부분의 서유럽 국가에 비해 그다지 후한 편이 아니다. 스웨덴보다도 관용이 부족한 편이며 2016년에는 시리아 난민에 대한 가혹한 처사로 많은 비판을 받았다. 그럼에도 석유로 인한 경제 부흥과 잘 발달된 복지제도 때문에 많은 이민자들이 찾고 있다.

1995년에는 20만 명의 이민자가 노르웨이에 들어왔다(당시 노르웨이 총 인구는 4,500만이었고, 현재는 5천만 이상이다). 20년 뒤 그 수치는 400% 이상 늘어난 80만(이민자 커플이 낳은 자녀 포함)이 되었다. 특별히 노르웨이만 이민자가 많이 증가한 것은 아니지만, 인구 비율로 따져봤을 때는 21세기 말 이후로 다른 북유럽 국가에 견줘 성장세가 가파른 것은 사실이다. 1970년대 소수의 이민자 그룹이 전체 인구에서 차지하는 비율은 2% 미만이었으나, 1995년에는 5%로 올랐고 2015년에는 13%가 되었다.

1960년대부터 복잡화된 도시에서 나타난 새로운 형태의 다문화와 민족적 다양성에 관한 연구가 시작된 이후, 세계 시민주의, 문화 융합, 이민자 집단의 내부적 틀어박히기, 인종적 갈등 등에 관한 의문이 공개적 · 비공개적으로 제기되어 왔다.

이주민과 도시의 복잡성 증가가 도시민 각각의 삶에 깊이 침투한 일은 '모든 면에서 우리와 닮지 않은 삶'에 대한 관용과 연민과 연대의식을 키워주었을까? 아니면 완강한 정체성 정치(민족주의, 종교적 근본주의, 인종주의 등)의 모습을 띤 강력한 반작용만 불러왔을 뿐인가? 어쩌면 쉽게 답할 수도 있을 것이다. 가속화된 세계화에 따른 도시의 다양성 증가는 문화적으로 분리된 사람들 간의 관계 형성과 대화를 조금 더 쉽게 만들었다. 그러나 한편으로는 기존에 서로 분리되어 있던 그룹 간에 갈등을 일으켰다. 각자의 고유성과 독립성, 때로는 역사적 뿌리까지 자극했다. 공동체의 강력한 정체성은 특별한 목적(경제적 정치적 존재적 목적)을 위해서만 발휘되어야 하며, 그렇지 않을 경우 이 세상은 온갖 종류의 운동으로 넘쳐나게 될 것이다. 또한 공동체의 정체성을 강조하다 보면 주류 사회의 소수자 그룹 혹은 다수의 일부분을 배제하게 될 수도 있다. 유럽국가의 네오네셔널리즘 성향의 단체 중에서도 헝가리의 '조빅Jobbik'이나 그리스의 '황금의 새벽Golden Dawn'은 가장 강경한 태도를 취하는 곳이다. 그러나 스웨덴의 민주당, 핀란드의 '참된 핀란드인True Finns', 노르웨이 진보당, 영국 독립당UKIP 등의 단체도 외국인에 대한 의심의 시선을 즐겨 사용한다. 이에 대한 동전의 양면은 일부 소수 민족이 그들만의 참호를 파고 내부로 틀어박히는 행태로, 특히 무슬림 집단에서 널리 퍼져 있다.

물론 다수를 차지한 그룹도 소수자 그룹도 타협과 공동의 가치와 상호 양보를 바탕으로 한 양극단 간의 중재가 이루어지기를 바란다. 그러나 전면적인 투쟁 외의 다른 길은 생각하지 않는 사람들도 있으며, 때로 이러한 상황을 문명의 충돌로 부르거나, 이교도에 맞서 신앙인으로서 마땅히 해야 할 싸움이라고 까지 칭하기도 한다.

이 모두는 잘 알려진 이야기다. 초다양성의 도시라고 해도 도시 내 모든 지역이 조화를 이루며 사는 것은 아니며, 오히려 모두 과열과 긴장의 상태에 있다고 봐야 할 것이다. 수잔 웨슨도르프(Susan Wessendorf 2014)의 런던 택시 연구에는 공적 공간에서 인종 · 문화 · 종교를 전면에 내세우지 않고 사람들과 어울리고 대화하는 법을 터득한 이웃 주민들에 대한 묘사가 있다. 초다양성에 대처하는 그들의 기술, 즉 자신에 대해 거의 아는 것이 없는 사람들과 지속적인 만남을 가져야 하는 영역에서 살아나가는 법을 배운 것이다. 이러한 사람들과 정극단의 지점에 있으며 분쟁적인 성향으로 유명한 소집단은(때로는 개인일 때도 있다) 폭력적일 뿐 아니라 대단히 많은 사람들에게 두려움과 불안감을 심어준다. 그러므로 이민과 초다양성이 특정한 집단 내부에서 이동성과 복잡성과 갈등의 고조, 즉 과열현상을 일으킬 때, 그 과열현상의 가장 극단적 형태의 표출은 그로 인한 '열 받음feel the heat'을 참지 못한 소수의 사람들로부터 나온다. 다른 유럽 도시들과 달리 오슬로는 최근까지도 이슬람 집단의 폭력을 경험한 적이 없다. 오히려 유럽에서 무슬림 이민자를 몰아내야 한다는 신념을 가진 극우 과격주의자가 2011년도에 77명을 살해한(그 중 대다수는 노르웨이 백인 10대였다)

비극적 사건이 있었다(Bangstad 2014; Eriksen 2014b). 이러한 세상에서는 군대나 대규모 동원이 없어도 상당한 피해가 발생할 수 있다. '위험 사회Risk Society'를 촉발하는 것은 실재하는 위험이 아니라 위험할지도 모른다는 인식이다(Beck 1992). 그리고 과열된 세계는 그 위험성과 취약함이 대단히 뚜렷하게 드러나고 있다고 여겨지는 사회다.

지극히 일반적인 관점에서 보자면 초다양성 도시의 등장은 일반적인 도시화와 마찬가지로 인류세의 결과로 여겨진다. 신자유주의와의 연관성은 커 보이지 않지만, 초국적 이동의 증가가 시장의 규제완화와 연관이 있다는 것은 명백하다. 이에 반해 매튜스는 비공식성을 논하는 글에서, 인구의 이동은 자본과 (신고된) 상품의 이동에 비해 강제적인 측면이 훨씬 크며, 모든 이민자가 환영받지 못한다는 사실도 잊지 말아야 한다고 했다(2012). 그러나 이러한 식의 경계선 만들기는 신자유주의의 방식과 일치한다. 이민은 그것이 다른 무엇도 아닌 경제적 이익을 따라 이루어지는 한 신자유주의 체제에서 권장되는 것이다. 물론 그렇다고 해서 모든 이민자가 경제적 이익을 제공한다는 뜻은 아니다. 비공식 거주지에 살면서 세금을 내지 않는 이민자도 많다. 이들 중 다수는 국제조약 등에 따라 망명신청이 받아들여진 자이기도 하다.

이민의 경제는 크게 두 가지 차원에서 벌어지는 '스케일의 충돌'로 분석할 수 있다. 첫 번째, 글로벌 스케일에서는 이민이 노동 가능한 인구와 소비와 생산을 증가시켜주기 때문에 세계 경제 차원에서 도움이 된다는 관점이 많았다. 그러나 결코 이에 해당하지 않는 국가들도 글로벌 사우스와 노스 양쪽 모두에 있다. 노르웨이처럼 복지와 공공서비스에 대한 정부 지출이 많은 나라에서는, 이민자는 내는 세금보다 받는 세금이 더 많기 때문에 경제적으로 전혀 도움이 되지 않는다는 주장이 항상 있었다. 반대로 글로벌 사우스 지역에서는 기업가적 마인드를 지닌 유능한 인재가 더 좋은 환경을 찾아 해외로 떠나는 이른바 '두뇌 유출Brain Drain' 현상에 불만이 많다. 즉 세계 경제 차원에는 이득이 된다 하더라도 그것이 개별 국가나 지역 공동체에게 꼭 좋지만은 않은 것이다.

두 번째, 주변 지역에 다인종의 이민자가 늘어나는 것은 일부 오래된 원주민에게는 대단한 스트레스가 될 수 있고, 이민자들이 국가에 반드시 도움이 되지 않을 수도 있다. 그러나 이민자의 입장에서는 나라를 옮겨온 것만으로도 대개 삶의 질이 개선된다. 적어도 이민자 개인과 그 개인과 교류하는 주변인의 차원에서는 그렇다. 이민자가 보내주는 송금액을 받는 고향의 가족들도 마찬가지다. 그러나 중간자적 입장에 처한 자의 인식적 스케일에서는 상황이 다르게 보일 수 있다. 유럽 각국에서 이민자를 둘러싼 논란은 어느 정도는 가치관의 차이에서 기인한다고 볼 수 있으나 사실은 인식적 스케일의 차이로 이해해야 한다. 이민자를 반대하는 사람들은 원주민이나 민족국가 등 공동체의 차원을 강조한다. 그러나 이민자를 지지하는 사람들은 인권과 사회정의의 관점에서 세계적인 불평등을 강조하고 이민자 개인과 그 가족의 차원에서 삶이 개선되는 것을 중시한다.

글로벌 노스 도시에서 이민으로 초다양성이 증가하는 상황도 폭주 프로세스에 해당한다고 볼 수 있을까? 이 글을 쓰는 시점에서 그 대답은 '아니다'이다. 폭주 프로세스는 영원한 성장이 불가능한 상황에서 성장엔진의 온도를 점검하고 조절하는 장치가 없어서 종국에는 급작스러운 거품붕괴를 맞이하는 것이 특징이다. 현재 부유한 국가들의 이민 체제는 국내법, 국경통제, 국제조약, 경계지역 치안 관리 등에 의해 통제를 받고 있다. 또한 비록 구멍이 있다고는 해도, 이민은 성장의 관점에서 논의되는 금융 시장과는 같지 않기 때문이다. 하지만 그럼에도 불구하고, 국경 통제가 효과적으로 작동하지 못하게 되고, 기후변화로 인해 삶의 조건이 참기 어려운 정도로 악화되고, 중동과 아프리카 인구의 대다수가 유럽으로 가기 위한 기회를 엿보는 상황이 오게 되면 필사적으로 삶의 여건을 개선시키기 위해 몰려오는 군중의 무리를 막을 수 없게 될 것이다. 앞으로 어떤 일이 벌어질지 아무도 상상하지 못한다.

그러나 일부 부유한 국가에서는 이민이 폭주 프로세스에 해당할 수 있다는 지표가 발견되고 있다. 바로 이민을 원인으로 생겨난 두 가지 형태의 극단적인 정체성 정치 간에 양극화가 심화되고 있기 때문이다. 극단적 민족주의자들은 무슬림 이민자를 비정상적으로 여기고 때로는 두려움의 대상으로 인식하며 그러한 이민자들에게 자신들의 국가가 점령당하는 것을 거부한다. 반대로 극단적인 무슬림들은 자신들의 종교가 세계를 지배하는 것을 최종적인 숭고한 목표로 여기고 신을 섬기지 않는 자들에 대항한다.

일상적인 세계시민주의를 즐기는 자들에 관한 연구에서는 초다양성의 도시에서 문화적으로 다양한 그룹을 수용하는 유연성이 극대화 될 수 있음을 보여주었다(Hall and Josephides 2013). 그러나 적대적인 정체성 정치가 평소에 막힘없이 잘 돌아가던 영역에 정체를 일으켜 큰 불편을 초래하게 되면, 대중사회에서 지니고 있던 그러한 유연성은 크게 감소할 수 있다. 민족주의자와 정치화된 무슬림들은 서로를 비난하는 경향이 있으며, 특히 갈등이 폭력으로 비화할 경우 그들은 손쉽게 사회 구성원의 대다수를 양극화로 몰아갈 수 있다.

도시는 이론적 정의상 정교한 노동 분화와 지위의 구별이라는 전제 위에 세워진 복합적이고 특수한 사회다. 또한 가정, 지자체, 공공서비스, 사회기반시설, 외부적 관계 등의 다양한 층위의 스케일이 복합적으로 조합된 구성체이며, 이러한 각각의 스케일이 일관되게 동일한 방향으로 성장해야 할 이유는 어디에도 없다. 이는 도시가 스케일의 충돌이 일어나는 주요한 지점이며, 머지않아 찾아오게 될 사회적 · 생태적 · 경제적 지속가능성의 위기를 해결해야 할 지점으로 여겨지는 주된 이유다. 그러나 보다 명확한 이유는 우리 인류의 대부분이 어쨌든 도시에 살고 있기 때문이다.

6

쓰레기

Waste

21세기의 첫 10년간, 나는 노르웨이에서 모더니티의 의도하지 못했던 부작용에 관한 4권의 책을 썼다(Eriksen 2001, 2004, 2008, 2011). 그중 첫 번째 저서인 『찰나의 폭압*Tyranny of the Moment*』만이 영어로 출간되었다. 다른 책을 번역하기에는 내가 너무 게을렀거나 바빴거나 둘 중 하나였을 것이다. 이들은 모두 하나의 주요한 패러독스 또는 이중구속을 중점적으로 다룬 저서였다. 『찰나의 폭압』은 최근의 풍부한 정보가 오히려 정보력을 저하시키는 현상에 대해 논의했다. 또한 컴퓨터나 휴대전화 같이 시간을 절약해주는 장치들이 오히려 시간을 부족하게 만들고 있으며, 세계의 부유층은 오히려 이 때문에 더 많은 스트레스를 받고 있음을 이야기했다. 이 주제에 관해서는 다음 장에서 다시 논의하겠다.

『Røtter og føtter』, 영어로는 'Roots and Boots(뿌리와 부츠)', 직역하면 'Roots and Feet(뿌리와 발걸음)'는 정체성의 역설을 다루며, 전통(뿌리)과 변화(부츠)의 이중성을 논했다. 세계화는 동일한 생산과 소비 시스템에 참여하는 인구를 점차로 늘려나가며 우리 모두를 여러 가지 측면에서 비슷하게 만들었고, 우리는 그 어느 때보다도 서로에 대해 잘 알게 되었다. 하지만 사람들은 어떻게 해서든 서로 달라지기 위해 노력했다. 일반적으로 인간은 서로 닮아갈수록 달라지기 위해 노력하는 법이다. 그러나 전 세계 모든 사람이 문화적 차이를 동일한 국제적 문법으로 표현하고 있는 지금은 서로 달라지기 위해 노력할수록 서로 비슷해지고 있다.

세 번째 책인 『Storeulvsyndromet』, '지크 늑대증후군The Zeke Wolf Syndrome'은 어린 시절에 보았던 도날드 덕 만화에 등장한 크고 나쁜 늑대Big Bad Wolf 지크 이야기에서 시작되었다. 지크는 근처에 살던 먹음직스러운 분홍돼지 세 마리를 잡아서 요리해 먹기 위해 몇 년을 노력한 끝에 결국 돼지들을 묶어서 자신의 오두막으로 끌고 오는데 성공한다. 하지만 냄비에 물을 끓이던 와중에 문득 무엇인가를 깨닫고 그 돼지들을 풀어주고 만다. 그것은 돼지를 쫓던 사냥행위 자체가 늑대에게는 삶의 의미였다는 깨달음이었다. 이 책은 행복과 좋은 삶에 관한 책으로 인생에서 가장 중요한 것은 우리가 중요하다고 생각하는 것, 아니 더 정확하게는 중요하다고 생각하려 노력하는 것과는 다르다는 이야기를 하고 있다. 중요한 것은 다른 사람과 좋은 관계를 맺는 일, 어떤 일에 공정하고 정당하게 도전하기, 내 노력에 대해 타인에게 좋은 평가를 받기 등이다.

마지막 네 번째 책은 이 시리즈 중에서 가장 명확한 소재를 대상으로 했지만, 집필에는 가장 오랜 시간이 걸린 책이다. 그

그림 6-1 세계 쓰레기 배출량 추정치(1990~2100년)

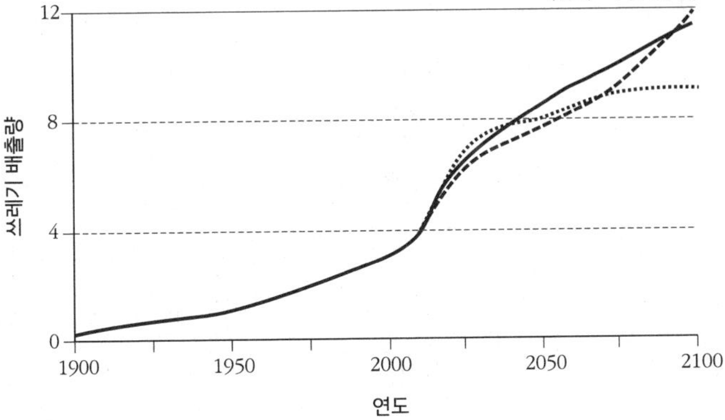

※ 출처: 스미스소니언 협회(2015)

이유는 날마다 이 주제에 관한 새로운 쓸거리가 쏟아져 나왔기 때문이다. 'Søppel(Waste)', 쓰레기는 누가 봐도 현대성의 부작용 가운데 가장 압도적이고 거대하고 냄새나는 대상이다. 바로 이 장에서 다룰 주제다.

쓰레기는 가속화된 변화의 부작용 가운데 가장 냄새나고 눈에 띄고 쉽게 인식되는 대상이다. 쓰레기와 가치 있는 물건 사이의 관계는 복잡하고 변화하는 것이기 때문에 쓰레기를 정확히 기술하고 정의내리기는 어렵다. 그러나 전 세계적으로 쓰레기의 생산량이 급격히 늘어나고 있다는 사실은 부정하기 어렵다. 쓰레기는 소비의 더럽고 끈적거리는 아래쪽 면과 같다. '더럽고 끈적거리는'이라는 표현은 사르트르의 소설 『구토』의 주인공 앙투앙 로카탱이 해변에서 주운 돌의 아래쪽 면을 두고 한 말이다. 그가 집어든 돌은 겉에는 보드랍게 말라 있었으나, 그 아래쪽은 질척거리고 무어라 표현하기 힘든 상태였다. 로카텡은 구토를 느꼈다. 섭식장애가 자신감을 상실한 문명의 지표가 되기 한참 전에, 사르트르는 구토와 퇴행을 일으키는 대상이 어떤 것인지를 알고 있었던 것이다. 그것은 바깥쪽도 안쪽도 아닌 그 사이의 어딘가에 위치한 비정상적인 것으로 리미널한 존재이다. 메리 더글라스의 유명한 표현대로 쓰레기는 있어야 할 장소를 벗어난 무엇인가다(Douglas 1966). 에너지는 오염물질의 형태로 쓰레기가 된다. 사람들의 움직임도 쓰레기를 남긴다. 여러 도시가 배출하는 막대한 양의 쓰레기도 갈수록 늘어나고 있다. 정보 혁명은 전자적 쓰레기(스팸 메일, 한가한 가십, 쓸모없는 정보들 등)만 지수적으로 증가시킨 것이 아니라, 아그보그블로시의 사례에서 볼 수 있듯이 물리적 쓰레기도 크게 늘렸다.

중국의 큰 강들은 물의 흐름을 방해하는 쓰레기 섬 때문에 흐름이 막힐 지경이다. 파키스탄에서는 어린이들이 일을 하다가 희귀하고 치명적인 질병에 걸리는 일이 늘어나고 있다. 그 일이란 글로벌 노스에서 보내는 수명을 다하고 버려진 배들에서 금속을 비롯해 시장에 팔릴만한 물건을 주워오는 일이다. 앞서 발리 서부 해변에서 수영할 때 겪게 되는 일을 묘사한 적이 있다. 글로벌 노스에서는 재활용이 하나의 큰 산업으로 발전했지만, 급격한 경제 성장에 비해 쓰레기 관리 체계가 함께 발달하지 못한 글로벌 사우스의 도시와 대지는 중독되고 오염된 봉모지로 변했다. 전 세계가 공유하는 대양 어디에서나 그 영향을 확인할 수 있다. 미국인 찰스 무어가 아시아에서 고향으로 돌아가는 길에 '태평양 거대 쓰레기 지대The Great Pacific Garbage Patch'를 발견한 시기는 고작 1997년이다. 주로 작게 부서진 플라스틱 조각들로 구성된 이 떠다니는 섬은 현재 그 면적이 텍사스 주와 비슷하다. 이곳의 쓰레기는 포장재나 비닐봉지 및 기타 물건의 잔해들로, 태평양의 양쪽 대륙에서 사고로 혹은 고의로 버려진 것들이다. 현재는 해류를 따라 하와이와 오리건 주 사이를 움직이고 있다.

쓰레기는 이론상 풍요와 잉여로 인해 생성된다. 소규모의 평등한 사회에서는 최소한의 쓰레기만을 배출한다. [그림 6-1] 그래프에서도 확인할 수 있듯이, 북유럽과 유럽의 복합 사회에서도 거의 한 세대 전까지는 쓰레기 배출량이 적정한 편이었다. 남는 음식은 가축이나 하인들 혹은 거지들이 먹었고, 부서진 물건은 버리지 않고 수선했다. 대부분의 북유럽 국가에는 넝마나 빈병 등의 버려진 물건을 주워서 판매한 돈으로 생계를 유지하는 하나의 사회적 계층이 있었으며, 찰스 디킨스나 안데르센 등의 문학 작품에도 항상 등장했다. 천 조각은 퀼트 제품 등을 만드는 데 사용되었고, 헌옷은 가정집이나 양장점에서 수선해서 쓰기도 했다. 옷은 비싸기 때문에 계속해서 기워 입어야 하는 물건이었다. 신문이나 백화점 카탈로그 등은 화장실 휴지로 사용되었다. 뿐만 아니라 포장지도 버리는 물건으로 인식되지 않았다. 종이나 마대자루, 나무상자를 우연히 발견하게 되면 어떻게든 활용처를 찾았다. 이런 일은 상대적으로 부유한 계층에서도 흔했다. 밀가루나 동물 사료를 배달하는 회사도 자루에 예쁜 무늬를 넣어 일상에서 유용하게 재활용될 수 있도록 했다. 많은 업체가 손님을 끌기 위해 최대한 아름다운 무늬를 만드는 경쟁을 했다.

앞 장에서도 사용했던 교통량의 비유는 여기에도 사용할 수 있다. 이 세계가 아직 '과잉' 혹은 '과열'되지 않았을 때는 인간이 주변 환경에 입힐 수 있는 피해의 양이 제한되어 있었다. 하지만 의도하지 않았던 결과로 발생한 오염이 지역단위에서 꽤 심각한 문제가 될 수는 있었다. 실제로 19세기 중반 템스 강은 완전히 죽은 강이 되어 끔찍한 냄새를 풍겼고, 아라비아 반도의 유목민들은 그보다 일찍 더 깊은 사막으로 들어갔으며, 1870년대 뉴욕에서는 중산층 노동자가 썩어가는 음식물 냄새를 피해 출근할 수 있도록 쓰레기를 삽으로 치워주고 1~2 페니를 받는 소년들이 있었다. 그래도 지구 전체로 보면 그럭저럭 괜찮았다. 지금 쓰레기가 문제되는 이유는 더 이상 자연의 회복력을 넘지 않는 범위에서 편하게 쓰레기를 버릴 수 있는 빈 공간도, 주거지 근처에 쓰레기를 버릴만한 장소도 남아있지 않기 때문이다. 부유한 국가에서는 재활용 캠페인이 전기나 에너지 절약 캠페인 못지않은 강도로 시행되고 있다. 인류세에 접어든 오늘날에는 지구를 끝없는 대초원이나 스텝지대가 아닌 한 척의 우주선으로 보는 편이 타당하다. 지구는 공간이 부족해졌고, 부족한 공간은 적절히 할당되어야만 한다. '있어야 할 곳에 있지 못한 것'이라는 쓰레기의 정의는 그 어느 때보다 적절해졌다. 쓰레기로 분류되는 물질들이 마땅히 있어야 할 곳이 갈수록 부족해지기 때문이다.

보는 지점에 따라 쓰레기의 양은 늘어나 보이기도 줄어들어 보이기도 할 수 있다. 음식물부터 헌옷이나 산업 쓰레기에 이르기까지 버려지는 쓰레기의 양은 절대적으로 늘어난 것이 사실이다. 그러나 많지는 않지만 분명히 쓰레기의 양이 줄어들고 있는 국가도 더러는 있다. 일부는 대규모 재활용 사업 때문이고, 일부는 부유한 국가가 자신들의 쓰레기 상당량을 가난한 국가에 수출하기 때문이다.

세계에서 가장 큰 쓰레기 폐기장은 뉴욕 스태튼 아일랜드의 프레시 킬스Fresh Kills로, 2001년 폐쇄될 당시 20km²이상의 면적에 200m높이로 쓰레기가 쌓여있어 지구상에서 인간이 만든 가장 큰 구조물로 기록되었다(이후 9/11 테러의 잔해를 수용하기 위해 잠시 다시 문을 열었었다). 도쿄는 항구 아래쪽의 매립지가 다 채워진지 오래였고, 가정 쓰레기를 매립할 적정 장소를 찾는 일에 여러 해를 소비했다. 내 고향 노르웨이에서 2014년에 버린 쓰레기는 1994년에 비해 2배 이상 늘었다. 쓰레기통의 크기가 전보다 커졌고 더 자주 비워졌다. 또한 어떤 물건을 쓰레기로 분류하는 기준이 낮아졌다. 내 친구 중 한 명은 새로 구입한 저가 스캐너가 잘 작동하지 않아 매장에 전화를 했을 때 "영수증을 주시면 새로운 제품을 드리겠습니다."라는 답변을 들었다. "그럼 조금 전에 받은 스캐너는 어떻게 하나요?"하고 묻는 친구에게 직원은 "좋으실 대로 하십시오. 저희 매장 바깥에 버리는 전자제품 수거함이 있으니 그쪽에 버리셔도 됩니다."고 답했다고 한다. 중국에서 새로운 제품을 만들어서 노르웨이까지 가지고 오는 비용이 노르웨이에서 제품을 수리하는 비용보다 더 싸게 먹히기 때문이었다. 어쩌면 그 불량 스캐너는 버리는 전자제품 수거함에 담겨 중국으로 실려가 유리와 금속이 분리된 뒤 용해되고 재조립되어 새로운 스캐너의 일부가 될지도 모른다. 만약 그렇다면 그 스캐너가 들어가게 된 생태학적 순환 고리는 한쪽에게는 돈을 벌게 해주고 다른 한쪽에게는 돈을 아끼게 해주는 대단히 흥미로운 결과를 보여준 셈이다. 이럴 때는 세계의 부가 불공평하게 분배되어 있음에 감사해야 할지도 모르겠다.

쓰레기와 세계의 중산층

독자 여러분은 아마도 학교에서 역사상 인류가 만든 가장 큰 구조물은 중국의 만리장성이라고 배웠을 것이다. 이는 2천년 전에는 틀림없는 사실이었을지 모르겠지만, 지난 세기 말에는 아니었다. 프세시 킬스 매립장은 폐쇄되던 당시인 2001년에 그 부피가 만리장성을 크게 능가했고 만리장성과 마찬가지로 우주에서도 관측이 가능했다(이는 사실이지만, 보는 위치에 따라서 다르게 여겨질 수도 있다). 프레시 킬스에는 대당 650mt의 쓰레기를 수송하는 바지선이 많을 때는 하루 20척까지 들어왔다. 백인 중산층이 주를 이루었던 스텐튼 아일랜드의 주민들은 매립장을 좋아하지는 않았지만(그리고 후일 매립장의 폐쇄에 많은 역할을 했지만) 소비의 부작용을 매일 상기시켜주는 환경에 금방 익숙해졌다. 게다가 매립장이 개설될 당시 도시계획 총괄 담당이었던 로버트 모세스Robert Moses는 주민들에게 보상으로 근린공원과 도로 신설을 약속했다.

20세기 중반부터 지어진 모든 매립장이 그랬듯이, 프레시 킬스도 밀폐되지 않았다. 주변 지역과 쓰레기를 차단해주는 막이 전혀 없었다. 유출된 침출수가 진흙을 통과하며 정화되지 않은 슬러지가 되어 허드슨 강 어귀의 염분기가 있는 물과 만나 바다로 흘러 들어갔다. 이 물은 물고기의 소화기관과 해조류의 세포 속으로 침투했고 토양에는 중금속이 쌓여갔다. 고철상인과 폐품업자들이 값나가는 물건을 찾아 냄새나는 쓰레기 더미를 뒤지고 다녔다. 지자체에서 고용한 직원이든 거지든 매립장에서 하루 종일 일을 하는 사람 가운데 그 냄새를 몸에서 완전히 지우는데 성공한 사람은 없다고 알려져 있다. 스태튼 아일랜드는 톰 매카시의 소설 『새틴 아일랜드*Satin Island*』(Tom McCarthy 2015)로 재탄생하였다. 소설의 주인공은 기업 인류학자로서 레비스트로스와 말리노프스키라는 도구를 앞세워 '현대the contemporary'를 이해하기 위해 애를 쓴다. 그는 혼란스럽게 뒤엉킨 차량들과 손쓸 수 없을 정도로 유출된 기름과 함께 스태튼, 아니 새틴 아일랜드로 흐르는 물을 바라보며 뉴욕 항에서의 조사를 마친다.

프레시 킬스가 없어도 쓰레기는 버려야 하므로 오늘날 뉴욕의 쓰레기 트럭들은 압축된 쓰레기를 꾹꾹 눌러 담고 애리조나 등의 먼 곳까지 왕복한다. 뉴욕시는 버지니아와 펜실베이니아처럼 가난한 주의 땅 일부를 사들였고, 그곳에 상당한 양의 쓰레기를 가져다 놓는다. 그 외에 다른 나라로 향하는 컨테이너선에 실리는 쓰레기도 상당하다. 사실 부자 나라에서 가난한 나라로 대량의 쓰레기를 보내는 일은 일상적인 관행이 되었다. 실제로 캐나다에서 필리핀까지 이어져있는 쓰레기를 실은 배의 행렬에서 정식 허가서를 받은 배는 별로 없다. 허가서가 나오기를 느긋하게 기다리는 사이 그 쓰레기는 수빅만 아래에서 향기롭게 썩어간다(Elisabeth Schober, 개인적 대화).

대륙에서 대륙으로 쓰레기를 옮길 수는 있어도 쓰레기는 없어지지 않는다. 저 유독하고 쓸모없고 잉여스러운 물질을 완전히 없애지 못하는 것은 만성적 문제다. 글로벌 스케일에서 보자면, 이는 미국이 중국에게 쓰레기는 쌓아두는 편이 좋다는 사실을 잘 보여주었기 때문일 것이다. 2015년에도 여전히 미국에서 배출된 가정 쓰레기의 64%는 매립장에서 최종 처리되고 있다. 대다수 유럽 국가에 견줘 훨씬 높은 수치다.

고고학계에서는 쓰레기가 데이터 소스로서 대단히 중요하고 때로는 핵심적인 자료가 되기 때문에 나름 오래된 과학적 쓰레기학Garbology의 역사가 있다. 그러나 메리 더글라스가 1966년에 『순수와 위험』으로 길을 열어주었음에도 쓰레기가 여러 사회과학 분야에서 관심의 대상으로 떠오른 것은 보다 최근의 일이다. 더글라스의 제자였던 마이클 톰슨Michael Thompson이 훗날 쓰레기와 가치 있는 물건 간의 역동적 관계를 다룬 기념비적 저서 『쓰레기 이론*Rubbish Theory*』(1979)을 출간하기도 했지만, 쓰레기를 하나의 문화적 범주로 보고 체계적으로 접근하는 연구와, 쓰레기에 대한 지적 도전의식과, 쓰레기로 인한 환경문제가 사회과학계에 나타나기 시작한 것은 보다 최근의 일이다. 2010년대에 들어서 쓰레기를 연구하는 인류학자도 꽤 늘어났다. 조슈아 리노(Joshua Reno 2009)는 쓰레기를 운반하는 덤프트럭의 민족지를 썼고, 토미 오즈(Tommy Ose 2016)는 음식쓰레기의 민족지 연구를 수행했으며, 캐서린 알렉산더(Catherine Alexander 2009)는 버려진 상품과 한때 '폐기물'로 여겨졌던 사람(출소자, 약물중독 재활 치료자 등)의 재활용 과정을 비교했다. 쓰레기에 관한 가장 원대하고 오래된 사회과학 프로젝트는 인류학자 윌리엄 랏제William Rathje가 1973년 시작한 '쓰레기 프로젝트The Garbage Project'일 것이다. 주로 애리조나주와 투손시의 가정 쓰레기를 대상으로 연구를 시작했던 랏제와 그의 학생들은 얼마 지나지 않아 사람들은 자신의 생각보다 더 많은 쓰레기를 버리고 있다는 사실을 발견했다. 이후 그들은 연구 대상을 넓혀 미국 전역의 매립지를 대상으로 주기적인 발굴 조사를 시행했다. 랏제의 팀에게 냄새나는 쓰레기의 산은 20세기 미국인의 일상생활을 이해하는데 없어서는 안 될 열쇠를 품고 있는 보물섬이나 다름없었다.

랏제와 그의 동료들이 프레시 킬스에 도착했을 때 그들은 무엇인가에 압도되는 듯한 경외감을 느꼈다고 한다. 비록 반세기만 운영되었던 매립지지만 그 쓰레기 더미는 동부 해변에서 가장 높이 솟아있는 물체였다. 발굴에 사용한 유압드릴은 자동차도 버터처럼 뚫고 나가는 힘으로 최대 35m까지 굴착할 수 있었다. 최초로 뽑아낸 시추 샘플에는 판독 가능한 신문이 포함되어 있어 쓰레기 더미의 층위별 연대를 알 수 있었다.

랏제의 발굴팀은 프레시 킬스에 총 14개의 시추 구멍을 다양한 깊이로 뚫었다. 모든 팀원은 일종의 우주복처럼 생긴 작업복을 입고 장비차량과 끈으로 연결했다. 그들이 뚫어놓은 구멍 안은 카나리아가 수 초 만에 죽을 정도로 유독했고, 실수로 사람이 빠지면 즉사할 것이 분명했기 때문이다. 15년 동안 쓰레기만 다뤄왔던 연구자인 랏제는 1977년 프레시 킬스에서 뽑아낸 첫 번째 시추 샘플의 냄새를 "달콤함과 역겨움의 중간쯤 어딘가를 관통하는 냄새다. 혹자는 잘 숙성된 치즈 냄새라고 할 수도 있을 것이다."고 묘사했다(Rathje and Murphy 2001).

부유한 사람일수록 더 많은 쓰레기를 배출한다. 부유함으로는 20세기 그 어떤 나라보다도 앞서는 미국의 국민은 1인당 인도 국민의 200배가 넘는 쓰레기를 버리고 있다. 인도는 경제 부흥을 이루기는 했지만 여전히 수백만의 사람이 집을 보강하는데 기쁜 마음으로 종이상자를 사용하고, 자신보다 더 가난한 사람을 위해 먹다 남은 밥 한 그릇을 주는 나라다. 가난한 나라에는 무엇이든 어지간해서는 버리지 않는 사람들이 여전히 많다. 부유한 국가의 사람들은 그들이 버리는 깨진 고철 난로나 나뭇조각 하나 혹은 헌 장갑 한 짝도 필요로 하는 사람이 있다는 사실을 알기 어렵다. 하지만 인도 등지에서도 산업 쓰레기뿐 아니라 가정 쓰레기의 배출량도 점점 늘어나고 있다. 자신의 주변이 광산 산업 현장에서 나오는 슬래그나 정제되지 않은 오염수로 자주 피해를 입고 있다면 그것은 그 스스로가 자신의 삶의 터전을 쓰레기로 만드는 데 미약하게나마 기여를 하고 있다는 뜻이다.

에너지 딜레마처럼 도시화와 이동성과 쓰레기도 전 세계에서 급격히 증가하고 있는 현상이다. 이들은 불균등하게 확산되었고 지역과 사람과 상황에 따라 다른 영향을 미치지만, 어느 곳에서도 무시할 수 없는 문제가 되었다. 가장 작은 지역적 단위에서 조금만 스케일을 키워보면 부유한 사람은 어디에나 있다. 아프리카에서 가장 가난하고 굶주린 나라에도 소수의 부유한 엘리트가 있고, 힘들게 살지만 점점 소비주의성향이 강해지는 중산층도 있고, 외국인이 소유한 광산도 흔히 볼 수 있고, 적지만 공장도 있다. 달리 말하자면 쓰레기 문제는 여러 스케일에서 저마다의 방식으로 드러나는 세계적 이슈다. 특히 스케일의 충돌이 일어나는 지점에서 두드러지게 드러난다.

지난 십수 년간 글로벌 노스의 일부 국가에서 쓰레기 처리 산업은 성장과 지속가능성 사이의 이중구속이라는 중요한 문제에 두드러지게 직면하기 시작했다. 쓰레기 처리 문제는 청결과 위생에 관한 현실적 문제이자 지자체 환경정책의 가장 주요한 과제가 되었다. 재활용의 '분류 항목'이 점점 늘어나는 문제가 여기저기서 발생했고, 그 결과 여러 나라에서 쓰레기 매립장은 무용지물이 되었다. 여기서도 재활용 불가로 분류된 쓰레기는 소각을 통해 전기로 변환되었다. 쓰레기 재활용의 전망과 예상 효과가 매우 긍정적이라고 믿는 이들이 있다. 그러나 그들은 10년간 부지런히 재활용을 해서 얻은 탄소발자국 저감량은 북유럽에서 타일랜드로 가는 휴가 한 번으로 상쇄되어버린다는 점을 모르고 있다.

글로벌 노스 지역에 새롭게 등장한 쓰레기 재활용 사상의 궁극적인 목표는 실질적으로 모든 종류의 쓰레기를 마땅히 있어야 할 곳(자연이든 박물관이든 경제적 가치를 창출할 수 있는 곳이든)으로 돌려보내는 것이다. 앞에서도 언급했었지만 그럼에도 불구하고 쓰레기에서 가치를 창출하는 일에도 위계적이고 초국가적인 요소가 있다. 쓰레기에서 가치를 창출하는 일은 대개 노동력이 싼 나라에서 이루어지며, 그 결과로 선진국에게 돌아오는 것은 이력을 전혀 알 수 없는 재료로 만들어진 재활용 상품이다. 그것이 아무리 국제적인 노동 분업으로 포장되더라도, 우리는 가난한 어린이들과 시궁쥐가 함께 작은 보물을 찾아 돌아다니는 저 쓰레기의 산을 언젠가는 반드시 역사의 쓰레기 매립장에 묻어야만 한다.

쓰레기 매립장에서 산다는 것

다시 말하지만 심각한 불평등을 겪고 있는 국가에서 쓰레기 매립장은 여전히 수천 명의 사람을 먹여 살리는 풍요로움이 있는 천국이다. 나는 어려운 환경 속에서도 나름 괜찮게 삶을 꾸려나가는 슬럼가 주민을 여럿 보았다. 그들 중 누구도 굶주리거나 헐벗지 않았으며 때로 파티도 열었다. 포장재 등으로 어린이 장난감을 만들기도 했으며 빈 성냥갑, 실뭉치, 골판지 등을 재활용했다. 주민들이 사는 집을 살펴보면 그러한 포장재가 집을 짓는데도 일부 사용되었음을 발견할 수 있다. 나무 상자 등에서 뜯어낸 판자를 깔아 집의 토대로 삼고, 그 위에 합판이나 큰 골판지, 때로는 알루미늄이나 주석으로 만들어진 커다란 광고판 등으로 벽을 세웠으며, 투명하고 두꺼운 플라스틱으로 창을 달았다. 도시화를 다룬 모습과는 다른 시선으로 묘사된 이 슬럼 주민들은 죽음의 절벽으로 내몰린 사람들이 아니다. 여건에 따라서는 그리 형편없는 삶을 살지 않을 수도 있다. 『재활용의 경제*Economies of Recycling*』(Alexander and Reno 2012)에 의하면, 세계 각지에서 다양한 스케일의 비공식 가내 공업이 출현하고 있다. 특히 글로벌 사우스에서는 다른 사람이 버린 쓰레기를 재활용하는 일로 그럭저럭 생계를 꾸리는 사람이 수천 명에 이른다고 하며, 이들은 이 일이 없었더라면 실직 또는 소득이 없는 상태에 처했을 것이다.

넘쳐나는 쓰레기로부터 꽤 다른 방식으로 영향을 받은 사람들도 있다. 앞에서 쓰레기 더미에서 생계수단을 찾는 도시의 넝마주이들이나, 아그보그블로시의 폐기된 전자제품 더미에서 값나가는 부속품을 찾기 위해 가나 북부에서 아크라까지 이주해 오는 사람들에 관한 이야기를 한 적이 있다. 지금부터 이야기할 베네수엘라 동부와 가이아나Guyana 서부 사이에 있는 오리노코 강 삼각주에 사는 원주민 와라오Warao족의 사례는 이와는 상당히 다를 것이다. 크리스티앙 소르호그(Christian Sørhaug 2012)의 민족지에 실린 이야기다. 전통적으로 와라오족의 생계는 어업과 채집 위주에 약간의 사냥이 더해진 형태였다. 매일같이 저지대에 몰려오는 조류를 피하기 위해 장대위에 지은 집에 살고, 카누를 운송수단으로 사용한다. '와라오'라는 말은 단순히 '강의 끝자락에 사는 사람들'이라는 뜻이다. 또한 위대한 강의 이름 그 자체이기도 하다. 콜럼부스는 아메리카를 향한 세 번째 항해에서 오리노코 삼각주에서 흘러나오는 엄청난 양의 강물을 보고 자신이 동인도 어딘가의 군도가 아닌 대륙에 도착했음을 깨달았다고 한다.

와라오족은 상당히 최근에서야 현대 문명, 즉 기성복과 소비재와 패스트푸드 등에 급격히 노출되기 시작했다. 그러나 화폐경제가 잘 통용되지 않는 사회에서 현대 문명이 주는 즐거움을 누리기는 대단히 힘들었다. 하지만 새천년이 시작되면서 마을에 새로운 문화적 관습이 생겨났다. 바로 주민들이 모여 이런저런 현대 문명의 물건을 고르는 행사였다. 2001년의 어느 날, 몇 달 동안 모습을 보이지 않던 와라오족의 청년 일리Ely와 그의 친구 둘은 카누에 온갖 종류의 잡동사니를 담은 상자와 봉지를 가득 싣고 나타났다. 마을 사람들은 흥분했고, 다음 날 온 마을 주민이 일리의 집 앞에 모여 그들이 가지고 온 물건을 살펴보았다. 많은 이들이 선물을 들고 돌아갔는데, 그 대부분은 쓰레기 매립장에서 건져온 옷가지였다.

와라오족의 마을에서 300km 상류에 있는 시우다드 과야나Ciudad Guayana시는 빠르게 성장 중인 공업도시로, 최근 인구가 약 백만 명에 이른 것으로 조사되었다. 이 도시의 바깥에 캄발라체Cambalache 매립장이 있다. 일리와 친구들이 처음 카누를 타고 와라오 마을에서 이 매립장까지 갈 때는 대략 일주일이 걸렸다. 곧 이 여행은 와라오족의 정기적인 순례가 되었다. 그들은 꼼꼼하게 계획을 세운 뒤 보통 한 달 정도를 소요해 온갖 보물을 가득 싣고 돌아왔다.

캄발라체에 다녀온 이들은 모두 그곳의 악취를 인정한다. 소르호그는 "꼭대기에 올라가니 한두 모금 정도 신선한 공기를 마실 수 있었다. 그러나 골짜기로 들어서자 주위가 온통 끈적거리고 공기가 썩어있음을 느꼈다. 나는 오래된 기저귀를 밟고 썩은 음식물 위로 미끄러진 이후 극심한 소화불량에 시달렸다."고 했다. 와라오족 중에는 캄발라체에 영구히 정착한 사람도 있었다. 그들은 골판지와 팔레트를 철망과 못으로 적당히 고정해 집을 짓고, 임시 변소를 만들고 등유 버너를 구해서 살았다. 쓰레기장에서 소르호그의 가이드가 되어준 라이문도Raimundo라는 와라오족 사람은 그 곳에서 11년을 살았다고 했다. 그는 커다란 돼지도 한 마리 갖고 있었다. 울타리 안을 어슬렁거리는 그 돼지는 라이문도와 마찬가지로 어디 다른 곳으로 갈 계획이 없어보였다.

중산층 국가로 분류할 수 있는 나라에서 백만 명 가량이 배출하는 쓰레기를 감당한다는 점을 고려하면 캄발라체 매립장의 거대한 규모를 짐작할 수 있다. 때때로 지자체에서 고용한 굴착기와 불도저가 찾아와 둔덕을 깎고 웅덩이를 매워 쓰레기 운송을 용이하게 한다. 와라오족은 중장비를 무서워해 가까이 가지 않는다. 이 작업이 끝나면 쓰레기더미 가운데 새로운 길이 만들어진다. 쓰레기의 풍경이 새로운 생을 획득하는 순간이다.

캄발라체에 생계를 의존하는 사람은 와라오족만이 아니다. 가난한 크리올Creole인들도 이곳에서 정기적으로 거주하며 빈병과 고철을 주워 중간상인에게 팔아 변변찮은 생활을 유지한다. 중간상들은 쓰레기장 근처에 이들을 위한 헛간을 지어주었다. 와라오족은 이 크리올들을 호타라오Hotarao라 부르는데, 이는 '딱딱한 땅에서 온 사람'이란 뜻이다. 자신들이 살던 땅은 강의 지류가 많아 대체로 흙이 부드러운 것에 대비한 표현이다. 호타라오는 매립장에서 스낵류를 비롯해 자질구레한 물건들을 팔고 있으며 그 외에도 다양한 비공식부문의 사업을 벌이고 있다. 와라오족은 그 곳에서 꽤 값나가는 물건들, 가령 은행어음더미나 금과 다이아몬드 같은 귀금속 등을 발견한 이야기를 해주지만, 항상 그것들을 찾기 위해서는 상당히 깊이 땅을 파야 하고 운도 좋아야 한다는 말을 덧붙인다.

매립장 진입로에 사는 와라오족은 잠시 들렀다 가는 사람들에 비해 훨씬 체계적으로 일을 한다. 이들은 체계적으로 주석과 알루미늄과 철을 수집해서 다른 와라오족에게 판매한다. 이 와라오족은 고철 등을 시내의 재활용 공장에 공급하는 작은 가게를 운영한다. 추가로 의류, 장난감, 신발, 전자제품 등을 수집해 다른 와라오족에게 판매하거나 오리노코 삼각주에 살고 있는 친척에게 보낸다. 종종 먹을 것도 찾아낸다. 패스트푸드 체인점 쓰레기에서 완벽하게 포장된 상태로 버려진 '아직 따뜻한 치킨 반쪽'을 찾은 적이 있다는 와라오족이 적지 않다.

와라오족은 삼각주에서의 삶과 매립장에서의 삶 사이에는 많은 유사점이 있다. 그들은 양쪽 모두 비슷하게 생긴 집에 산다. 삼각주에서는 홍수 때문이고 매립장에서는 세척 작업을 해야 하기 때문이다. 집 뒤의 풍경만 조금씩 다를 뿐이다. 또 양쪽 모두 종류는 다르지만 유기물이 부패하는 냄새가 난다. 와라오족은 양쪽의 냄새를 똑같이 '코에라koera'라고 지칭한다.

캄발라체 매립장을 통해 이루어진 와라오족과 현대 세계와의 통합은 상당히 매끄럽게 진행된 것처럼 보인다. 그러나 현재 그들의 적응 노력은 과열된 세계의 특징인 계층구조와 배제의 문제를 비유적으로 보여준다. 풍요로운 자의 잉여와 부산물을 주워 먹고 산다는 점에서 그들은 인간 쇠똥구리나 다름없다. 수렵과 어업에서 쓰레기 수집으로 생계수단을 바꾸는 과정에서 주체성을 잃어버린 이들은 더 이상 하나의 작은 스케일을 지닌 사회가 아니라 큰 스케일의 사회 안에 속해있는 하나의 하층계급이 되었다. 와라오족은 그리 오래지 않은 시절까지도 강과 물고기와 게임과 카누로 세상과 교류했지만, 이제는 골판지와 빈 소다수병과 버려진 옷가지와 구식 트랜지스터라디오만이 세상과의 접점이 되었다. 시장 사회의 입장에서 와라오족은 소비자로서의 효용성도 낮고 GDP 생산에도 별 도움이 되지 않기 때문에 갈수록 쓸모없는 잉여 인구이자 인간쓰레기로 여겨지고 있다.

쓰레기의 의미

지그문트 바우만은 『쓰레기가 되는 삶들Wasted Lives』에서 쓰레기와 '인간 쓰레기'의 관계를 분석했다(Bauman 2004). 여기서 '인간 쓰레기Human Waste'라는 표현은 인체의 분비물이라는 의미와, '제자리에 있지 못해 쓰레기가 된 인간'이라는 이중적 의미를 지니고 있다. 바우만은 신자유주의적 세계화 특유의 문제인 포함과 배제 사이의 시소게임을 쓰레기에 대한 스펙트럼 분석으로 해석할 수 있음을 보여주었다. 쓰레기는 의도적으로 버려지거나 완전히 무시되거나 둘 중 하나다. 쓰레기는 치울 필요가 없을 때는 거의 언급되지 않지만, 영역을 깨끗하게 유지하고 경계선을 확실히 해야 할 때는 언제든 예고 없이 처분

될 수 있다. 폐기물, 오염물질, 스모그, 슬래그 등 사전적 의미의 쓰레기의 절대적 양이 이례적으로 늘어났다는 사실은 인류세를 나타내는 가장 충격적인 모습 중 하나다. 하지만 안정적인 사회와 의미 있는 활동으로부터 인간을 관습적으로 배제하고, 배제된 인간을 '제자리에 있지 않은 물건'으로 만들어버리는 현상 또한 간과할 수 없는 과열 효과의 하나다. 실패한 이민자, 슬럼 주민, 집시, 화이트 트래쉬White Trash*처럼 생산자로서도 소비자로서도 비효율적인 자들은 그들이 속해있던 것보다 높은 층위의 스케일에서는 필요로 하지 않는다. 미국에서 유죄 판결을 받은 자를 큰 교도시설에 보관한다는 의미로 사용하던 '창고에 넣는다Warehousing'는 표현은 현재 이스라엘이 가자지구와 서안지구에 팔레스타인인을 가두어 둔다는 의미로 사용한다. 이 표현에는 그 대상을 재활용하겠다는 생각은 없는 것 같다.

"잉여 인력을 배출하는 통로가 막혔다."는 바우만의 논의가 사실임을 인지하는 것은 5장과 6장의 논의를 연결하는 데 도움을 준다. 크게 팽창한 글로벌 사우스의 도시들은 원래 계획보다도 더 많은 인구를 부양해야만 하게 되었으며, 부유한 국가는 '인간 쓰레기'를 국경 안으로 들이지 않기 위해 역사상 가장 엄격한 이민 정책을 취하고 있다. 이 과열된 상황 속에서 물질적 · 인간적 쓰레기가 엄청나게 배출되었을 뿐 아니라 잉여 인

* 주로 미국 남부 지방의 가난한 백인을 비하하는 표현.

력이 갈 곳 또한 굉장히 부족해졌다. 수많은 난민이 유럽에 정착할 수도 없고 고향에 돌아갈 수도 없는 이도저도 아닌 상태로 남겨지게 된 지중해 난민사태는 여기에 정확히 부합하는 사례다. 또한 글로벌 노스에서 사우스로 수출하는 쓰레기도 곧 중국과 필리핀 등지에서 규제를 강화하면 갈 곳이 없어지게 될 것이므로 마찬가지 사례가 될 것이다.

역사적으로 대규모 인간 집단을 쓰레기와 같이 취급했던 사례는 생소하지 않다. 모든 인간은 권리와 존엄성을 갖는다는 개념은 최근에 생겨난 특수한 개념이다. 과거 인류 사회는 적을 만나면 죽여야 했고, 범죄자는 처형하거나 추방했으며, 이단은 박해했다. 현대 국가에서 행해지는 전형적인 배제의 형태는 신자유주의적 관습과 인권의 원칙 사이에 발생하는 이중구속을 그 특징으로 삼는다. 인권은 모든 인간의 생명은 가치가 있다고 하지만, 사회적 삶을 시장화 하는 논리는 인간의 행위에는 경제적 중요도에 따라 계급을 부여할 수 있음을 시사한다. 그 결과 경제적으로 유용하지 않다고 인식된 활동을 하는 사람들은 경제에 많은 이바지를 한다고 인식된 사람들에 견줘 중히 여겨지지 않는다. 실제로 지중해에 가라앉은 사람이 허름한 보트를 탄 난민이 아니라 고급 요트를 타고 있는 관광객이었다면 난민에 비해 훨씬 중하게 다루어졌을 것이다. 또한 시리아 광장에서 발생한 테러 희생자의 목숨보다 파리의 한 잡지사 사무실에서 테러로 목숨을 잃은 자의 가치가 더 크다는 의미도 된다. 그러므로 쓰레기의 엄청난 성장에 관한 이중구속에는 두 가지 유형이 있다. 하나는 우리에게 친숙한 성장과 지속가능성 사이의 이중구속으로 물질적 의미의 쓰레기에 관련된 것이다. 다른 하나는 보편적인 인권과 신자유주의에 따라 인간의 가치를 경제적 스케일로 재단해 등급을 나누는 일 사이의 이중구속으로, 쓸모없어진 인간, 즉 인간 쓰레기에 관한 문제다.

실제로는 어떨지 몰라도 이론상으로는 해결책이 있다. 말하자면 세계적 신자유주의와 연관된 끝없는 성장의 논리를 재활용, 자체 재생산, 지속가능한 자원의 순환의 논리로 전환하는 것이다. 이는 인간적 · 비인간적 쓰레기의 문제만이 아닌 과열현상으로 인해 생겨난 다른 모든 문제에도 유효한 해결책이다. 이론적으로 순환적 재생의 논리로의 전환은 모든 유형의 폭주 프로세스를 자체적인 재생산이 끊임없이 이루어지는 지속가능한 시스템으로 변환시킬 잠재력이 있다. 그러나 이는 성장의 이데올로기와 화석연료에 대한 의존에서 벗어나는 것이 선행되어야 가능하다.

7

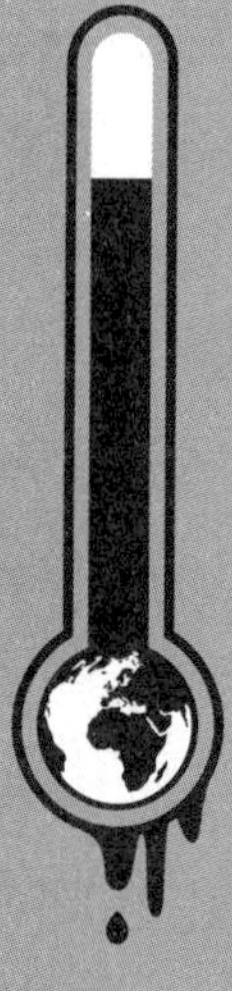

정보과잉

2015년 여름 해외여행 중에 신문 한 부를 집어 들었다. 때로 종이신문을 읽는 것이 시대에 뒤떨어진 행위로 느껴지기도 하지만, 그럼에도 신문을 보는 이유는 지면의 대부분이 이미지가 아닌 텍스트로 이루어져 있기 때문이다. 9쪽의 기사 하나가 내 이목을 끌었다. 그 기사는 2010년 이후 전 세계에서 1년간 생산되는 사진의 양이 3,500억 장에서 1조 장으로 거의 3배로 늘어났으며, 2017년에는 1.3조 장을 넘을 것으로 예상된다고 했다. 또한 5년 사이 전체 사진에서 휴대전화로 찍은 사진의 비율이 40%에서 79%까지 증가한 것으로 추정된다고 했다(뉴욕타임스 국제판 2015년 7월 23일).

그해 여름과 가을 세계 뉴스는 전쟁과 박해를 피해 시리아를 탈출하는 수많은 사람들과 곤경에 처한 그들을 바라보는 유럽의 상반된 반응으로 도배되었다. 인상적인 보도 사진 가운데 몇몇은 정보통신기술의 발달과 관련이 있다. 한 사진은 그리스 섬의 해변에 막 도착한 젊은 여자가 셀카를 찍는 모습을 담았다. 그녀의 휴대전화에 유럽에서 사용가능한 심카드가 꽂혀있었다면 그녀는 아마 즉시 고향의 가족들에게 그 셀카를 전송해 살아서 목적지에 도착했음을 알렸을 것이다. 또 다른 보도 사진은 부다페스트의 큰 철도역 로비에 모여 있는 한 무리의 시리아 남자들을 담았는데 이들은 대부분 스마트폰을 만지고 있었다. 십중팔구는 이동 중인 다른 가족이나 친구와 대화하거나 최대한 빠르게 유럽으로 망명가기 위한 목적지와 방법을 검색하느라 웹을 샅샅이 뒤지고 있었을 것이다.

이 사진들은 두 가지 의미에서 가속화된 변화에 관해 이야기해준다. 하나는 고무보트를 타고 지중해를 건너 막 그리스 섬에 도착한 난민도 즉각적이고 초국적인 커뮤니케이션을 할 수 있도록 만들어준 기술과 기반시설의 자체적 발전 속도가 무척 빨랐다는 점이다. 다른 하나는 그 기술은 기본적으로 가속화된 커뮤니케이션을 위한 기술이었다는 점이다. 즉 빠르고 초국적인 커뮤니케이션을 위한 기술이 빠른 속도로 개발된 것이다. 실제로 1980년대 후반 이후 정보통신보다 현저한 지수적 성장을 이룬 분야는 없었다. 초국가적 연결망과 활용 가능한 정보의 총량이 크게 증가했고 새로운 커뮤니케이션 기법이 개발되었다. 커뮤니케이션과 정보를 바탕으로 하나 된 세계의 창조에 이바지한 새로운 그룹도 생겨났다. 20여 년 사이 수십억 인류의 일상생활에 큰 변화가 일어났다. 이 변화를 두고 서로 상충하기도 하고 겹치기도 하는 다양한 해석이 제기되었다. 이러한 변화가 우리의 '뇌를 오염시켰다'고 생각하는 사람도 있고, 새로운 기술의 등장으로 사회성이 전환되고 있다고 여기는

그림 7-1 인터넷 이용자(1996~2014년)

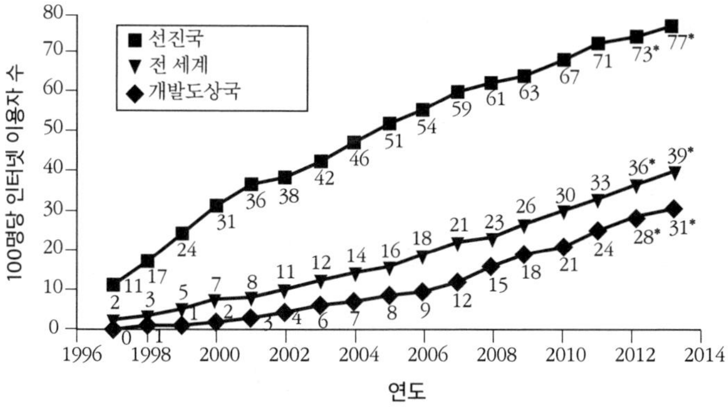

* 추정치

※ 출처: 국제전기통신연합(ITU: International Telecommunications Union) 2015

사람도 있으며, 인터넷을 이용한 감시와 통제를 경계하는 사람도 있다. 반면 인터넷을 자유의 도구로 여기는 사람들도 있다. 이들은 과거에 비해 정보를 자유롭고 쉽게 공유할 수 있게 되었으며 셀 수 없을 만큼 많은 글로벌 커뮤니케이션이 가능해짐으로서 불평등 · 전쟁 · 기후변화와 같은 큰 스케일의 모순에 대해 세계적으로 공유된 인식을 키우고 상호 관용을 증진시키는 등 인류 연대의 잠재적 가능성이 증가했다고 생각한다.

그러나 매일의 일상과 업무를 전자 네트워크에 의존하는 것은 스스로를 취약하게 한다. 2012년 허리케인 샌디가 미국 동부 해안의 기반시설들을 파괴했을 때 스타벅스와 맥도날드의 출입구에 사람들이 모여 있는 모습이 자주 목격되었다. 그들은 일시적으로 집의 와이파이를 쓸 수 없게 된 사람들로 긴급한 일

그림 7-2 뉴욕타임지 국제판에서 뜯은 페이지

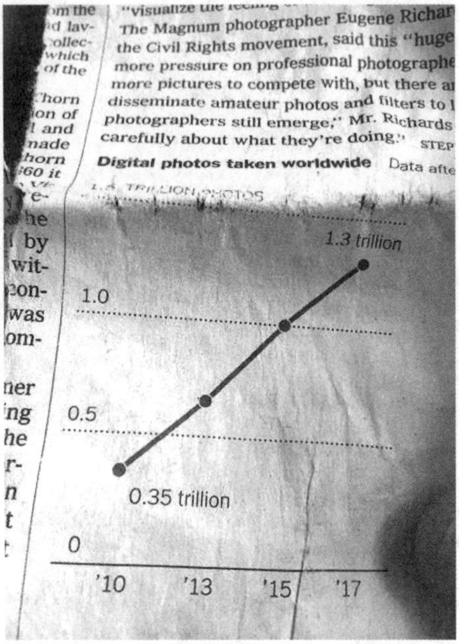

※ 출처: 저자의 휴대폰으로 촬영. 2015년 7월.

을 처리하기 위해 무료 인터넷을 찾아온 것이다. 단 하루의 인터넷 불통도 이들에게는 재앙이었을 것이다.

새로운 정보통신기술을 연구하는 인류학자들은 네트워크의 세계는 원래 존재하는 현실의 삶에 깊이 뿌리를 박고 있다고 보았으며, 그 내용은 각자의 다양성과 지역적 특수성이 동일한 형태의 기술로 표현된 것임을 증명하는 데 관심이 많았다(Unimonen 2001; Horst and Miller 2012). 그러나 현대적 맥락에서 나의 주된 관심사는 조금 다른 곳에 있다. 현재 진행 중인 세계적 과열 프로세스에 정보통신기술이 추진력을 제공하는 동시에 중요한 구성요소가 되는 메커니즘을 탐구하는 데에 있다. 나는 정보기술이 불러오는 과열 효과는 이 책에서 다룬 다른 주요한 영역(화석연료, 도시의 확장, 이동성의 증가, 쓰레기 배출 등)의 과열현상과 구조적으로 유사하며, 그와 비슷한 모순과 패러독스를 초래한다고 보았다. 물론 사람들이 정보기술에 접속하고 그것을 활용하고 금지하는 방식은 더 이상 세분화가 불가능할 정도로 다양해졌다. 그러나 중요한 것은 정보통신기술이 없었더라면 인류는 서로 다른 생활양식을 지닌 여러 공동체로 나뉘어 있었겠지만, 현재는 모두가 세계적인 하나의 프로세스에 영향을 받고 있다는 사실이다. 기후변화가 전 세계의 공동체에 영향을 미치고 경제적 규제완화가 지중해의 알바니아부터 남아프리카의 짐바브웨에 이르는 많은 사람의 생계와 미래에 영향을 미치듯, 스케일을 넘나드는 즉각적인 커뮤니케이션이 전 세계 사람들의 일상생활에서 점점 큰 비중을 차지하고 있다(모두가 그렇지는 못하지만). 이는 그리스 해변에서 셀카를 찍는 시리아 난민 소녀의 이미지에서도 잘 드러나고 있다.

현대 세계의 새로움

최근의 기술 변화와 그 기술이 여러 사회에 침투하는 속도는 놀라운 수준이었다. 2001년 『순간의 폭압』을 저술할 당시 나의 관심사는 새로운 기술(주로 컴퓨터와 인터넷과 휴대전화)의

의도치 않은 중요한 결과 두 가지를 비판하고 분석하고 증명하는 것이었다. 나는 소위 시간을 절약하는time-saving 기술이 사람을 과거에 비해 더 많은 스트레스로 몰아넣고 유연성을 감소시키며, 수많은 정보를 대부분 무료로 무제한 이용할 수 있게 된 지금의 사람들이 오히려 예전보다 더 아는 것이 적어진 이유를 살펴보았다(Eriksen 2001; Eriksen 2007 참조). 커뮤니케이션의 가속이 구조에 미치는 영향에 대해서는 보다 체계적으로 연구한 다른 학자들이 있다. 특히 하르트무트 로사(Hartmut Rosa 2013)와 주디 와즈크먼(Judy Wajcman 2015)의 연구가 참고할 만하다.

2001년 당시 인터넷 접속 인구는 세계 인구의 10%를 넘지 못했으며, OECD국가에서만 간신히 1/3을 넘는 수준이었다. 비록 WAPWireless Application Protocol(무선응용통신규약)기능을 탑재한 일부 휴대전화에서 기초적인 인터넷 이용이 가능했다고는 하나 실상은 신문을 전보화한 수준에 불과했으며, 실질적으로 대부분의 인터넷 접속은 컴퓨터를 통해 이루어졌다.

2001년에는 이미 MP3플레이어가 시중에 유통 중이었지만, 그 해 9월 애플의 첫 번째 아이팟iPod이 출시되었다. 아이폰이나 다른 터치폰(스마트폰)은 2007년 이전에는 시장에 나오지 않았다. 전자책은 걸음마 단계였으며, 현재 전자책 시장의 선두주자인 킨들은 2007년 11월에 출시되었다. 책을 온라인으로 주문하는 것은 가능했지만, 아마존닷컴은 여전히 적자 운영 중이었다. 블로그(웹블로그)도 1990년대 후반에 생겼지만, 2000년대 들어서야 대중적으로 널리 퍼지기 시작했다. 가장 큰 블로그 플랫폼 업체인 워드프레스에 의하면, 지금은 1/2초에 한 개씩 새로운 블로그가 생겨나고 있다(Wordpress 2015).

2001년 당시 문자 메시지는 내 책에서 비중 있게 다루기에는 지나치게 미미한 소재였다. 그러나 2015년 전 세계의 연간 문자 메시지 전송량은 8조 건에 달했다(Bloomberg 2015). 이 책을 읽는 독자들도 대부분 하루에 여러 건(10여 건? 아니면 30~50건?)의 문자 메시지를 일상적으로 보내고 있을 것이다.

2000년대 이후의 가장 두드러진 변화 중 다른 하나는 이른바 '소셜 미디어'나 '웹 2.0'으로 불리는 일련의 서비스들이 등장했다는 것이다. 이는 단순한 정보 제공의 수준을 넘어선 커뮤니케이션 월드 와이드 웹으로, 공유 · 채팅 · 댓글 등을 통해 누구나 자신의 의견을 말할 수 있는 인터넷의 민주화였다. 하지만 넘쳐나는 정보가 오히려 우리의 삶과 세계와 다른 모든 것들을 일관성 있게 서술하는 데 방해가 되기도 했고, 이는 웹 2.0에 대한 가장 흔한 반대 이유이기도 하다. 동영상 공유 플랫폼인 유튜브는 2005년에 문을 열었고, 2015년 현재 18억 명의 활동 회원을 보유한 페이스북도 같은 해에 만들어졌다. 트위터는 2006년에, 인스타그램은 비교적 최근인 2010년에 서비스를 시작했다. 상대적으로 초기인 2001년에 등장한 위키피디아는 빠르게 다양한 언어로 변환되었고, 계속해서 여러 사용자가 직접 만들어내는 무료(또는 크라우드펀딩) 운영 온라인 백과사전으로 자리매김했다.

인터넷의 대량 확산이 불러온 결과 중 명백한 것 하나는 전 세계적으로 2001년에 비해 온라인 정보 검색과 커뮤니케이션에 더 많은 시간을 쓰게 되었다는 것이다(위의 정보를 온라인에서 찾는 일은 그리 어렵지 않았으며 1분도 걸리지 않았다). 또 하나 분명한 결과는 정보의 파편화가 그 어느 때보다도 작은 단위로 이루어졌다는 점이다. 내가 『찰나의 폭압』에서 주장했듯이, 세계적으로 중산층에서 천천히 오랜 시간 집중력을 유지하는 능력이 갈수록 약해지고 있다. 많은 이들이 이 문제에 관해 목소리를 내고 있으며 의견도 대체로 일치하는 편이다. 니콜라스 카Nicholas Carr가 2008년 「애틀랜틱 먼슬리*Atlantic Monthly*」지에 기고한 "구글은 우리를 바보로 만들고 있는가?Is Google making us stupid?"라는 글은 상당히 널리 읽혀지고 토론되었다. 카는 제목에서 던진 질문에 그렇다고 답하고 있다. 그는 글의 서두에서 "지난 몇 년간 나는 누군가가 내 머리의 신경회로와 기억장치를 멋대로 개조하는 것 같은 불쾌한 느낌에 사로잡혀 있다."고 하며, 자신이 더 이상 긴 산문 형태의 글을 끝까지 읽을 수 없게 되었다고 고백했다. 그러한 느낌은 카뿐만이 아니라 많은 이들(아마 이 책의 독자들도 상당수 포함될 것이다)이 공유했던 경험일 것이다. 이는 주의력이 유지되는 기간이 축소되고 정보를 흡수하고 소화해 지식으로 전환하는 능력이 대단히 파편적이고 추상적인 형태, 즉 짧은 문장과 헤드라인의 형태에 국한되는 경험이다.

이러한 현상에 대한 불안감은 전 세계 중간 계층에 널리 퍼져있다. 가디언지에 칼럼을 쓰는 소설가 윌 셀프(Will Self 2014)는 자신의 성인기를 온전히 바쳤던 순수문학이라는 예술이 눈앞에서 죽어가고 있는 아이러니한 현실을 애석해 했다. 웹 기반의 캠페인 도구 아와즈Awaaz의 공동창립자이자 인터넷 활동가인 엘리 파리저Eli Pariser는 검색엔진이 초기 검색어들을 바탕으로 개인에게 맞춤제작한 검색결과를 제공하는 과정을 구체적으로 설명했다(Pariser 2011). 이러한 검색 서비스는 여러 집단 간에 존재하는 기존의 간극을 더욱 깊고 넓게 만드는 결과를 초래한다. 공화당 지지자는 보수적인 뉴스만을, 민주당 지지자는 진보적 뉴스만을 보게 된다. 검색엔진에 석유회사의 이름을 입력하면 녹색당원에게는 기름유출에 관한 자료가 뜨지만 사업가에게는 해당 기업의 투자 분석 자료가 나온다. 파리저에 의하면, 과거의 신문은 관념적으로라도(실제로도 대체로 그러했지만) 논쟁적 이슈에 대해 공정하고 보편적인 표현을 사용했지만, 현재의 검색엔진은 오히려 특수하고 한정적인 표현을 권장하며 사실상 극단화를 추구하고 있다.

파리저의 관점에 내재된 문화적 비관주의는 과장되었을 수도 아닐 수도 있다(문득 나또한 10~20년 전에 비해 소설과 논문을 거의 읽지 않았다는 사실이 생각났다). 중요한 것은 이러한 현상이 세계적으로 중산층의 자기반성에 핵심적 요소가 되었다는 점이다. 기후변화나 환경파괴, 갈 곳을 잃은 자들의 대규모 이동과 같은 현상에 대한 불안감과 마찬가지로, 정보혁명의 과열 현상도 역사가 방향성을 상실했다는 주장을 뒷받침하는 하나의 근거가 되었다.

정보 격차와 연결

에너지, 도시화, 이동성의 경우와 마찬가지로 정보 혁명 또한 글로벌한 불평등을 반영하고 강화하고 변화시킨다. 영어는 인터넷에서 사용되는 언어 중에 독보적으로 가장 많이 사용되는 언어이며 초국적 IT기업도 미국에 집중되고 있다(앞서 언급했던 모든 소셜미디어 기업은 전부 미국인이 설립했다). 또한 미국 국가안전보장국NSA: National Security Agency은 2013년 내부고발자 에드워드 스노덴이 밝혔듯이, 다른 어떤 감시 기능보다도 자국민과 다른 국가에 대한 스파이 기능에 최적화되어 있다. 영문으로 작성된 위키피디아 문헌의 양은 두 번째로 많은 언어로 작성된 문헌과 비교하면 2.5배나 많다. 2위를 차지한 언어는 놀랍게도 스웨덴어로, 이는 스웨덴 개발자 스베르커 요한손Sverker Johansson이 하루 1만여 건의 위키피디아 문헌을 자동으로 작성하는 봇bot을 개발했기 때문이다. 위키피디아 문헌에서 여섯 번째로 많이 사용된 언어는 필리핀의 와라이(Winaray 혹은 Waray)어語인데, 이 언어의 사용자는 총 260만 명 정도이고 대부분은 정기적으로 인터넷에 접속하지 못한다. 실은 요한손의 아내가 필리핀 출신이기 때문이다.

OECD국가의 시민은 대부분 일상적으로 간편하게 인터넷에 접속하지만 글로벌 사우스 지역은 그렇지 못하다. 여기에는 중요한 차이점이 있는데, 인도와 브라질에서 온라인에 접속하는 인구의 비율은 나이지리아와 아프가니스탄에 비해 훨씬 높다. 일반적으로 GDP상 빈곤한 나라는 인터넷 보급률이 낮다고 알려져 있다. 하지만 저렴한 휴대전화의 보급으로(여기에는 특히 앞 장에서 서술한 중국을 기점으로 하는 비공식적 무역 네트워크의 도움이 컸다) 정보 격차는 일반적으로 생각하는 것보다는 덜 큰 편이다. 히서 홀스트Heather Horst는 일찍이 2006년에 15세 이상의 자메이카인 86%가 휴대전화를 보유하고 있으며, 동아프리카에서는 이미 몇 해 전부터 상당히 많은 마을에 보다폰Vodafone* 매장이 들어왔다고 보고했다. 사바나 지역의 마사이족 목동들도 종종 막사에서 관리인의 허락을 받고 휴대전화를 충전하곤 한다. 버토벡(Vertovec 2004)은 유럽으로 이주한 비엘리트 계층이 사용하는 선불 전화카드를 '싸구려 전화'로 묘사했지만, 이는 많은 아프리카인들이 무선 커뮤니케이션에 접속(비록 지속적이지는 못해도)할 수 있도록 도와주었다. 앞서 언급했듯이 사하라 이남의 아프리카인 중 인터넷에 접속하는 인구의 비율은 10년 사이 2%에서 25%로 증가했다. 그러나 이들은 가끔씩만 접속할 뿐이며, 위 결과는 결코 아프리카인의 25%가 안정적이고 빠른 인터넷 서비스에 일상적으로 접속한다는 의미가 아니다. 하지만 실제 접속자의 비율은 훨씬 더 높은 데, 이

* 영국 이동통신 회사.

유는 스마트폰을 빌려 쓰기 때문이다.

휴대전화는 그것이 전화로 사용되든 문자나 인터넷에 사용되든 개인이 활동하는 네트워크 반경을 넓혀준다. 이민자들은 해외의 가족과 정기적으로 연락하며 지낼 수 있게 되었고, 부모들은 청소년기 자녀를 보다 효율적으로 모니터링 할 수 있게 되었으며, 소셜네트워크는 갈수록 유연해지고 탈영토화 되고 있다. 홀스트는 자신이 1994년에 현지조사를 수행했던 자메이카의 한 작은 마을에서는 국제 전화가 무척이나 번거롭고 비쌌지만, 2000년대 초반 들어 이동통신이 보편화되고 저렴해지면서 상황이 급변했다고 썼다(2006). 이제 그들은 전화를 지역 주민과의 교류와 사교활동, 그리고 해외에 나간 가족과 연락을 유지하며 송금 계획을 짜는 일 등에 사용한다. 간단히 말해 휴대전화의 도입은 글로벌 노스에서와 마찬가지로 글로벌 사우스에서도 사람들을 더욱 사회적으로 가깝게 만들어주었다. 앞서 논의했던 아시아 · 아프리카 지역에서 유럽으로 향하는 난민이 최근 증가하고 있는 현상은 급속도로 확산된 빠른 커뮤니케이션을 떼어놓고 이해할 수 없다. 이제 이민을 원하는 자들은 이민 경로와 직업 기회에 대한 정보를 얻고, 유럽에 있는 지인의 행방을 찾고 연락하는 일을 즉각적이고 지속적으로 할 수 있게 되었다. 무선 커뮤니케이션이 불러온 가상 이동의 증가는 실제 사람의 이동을 증가시킨다. 1990년대부터 관찰된 이동전화와 인터넷 사용의 폭발적 증가는 가까운 미래에 인류 이동의 폭발적 증가를 이끌 것으로 여겨진다. 홀스트가 일찍이 2006

년에 언급했듯이 고향에 남겨진 자메이카인은 고마운 휴대전화 덕택으로 자신들이 꿈꾸는 먼 나라의 소식을 정기적으로 들을 때마다 상대적 박탈감을 느낀다고 한다.

정보 격차 해소를 위한 계획적 시도들 가운데 국내적 또는 개인적 차원보다 더 높은 스케일에서 이루어지는 시도 중에는 글로벌 사우스 지역이 신기술의 혜택을 누릴 수 있도록 돕는 개발 계획이 포함되어 있다. 내 제자 캐서린 에드바슨(Cathrine Edvarsen 2006)은 한 노르웨이 NGO에서 시행한 탄자니아와 말라위에 온라인 접속이 가능한 컴퓨터를 보급하는 사업을 연구했다. 그녀가 방문했던 한 학교에는 단 한 대 있는 컴퓨터가 교장실의 찬장에 들어 있는데 열쇠로 잠겨 있었으며 오직 교장만이 사용할 수 있었다고 한다. 인도에서 수행된 다른 연구에서는 지역주민의 지원서 작성과 생산품의 최신 가격 정보 확인 등을 돕기 위해 거의 무료로 이용할 수 있는 인터넷 카페를 만들었더니 포르노 사이트에 접속하려는 젊은이들로 가득 찼다고 한다(Røhnebæk 2006). 달리 말하자면 기술 자체에 커뮤니케이션과 정보검색을 촉진할 수 있는 가능성이 내재되어 있다고 해도, 순순히 그와 같은 결과가 나타날지 아닐지는 예측할 수 없다는 것이다. 그럼에도 여전히 정보기술이 사회의 전환에 이바지할 수 있는 가능성은 중요하게 여겨진다. 2011년 '아랍의 봄'이 일어났을 때 휴대전화가 수행한 역할에 대해 많은 논란이 있었다. 휴대전화가 사람들의 행동을 조직하고 북아프리카와 중동에서 벌어지는 사건을 촬영하고 중계하는데 사용된 것은 분명하다. 그러나 정보통신기술이 그 지역의 정치적 상황을 그토록 가열시킨 데에 핵심적 역할을 했다는 증거는 없다. 전화든 SNS든 인터넷 메신저든 혹은 다른 어떤 플랫폼을 활용하든 실시간 커뮤니케이션은 사회적 상호작용을 가속화하고 커뮤니케이션을 강화하며 생산 · 소비 · 운송 등 다른 영역에서 관찰되는 가속화 현상을 증폭시킨다. 이처럼 가속화된 활동의 네트워크에 세계의 모든 지역이 동등한 수준은 아니어도 비슷한 수준으로는 통합되었다고 여겨진다. 2008년 1월, 사바나 초원지대에서 목축을 하는 마사이족이 사자를 경계하며 가축을 돌보는 동시에 선거 직후 동아프리카 지구대에서 일어난 폭동에 관한 새로운 뉴스를 찾기 위해 휴대전화를 확인하는 모습이 떠올랐다.

과잉과 유연성

세계에 관한 통계수치는 다양한 영역의 급격한 성장을 증명하기에 효과적인 수단이며 이 책에서도 자주 사용했다. 그러나 1990년대 초반 이후의 '정보'의 증가를 계량화 하는 작업은 자제하고자 한다. 정보 저장 매체가 상대적으로 내구력과 물리적 속성이 강한 매체(대표적으로 종이)에서 전자적 형태로 전환되면서, 정보의 계량화는 어려워졌고 지수적 증가는 불가피해졌다. 이러한 현상은 그것에 노출된 사람들(이 책의 독자 대부분이 포함될)에게 일련의 유사한 문제들을 초래했다. 폭넓은 지식 대신에 깊이 있는 지식을 잃어버렸고, 파편적 정보를 우선적으로 취하는 지적 지향성으로 일관성을 상실했으며, 종종 정보의 과잉으로 피로감을 느낀다. 정보가 너무 많고 산재되어 있는데다 중심을 찾기가 어렵다.

전형적인 과열현상으로서의 정보 과잉은 앞의 장에서 논의한 쓰레기 문제와 유사한, 아니 거의 동일한 문제로 여겨진다. 오늘날 어떠한 영역에도 포함되지 않고 탈영토화 되어 있으며 무료로 이용할 수 있는 지식이 자연스럽게 과잉 생산되었다. 그 과잉된 정보들은 우리가 원하지도 필요로 하지도 않았으며, 우리의 세계관을 일관되게 형성하는 것을 방해하고, '제자리에 있지 않는' 쓰레기와 같다. 인류학자 프레드릭 바스Fredrik Barth는 2006년에 사회이론의 가장 큰 문제는 "우리가 새로운 지식을 연마하고 가다듬을 틈도 없이 지식이 빠르게 증가하고 있다는 사실"에 있다고 했다(Gunnar Sørbø, 개인적 대화).

베이트슨의 유연성 개념을 통해 정보의 과잉을 아직 일어나지 않은 변화의 가능성으로 보는 것은 유용한 분석이다. 상식적으로 생각해보면, 어떤 결정을 내려야 할 때 의회도서관의 모든 자료와 세계의 모든 신문을 손가락만 움직여 찾을 수 있을 정도로 무한한 정보와 지식과 데이터에 접근 가능한 사람이 구식 미디어에서 제한된 정보만 얻을 수 있는 사람보다 정보에 접근할 수 있는 경로나 선택의 기회가 더 다양하고 많은 것은 당연해 보인다. 그러나 많은 이들이 체험해 보았듯이 실제로는 그렇지 않다. 학계에서는 아무리 좁고 전문화된 분야를 구체적으로 연구했다 하더라도, 워낙에 학술 논문의 생산량이 크게 늘어난 탓에 게재가 쉽지 않다. 연구결과를 학술지에 게재하는 일도 교통정체를 겪고 있는 셈이다. 도로의 너비와 개수가 증가하는 자동차의 수를 따라잡지 못하는 것처럼, 학술지도 급증하는 학술논문의 수요를 충족시켜줄 만큼 증가하지 못하고 있다. 때문에 어떨 때는 이미 게재 허가가 난 논문이 2년 이상을 기다리기도 한다.

이에 대해 자신에게 필요한 정보와 원하는 정보를 선택하고 골라낼 줄 아는 능력만 있으면 된다고 반박할 수도 있다. 하지만 이것은 말은 쉽지만 실제로 하기는 어렵다. 지식을 선택하고 걸러내고 조직화하는 과정은 인지이론의 주요한 이론적 관심사다(Eriksen 2005). 앞선 장에서도 짚어보았듯이 현존하는 잠재적 지식의 양은 어느 특정한 주제와 실제로 관련이 있거나 활용성이 있는 지식의 양에 비해 너무 많다. 그러므로 '일어나지 않은 변화의 가능성'은 거의 무한대에 가깝다고 볼 수 있다. 이 무한한 잠재 지식을 최대한으로 활용하기 위해서는 선택을 위한 기준 정립이 반드시 필요하지만, 정보 과잉의 사회에서는 정보가 희소한 사회에 비해 그 기준을 정립하기가 훨씬 어렵다. 두뇌의 용량을 초과할 정도로 많은 정보가 정신없이 빠르게 생성되는 글로벌 정보화 시대는 모든 틈새가 메워져 유연성이 극도로 낮아진 상태이다. 이에 반해 칸트나 플라톤이 활약했던 시공간Chronotope은 특별히 별다른 일이 일어나지 않았기 때문에 무슨 일이든 일어날 수 있었던, 즉 시간과 공간의 유연성이 대단히 높았던 때다. 그 시절을 그리워할 법도 하다.

활용 가능한 정보의 양이 많은 것도 문제지만, 그 유통기한이 짧은 것도 깊은 사고와 진지한 지적 활동을 어렵게 만든다. 이 과열된 세계에서는 지식을 비롯해 무엇이든 전파되고 축적되는 것은 빠르게 용도 폐기된다. 쓰레기가 되는 것이다. 이동전화는 2~3년, 컴퓨터는 5년만 지나면 더 이상 사용하기 어려운 구형이 되어버린다. 그나마 폐기된 전자제품은 아그보그블로시와 같은 곳에서 작고 위험하고 비공식적인 가내 공업을 통해 재활용되기도 한다. 하지만 폐기된 정보는 어떻게 되나?

폐기된 정보는 오래된 책이나 LP판처럼 가치 있게 여겨지지 않는다. 그것에는 어떠한 만져질 수 있는 특성이 없다. 오래된 전자 정보로 구성된 텍스트와 이미지는 만질 수도 느낄 수도 없으며, 그것이 처음 만들어지던 당시의 느낌을 그대로 전해주지 못한다. 전자책은 종이책의 내용을 그대로 담을 수는 있어도, 종이책과 같은 느낌을 재현해 내기는 대단히 어렵다. 킨들에서는 모든 책이 다 똑같은 형태로 보이기 때문이다. 게다가 온라인에서 유상·무상으로 이용 가능한 정보는 끊임없이 엄청난 양이 생성되고 있으며 삭제되지도 않는다. 이러한 양적인 축적은 정보의 고속도로를 스팸과 파편화된 정보와 아무런 연관성 없는 지식으로 가득 채워 움직이지 못할 정도의 정체를 일으킬 정도로 위협적이다.

여기서 묘사한 모든 상황은 전 세계 중산층에게 상당히 익숙한 일들이다. 이들은 스팸 필터나 '오프라인' 표시 등의 방법으로 가상 세계의 오염을 막으려 시도하지만, 하루 이상을 오프라인으로 지내는 것은 그리 좋은 방법이 아니다. 불필요한 정보의 바다에 익사하는 경험은 때로 물리적인 쓰레기산에 압도당하는 경험보다 더 강렬하다. 비록 컴퓨터에는 가상의 쓰레기통이 있지만, 실제로 하드드라이브에 남은 정보는 포맷을 할 때까지 완전히 지워지지 않는다. 정보의 쓰레기도 구식 매립지에 쌓여가는 쓰레기와 똑같이 쌓여간다.

정보의 과잉과 상시적 접근가능성은 실제로 전 세계 중간계층 사람들의 일상생활을 과열시키고 유연성을 떨어뜨리고 있다. 일찍이 2002년에 덴마크의 한 광고회사는 끊임없는 이메일 때문에 직원들이 일에 집중하기 어려워하자, 하루 중 주요업무시간 5~6시간 정도를 이메일 금지 시간으로 정했다. 얼마 뒤 한 영국인 법률가는 근무시간 이후에 고용주가 고용인에게 전화를 거는 행위를 막을 수 있는 방법을 모색했다. 그가 당시 이러한 제안을 했던 이유는 영국 노동자들에게 짧은 시간동안 주어지는 자유로운 공간인 펍pub이 상실되었기 때문이다. 모두가 휴대전화를 사용하는 지금은, 어느 때든 직장 상사의 전화를 피하기가 더욱 어렵게 되었다(이러한 유형의 시간적 지배에 관한 연구는 Hassan and Purser 2007 참조).

휴대전화의 편재성Ubiquity은 북유럽에만 국한된 현상이 아니다. 헤서 호스트와 다니엘 밀러의 저서 『휴대전화*The Cell Phone*』(Horst and Miller 2006)는 자메이카 킹스턴의 버스강도 이야기로 시작한다. 버스강도들은 29명의 승객에게 휴대전화를 내놓으라고 했지만, 전화기가 26대밖에 나오지 않자 불같이 화를 냈다. 그들은 움직이는 버스에 휴대전화도 없이 탑승하는 사람이 있을 리가 없다고 생각했고, 총기를 동원한 가벼운 협박 끝에 계획대로 나머지 휴대전화도 건네받았다.

실시간 커뮤니케이션 세계의 무게중심은 휴대전화에 있다. 휴대전화는 최근 생산되는 사진의 대부분을 촬영하는 사진기이자, 음악 감상 기기이며 게임기인 동시에 책이고 일정표다. 책을 읽으면서 실시간으로 이메일과 페이스북을 확인할 수 있다. 밀러와 홀스트가 2006년도 저서에 묘사했던 이동통신의 사용 방법은 그 동안 사용자들에 의해 크게 세분화되고 활용도도 높아졌다.

측정이 불가능할 정도로 많은 양의 정보가 어디에나 널려있는 상태는 일상의 속도를 빠르게 하고 네트워크의 빈틈을 채우고 강화시켜주기도 하지만, 반대로 정보를 분류하고 연관성을 파악하는 일을 어렵게 만든다. 2001년 9/11 테러가 발생한 지 얼마 되지 않았을 때, 미 정부가 이미 착륙을 고려하지 않는 비행을 위한 비행훈련을 받는 중동 청년들이 있다는 제보를 받았다는 사실이 알려졌다. 하지만 정부는 왜 조치를 취하지 않았을까? 그것은 CIA와 FBI에 이와 비슷한 의심인물이나 미심쩍은 활동에 관한 제보가 매일 수천 건씩 들어오기 때문이었다. 수많은 정보의 쓰레기 속에서 정말 필요한 단서만 찾아내기란 불가능이었다.

넘쳐나는 정보는 일종의 쓰레기더미로 여겨지기 쉽다. 정신을 어지럽게 할 뿐 아니라 시간의 측면에서도 여유 시간을 없애고 느림을 희소한 자원으로 만든다. 이러한 의미에서 크게 보자면 정보는 유연성을 약화시킨다. 베이트슨은 "유연성과 전 문화의 관계는 엔트로피와 네겐트로피*의 관계와 갖다"고 했다(Bateson 1972, 505). 이 맥락에서 네겐트로피는 엄격한 한계 설정과 강화된 경로의존을 통해 서로 다른 각각의 활동과 프로세스들이 퍼즐조각처럼 완벽하게 맞물리도록 하는 일에 특화된 총체적 질서를 의미한다. 베이트슨은 전체 시스템 안에서 유연성을 유지하는 일은 "시스템 안의 많은 변수를 허용 가능한 한계치의 중위수준으로 유지할 수 있느냐에 달려있다."고 주장했다(1972, 502). 베이트슨은 이 개념을 조금 더 자세히 설명하기 위해 2장에서 언급한 줄 타는 남자의 비유를 들었다. 높은 줄 위에서 몸의 균형을 유지하기 위해서는 팔이 움직일 수 있는 여유 공간, 즉 유연성이 있어야 한다. 이론적으로 시간차가 존재하지 않고, 커뮤니케이션이 빛의 속도로 빨라진 상황에서는 팔을 움직일 수 있는 공간이 줄어든다. 현대의 정보 세계는 조류藻類가 너무 많아진 연못에 비유할 수 있다. 조류는 연못에 필요한 생태적 기능이 있지만, 통제할 수 없을 정도로 많이 불어나면 물고기와 양서류들이 살지 못하게 된다. 혹은 공간적

* Negentropy. 엔트로피와 상반되는 개념이다. 흔히 엔트로피가 증가하는 것을 무질서가 증가한다고 표현하는데, 네겐트로피의 증가는 반대로 질서의 증가를 의미한다.

유연성을 증가시키기 위한 기술(자동차)이 오히려 잦은 정체로 그 유연성을 감소시키는 결과를 초래한 상파울로의 교통 상황에 비유할 수도 있다.

연결들

여러 과열현상이 사회의 정보화와 연결되는 과정을 살펴보면 유사한 패턴이 발견된다. 이는 실제 경험적 연결이 정보화와 과열현상의 연결을 더욱 강화하는 메커니즘이다. 앞에서 언급했듯이 아시아와 아프리카에서 유럽으로의 이주, 라틴아메리카에서 북아메리카로의 이주는 이동 통신 덕분에 불과 1~2년 사이 크게 전환되었다. 이동 통신은 국경 너머의 상대방과의 쉽고 빠른 연결을 가능하게 했고, 이주 결정을 용이하게 했으며, 국경에 침투할 수 있게 하였고, 국경을 상대적인 것으로 만들었다. 또한 '초다양성'을 재강화했다. 즉 더 많은 사람이 국가와 국가 사이를 더욱 자주 이동하게 되고 내부의 이동도 잦아지게 되었지만, 이들이 언어 · 출신 지역 · 종교 등에 기반을 둔 공동체를 만들 때도 있고 만들지 않을 때도 있게 함으로써 다양성을 더욱 다양화하였다. 전자 통신은 송금을 통한 돈의 이동을 촉진하였으며, 사회적 통제와 지식의 전수도 강화했다. 가령 파키스탄의 직업 종교인에게는 서유럽으로 이주한 가정의 자녀에게 스카이프로 꾸란을 가르치는 일이 좋은 수익 사업이다(Aarset 2014). 홀스트는 자메이카 작은 마을의 휴대전화에 관한 연구의 결론에서 다음과 같이 말했다. "휴대전화의 소유와 사용은 여러 측면에서 고향 자메이카와 해외 거주국 간의 거리를 무너뜨렸다. 이는 휴대전화가 상대방과 일상생활을 함께 하는 듯한 느낌을 제공해준 덕분이다(Horst 2006, 156)."

여러 해 동안 이동 전화는 유럽으로의 이주를 계획하고 조직하는 일에 필수적이었다. 2007년 등장한 스마트폰은 2010년 즈음에는 세계시장의 지배자가 되었고, 실시간 통신의 가능성과 영향력을 확장했다. 이주민도, 이주민이 국경을 빠져나오는 일을 도와주고 많은 돈을 받았던 사업가(밀입국 브로커)도, 이제는 스마트폰 GPS로 스스로 길을 찾고 이주를 계획할 수 있게 되었다. 또한 스마트폰으로 찍은 사진을 텍스트와 함께 전송해 소셜미디어에서 논의를 한다. 물론 통화도 '여전히' 가능하다. 많은 아프리카와 아시아 도시에서 저렴한 스마트폰을 이용할 수 있게 된 것은 중국의 빠른 경제성장의 결과 덕분이다. 앞서 묘사했던 비공식 전자제품 무역상들이 중국과 아프리카 · 아시아의 도시를 쉽게 오갈 수 있게 된 것은 항공업의 빠른 성장으로 저가 항공이 확장되었기 때문이다. 항공 수송량의 증가는 글로벌 사우스 지역의 급격한 도시화에 의해 견인되었다. 글로벌 사우스 지역의 급격한 도시화는 토지의 사유화와 대규모의 기업 영농, 채굴, 인구 성장, 기후변화 등의 이유로 수백만의 사람이 자의반 타의반으로 살던 곳을 떠나야 했기 때문에 발생했다. 기존에는 무역업자도 고객도 대부분 지방을 중심으로 살았지만, 이제는 도시를 중심으로 산다.

도시화와 인구성장은 더 많은 사람이 비공식 무역에 뛰어들게 하였다. 도시에는 더 많은 잠재적 무역업자가 있었고, 잠재적 고객의 수 또한 더 많아졌기 때문이다. 지방에서는 기회가 무척 귀하고 일시적이게 되었지만, 도시에는 넘쳐나게 되었다. 이러한 구조는 더 많은 사람들로 하여금 도시로의 이주를 바라고 실행하게 했다.

중국을 비롯한 여러 아시아 국가의 경제성장은 광물 자원과 저렴한 에너지의 꾸준한 공급에 의존하고 있다. 또한 휴대전화의 생산에는 희토류를 포함한 다양한 광물자원의 채굴이 필요하다. 바꿔 말하면 자원 채굴산업은 아프리카의 도시화와 중국의 산업화에 기여했을 뿐 아니라, 그 지역 신흥 도시들의 커뮤니케이션 능력과 이동성을 증가시켜준 휴대전화의 생산에도 관여하고 있다는 뜻이다. 전기역시 일상적 노동에도 중요하지만 스마트폰의 생산에 없어서는 안 될 자원이다. 마지막으로, 엄청난 양의 디지털 폐기물을 생산해 낸 스마트폰의 최후는 아그보그블로시와 같은 쓰레기 더미 가운데에서 값나가는 부품을 찾는 소년들의 손에 의해 분해된다.

글로벌 정보 혁명은 비유적인 표현이 아니라 실제적인 의미에서 이처럼 다양한 방식으로 이 책에서 탐구한 여러 형태의 과열현상(도시화, 이동성, 채굴, 에너지, 쓰레기 등)과 연결되며, 이 장에서는 그 연결 메커니즘과 구조를 살펴보았다. 과열현상의 상이한 경향성들 간의 패턴 유사성을 살피는 일은 이러한 연결에 대한 보완적 논의가 된다. 가령 모든 과열현상은 폭주 프로세스, 즉 온도계도 조절장치도 없는 고속성장으로 설명할 수 있다. 정보의 증가는 그러한 고속성장 가운데 가장 두드러진 사례다. 자연의 제약을 받지 않기 때문이다. 석탄 생산량, 도시의 규모, 하나의 해변이 수용할 수 있는 관광객 수 등은 언젠가는 자연적인 한계에 도달하게 되지만 이 세계가 생산해낼 수 있는 정보의 양은 무한대다. 하지만 '글로벌 정보 고속도로'인 넷net의 관점에서 보자면, 쓸모없는 정보의 더미는 정체를 초래한다. 정보의 쓰레기더미에서 가치 있는 것을 찾아내기란 건초더미에서 바늘 찾기에 비유할 수 있으며, 이는 다른 과열(가속)현상을 답보상태에 머물게 하는 정체현상과 동일하다. 정체현상은 여유 공간이 꽉 차버려 유연성이 0에 수렴하는 상황을 나타내는 전형적인 표현이다. 인간이 가용자원을 최대 속도와 강도로 활용할 수 있게 된 세상에서는 현재의 생활은 물론 가까운 미래의 유연성도 심각하게 줄어든다. 나는 인류가 이미 그러한 세상에 들어섰다고 주장했지만 비공식부문의 경제활동이나 작은 스케일에서 구현된 재생가능한 에너지 생산 시스템의 사례에서 보듯이 기대하지 않았던 곳에서 유연성의 증가가 이루어지기도 했다. 이처럼 경로의존성과 중독 증상과 가상공간의 정체현상을 만들어내는 정보기술은 거꾸로 스케일을 축소하고 유연성을 증가시키는 도구로도 활용될 수 있다. 가령 비공식 택시 서비스를 제공하는 우버Uber나 비정기적 숙소를 제공하는 에어비앤비Airbnb처럼 온라인 연결에 의해 중개되는 탈중

심화된 서비스는 종종 '자본주의의 미래' 혹은 더 나아가 '포스트자본주의'로도 불린다(Mason 2015). 이는 다른 과열현상에도 똑같이 적용할 수 있다. 리프킨은 탈중심화된 전력망을 두고 '에너지의 위키피디아'라고 말했다. 이는 태양열 패널 등을 활용해 여러 개인이 가진 에너지를 모아 하나의 보다 큰 시스템을 구성하는 것이지만, 기업 등으로부터 중앙집권식 조종을 받지는 않는다. 메이슨과 리프킨은 태양 에너지와 정보기술의 힘으로 구성된 작은 스케일의 네트워크를 생기 없고, 표준화되고, 파괴적이며, 중앙집권화된 기업의 이익이 지배하는 현재의 세상에 대한 대항이자 대안으로 이야기했다.

이러한 사례들은 과열현상이 폭주 프로세스와 유사한 현상이며, 유연성이 대단히 희소한 자원이 되었다는 의미이기도 하다. 하지만 신자유주의적 자본주의의 깃발 아래 통합된 세계에서 벌어지는 갈등을 풀어나갈 수 있는 중요한 열쇠는 바로 스케일의 충돌이 일어나는 지점에 있음을 뜻하기도 한다. 일련의 과열현상에는 모두 저마다의 이중구속과, 남아있는 유연성의 양에 대한 고민과, 재생산의 위기와, 폭주 프로세스를 향해 굴러가는 쳇바퀴 등의 문제를 지니고 있다. 그러나 나는 스케일이라는 분석틀로 이 모든 현상을 설명하고자 한다. 스케일의 충돌은 현재의 과열된 세계의 모순과 그것을 극복할 수 있는 가능성을 무엇보다도 분명하게 드러내주기 때문이다.

8

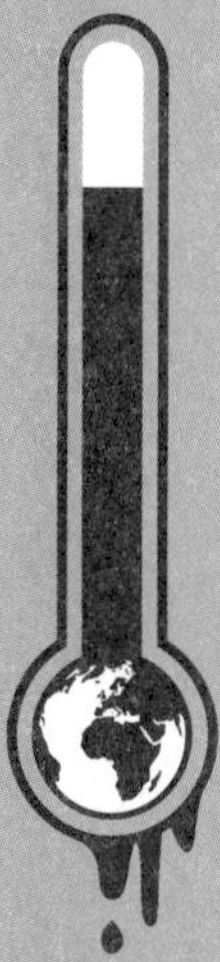

스케일의 충돌

과열된 세계를 이해하는 방법

Clashing Scales: Understanding Overheating

더 깊은 논의로 들어가기 전에 지난 논의를 간략히 정리해 보겠다.

- 재생 불가능한 에너지를 연료로 사용한 기술혁신과 인구 증가는 인간 활동의 지수적 증가를 초래했다. 이는 단기적으로는 환경을 악화시켰고 장기적으로는 기후를 변화시켰으며, 인류의 발자국을 세계 모든 곳에서 확인할 수 있게 하였다. 현세를 인류세로 불러 마땅한 이유다.
- 가장 강력한 행위자의 이득을 위해서라면 언제든 시장의 규제를 철폐하고 시장화를 독려해야 한다는 사상은, 지역에 따라 중요한 차이가 있기는 하지만 현재 세계에서 가장 주도적인 체제이념이다. 흔히 신자유주의라 불리는 이 이념은 정치적 이슈를 경제적 이슈나 경영의 문제로 환원시킴으로써 근본적 가치, 사회 정의, 장기적 관점에서 인류의 안녕을 보장하기 위한 조건들에 대한 논쟁을 회피하는 경향이 있다.

- 인류세의 신자유주의는 분리되어 있으면서도 상호 연관된 몇 개의 영역들 안에서 일어나는 폭주 프로세스로 특징지어진다. 이는 상한선을 정해두지 않는 성장 메커니즘이며, '과열'이라는 비유적 표현을 따르자면 온도조절장치 없이 돌아가는 보일러다. 에너지 사용량의 증가, 도시의 확장과 인구 증가, 관광객과 이주자들의 물결, 쓰레기 배출이 지역 환경에 미치는 직접적인 영향은 모두 전형적인 폭주 프로세스이며, 이는 1990년 이후 폭발적으로 늘어난 인터넷 사용과 초국가적 무역에도 해당한다. 폭주하는 신자유주의를 가장 잘 보여주는 샘플은 단연코 금융화다. 상상의 산물(화폐)을 거래할 때 발생하는 불규칙적이고 잦은 거품 붕괴는 글로벌 체제의 끝없는 변동성을 확인시켜준다. 다양한 스케일 안에서 일어나는 쳇바퀴 경쟁은 폭주 프로세스의 연료인 동시에 폭주 프로세스에는 정해진 목표도 끝도 없다는 사실에 대한 증명이다.
- 경제성장과 생태적 지속가능성 사이에서 발생하는 이중구속은 현 세계의 이중구속(혹은 해결 불가능한 딜레마) 가운데 가장 심각한 것이다. 경제성장은 지속가능성을 비롯한 여러 가치를 추구하는데 방해가 될 뿐이지만 정치인과 국제기구는 그 두 마리 토끼를 모두 잡겠다고 주장한다. 인권에 대한 보편주의와 사실상 인간의 삶을 등급화하는 특수주의particularism 간의 갈등도 글로벌 체제의 주

요한 이중구속적 특징 중 하나다. 이는 계급에 기반을 둔 정치와 녹색 정치 간의 대결이기도 하다.

• 스케일 키우기는 세계화에서 필수적인 요소인 반면, 스케일 줄이기는 그 비판자들에 의해 자주 언급된다. '아래로부터의 세계화'의 전형적 사례인 비공식적 경제와 작은 스케일의 초국적 거래가 광범위하게 퍼져 있음은 이주민에 대한 논의에서 보여준 바 있다. 하지만 좀 더 큰(혹은 확장된) 스케일에서 벌어지는 프로세스는 지금보다 훨씬 포괄적이고 결정적인 변화를 향해 가고 있다. 스케일은 공간, 사회적 조직, 인지 가능한 세계, 시간의 지평 등의 언어로 개념화할 수 있다. 이전보다 더 과열된 세계에서는 스케일의 충돌이 더욱 강력해지고 실질적이 되고 있다. 가장 흔히 볼 수 있는 스케일의 충돌은 지역 커뮤니티가 큰 스케일의 이익에 압도당할 때 일어난다. 또는 장기적인 생존문제보다 단기적인 관심사를 우선할 때, 지속가능한 환경을 만들기 위한 지출보다 지역의 일자리를 우선할 때 일어난다.

스케일을 키울 때 발생하는 효과들

'문명의 충돌' 이론으로는 현대 사회를 정확하게 설명하지 못한다. '문명의 충돌'은 새뮤얼 헌팅턴이 말년(1996)에 발표한 개념으로, 그는 분쟁을 일으키는 주된 요인은 확연한 문화적 차이이며, 이것은 문명들 사이의 '단층fault line'을 따라 터져 나올 것이라고 예측했다. 하지만 오늘날 문명 간의 단층에서 발생하는 분쟁은 거의 목격되지 않고 있다. 물론 오늘날의 많은 무력 충돌이 서양의 지배에 대항하는 무슬림이라 칭하는 자들과 관련이 있음은 사실이다. 하지만 대부분은 무슬림 내부에서 일어나는 분쟁이며, IS나 보코 하람과 같은 세력을 '이슬람 문명'의 대표자로 볼 수는 없다. 세계적인 신자유주의의 결과로 생겨나는 마찰과 갈등, 화석 연료의 지배적 사용과 그에 수반되는 환경 문제들을 설명하기에는 스케일의 충돌 개념이 보다 유용하고, 다방면에 적용가능하며 이치에 맞다는 것이 내 주장이다.

스케일을 키웠을 때 나타나는 효과들에 대해서는 앞 장에서 여러 차례 언급했지만, 여기서 더욱 간단명료하게 다듬어보겠다. 스케일을 키운다는 것은 상업적 이익 혹은 다른 무엇인가를 얻기 위해 어떤 일의 크기를 확장한다는 의미다. 민족주의는 전형적인 현대 정치의 스케일 키우기에 해당하는 사례다(Gellner 1983). 민족주의는 여러 공동체를 효과적으로 민족국가에 편입시킴으로써 생활 세계와 관련된 체제의 경계를 확장한다. 민족국가의 성공적인 완성은 국민의 정치적 스케일과 인식적 스케일을 일치시킬 수 있느냐, 즉 국민들이 상상의 공동체인 국가와 그들 자신의 정체성을 동일시하도록 만들 수 있느냐에 달려 있다.

오늘날의 과열된 세계에서 가장 중대한 스케일 키우기의 사례는 아마도 경제 분야에서 일어나고 있는 거대 기업들의 작은 행위자들 몰아내기일 것이다. 나 또한 호주 현지조사 과정에서 그 전형적인 사례를 목격했다. 2014년 1월, 호주에서 널리 알려진 브랜드인 '커피 클럽Coffee Club'의 체인점 하나가 글래드스턴시의 업무 중심지 군둔 스트릿에 새롭게 문을 열었다. 그 건너편에는 따듯한 아침식사와 향이 진한 홈메이드 커피를 제공하는, 한 가족이 여러 해 동안 부지런히 경영해오던 작은 가게가 있었다. 커피 클럽의 체인점이 영업을 개시한 지 얼마 되지 않아 그 오래된 카페 대문에는 'For Sale' 표시가 붙었다. 베커는 폭발적으로 늘어난 관광객에 대한 연구에서 단체 관광을 위해 새롭게 개장한 도시의 풍경을 다음과 같이 묘사했다.

> 우리와 함께 거리를 걷던 그는 최신 패션 상점들에 밀려난 가게들을 가리키며 말했다. "저 가게들은 원래 왼편 골목에 있었어요. 거기에는 정육점, 꽃집, 빵가게 등이 있었지만, 모두 사라져버렸어요. 국제적인 패션상품을 취급하는 가게들만이 이곳의 임대료를 감당할 수 있어요."(Becker 2013, 84)

스케일 키우기는 규모의 경제를 만들어낸다. 작은 사업체들은 스케일을 키움으로써 경쟁에서 이길 수 있다. 하지만 일반적으로 스케일을 키우면 지역적 유연성이 감소하는 현상이 발생한다는 점도 언급할 필요가 있다. 플랜테이션 농장을 예로 들어보겠다. 단일 품종을 대규모로 재배하는 플랜테이션 농장에서는 다양한 품종을 재배하는 농부의 농장에 비해 더 많은 구조적 단순화와 노동 기술의 표준화가 수반된다. 이렇게 하면 생산성은 올라가지만 플랜테이션 농장의 노동자는 자신만의 땅과 가축을 가진 농부와는 달리 자기 소유의 농장을 경영할 수 없게 된다. 임금 노동자가 된 농부는 금전적 이득은 얻을지 몰라도 자율성과 적응력을 잃어버린다. 그는 이제 자신의 생계를 플랜테이션 농장에 의존해야 한다. 플랜테이션 농장도 자연히 생물학적 다양성이 감소하고 생태적 적응력이 떨어지게 된다. 하지만 그렇다고 해서 작은 스케일의 농장이 가장 좋은 방안이라고 할 수도 없다. 그런 농장만으로는 현재의 세계에 식량을 제대로 공급할 수 없다. 로버트 피즈퍼스는 사적인 대화에서 내게 이런 이야기를 했다. "만약 당신의 농장이 서아프리카의 척박한 땅에 있다면 당신의 가족은 매번 우기가 찾아올 때마다 식량 부족에 시달리겠지요. 십중팔구 당신은 마을 공장에서 익숙하지 않은 일을 하는 것을 소규모 농장에서 일하는 것보다 선호하게 될 것입니다."

민츠(Mintz 1953)가 공장의 시초라 불렀던 플랜테이션 농장의 표준화 · 단순화 논리는 산업 개발이 일어났던 장소라면 어디서든 드러나는 논리였다. 하지만 과거에 비해 투자자본이 손쉽게 해외를 돌아다닐 수 있는 현재의 상호 연결된 세계에서는 표준화 · 단순화의 논리가 그 때보다 더욱 유비쿼터스적이 되었다. 이는 워드 프로세서와 프레젠테이션 프로그램이 사용자의 작업 방식을 결정하고 다른 작업자와의 소통을 쉽게 만들어주는 과정에 비유할 수 있다. 마이크로소프트의 오피스 프로그램은 전 세계에서 가장 지배적인 워드 프로세서이자 프레젠테이션 프로그램으로 사실상 업계의 표준이나 다름없으며, 그 위상은 해상 운송에서 컨테이너 시스템이 차지하는 위상과 맞먹는다(Levinson 2006). 미터법의 적용과 비슷하게 1960년대 초에 도입된 일정한 크기와 형태의 해상 운송용 컨테이너는 세계 무역 시스템을 소수를 위한 일로 바꾸어버렸다. 전 세계의 대형 항구에 존재했던 거친 항만 노동자들과 그들의 노조는 과거의 유산이 되어버렸고, 이제는 철도나 트럭으로 항구까지 운반되어 온 화물을 선적하는 소수의 크레인 기사(대개 고임금을 받는다)만이 남게 되었다. 항만 작업이 노동집약적 형태에서 기계화로 전환된 것은 앞에서 언급했던 노동집약적 채굴에서 기계화된 시추로 전환된 채굴산업의 사례와 꼭 닮았다. 색깔과 회사 로고는 각양각색이지만 사이즈와 비율만큼은 모두 동일하게 표준화된 해상 운송용 컨테이너가 세상을 지배하게 되자, 철도와 트럭과 배와 항만 시설은 모두 그 구조와 배치를 바꿔야만 했다(대개는 새로 짓거나 만들어야 했다). 이 시점에서 상업 무역의 세계는 그 스스로를 산업 표준에 묶어버렸고, 붉은 여왕의 쳇바퀴를 따라가지 못하는 자들은 망각의 운명을 맞이하게 되었다. 대표적으로는 항만 시설의 재구조화에 실패(부분적으로는 강력한 항만 노조 때문이었다)해 1960년대 말 문을 닫았던 리버풀 항이 있다. (이와 반대되는 사례로는, 에렘과 듀렌버거가 연구한 사우스캐롤라이나 항만노조가 있다(Erem and Durrenberger

2008). 이들 노조는 컨테이너화 이후에 투쟁의 스케일을 키웠고, 결과적으로 전 세계 항만 노동자들의 지위 강화를 가능하게 했다.)

노동력과 기반시설의 재구조화와는 별개로 큰 스케일에서 보자면 컨테이너 선박의 표준화로 운송비용은 대폭 절감되었다. 그 결과 인도의 장난감 가게에서 중국제 바비인형을 구매하는 것이 경제적으로 합리적인 일이 되었다. 바비인형의 제작사가 있는 곳보다 중국의 인건비가 훨씬 싸기 때문이다. 하지만 이는 컨테이너 시스템이 도입되지 않았더라면 불가능했을 일이다.

이처럼 큰 스케일의 표준화된 시스템은 커뮤니케이션, 운송, 소비, 생산 등의 영역에서 과열된 세계의 기반시설을 구축한다. 이때 스케일의 충돌이 일어난다. 지역적 스케일에서 작동했던 항구도시 리버풀의 항만 노동자 노조는 초국적 스케일에서 진행되는 프로세스에 의해 제압당했다. 미국 중서부 지역의 장난감 공장들도 이처럼 대외적인 프로세스에 의해, 즉 전 세계 모든 곳의 상품을 저렴하게 배로 운송할 수 있게 되면서 경쟁력을 잃었다.

경제적 영역(생산과 분배와 소비의 영역)에서 벌어지는 스케일의 충돌은 '세계 경제'에는 이익이 될지 모른다. 하지만 이는 실제의 삶과는 연관성이 부족한 추상적 관점에서일 뿐이고, 그 충돌의 직접적 영향을 받는 사람에게는 그렇지 않다. '과열' 프로젝트의 연구자 프리다 암네스Frida Aamnes는 2015년 도미니카 캐리비안 섬의 바나나 농부의 연구에서 유럽 시장의 바나나 규제완화에 대한 지역의 대응을 조사했다. 1990년대까지 도미니카는 다른 동부 캐리비안의 국가들과 마찬가지로 독립 이후 수십 년간 제1·2차 로메협정Lomé agreement*에 따라 영국과 유럽에 최저 가격으로 바나나를 수출할 수 있었다. 하지만 1990년대에 걸쳐 점진적으로 특혜가 없어지면서, 대부분 자기 소유의 작은 땅에서 바나나를 가꾸던 도미니카 농부들은 이제부터 중앙아메리카 본토의 대규모 농장에서 생산된 바나나와 경쟁해야 한다는 사실을 깨닫게 되었다. 그들의 소규모 농장에서는 그에 맞는 가격 경쟁력을 갖춘 바나나를 생산하기가 불가능했다. 지역 정치인들은 농부들의 게으름을 탓하기 일쑤였다. 반면 섬에서 활동하던 NGO는 공정무역과 연계해 사회적 책임을 다한 유기농 바나나를 원하는 틈새시장 공략으로 그들을 도왔다. 암네스의 연구에서 농부들은 단일 품종을 재배하는 큰 스케일의 농장을 만들지도, 생산자에게 이런저런 조건을 부여하는 공정무역에의 경로의존성을 보이지도 않았다. 오히려 이와 대비되는 유연성을 선택하는 경향이 강했다. 많은 농부가 여전히 바나나를 기르면서도 다양한 방식으로 수익을 보충했다. 이는 마치 여러 작물을 소량 생산하고 가축도 조금씩 키우는 독립 자영농과 같았다. 가정에서 직접 만든 음식과 음료를

* 유럽경제연합ECC이 아프리카, 카리브, 태평양 연안 국가ACP: African, Caribbean and Pacific Group of States와 1975년 체결한 협정. 주 내용은 ACP에서 ECC로 수출하는 광물과 농산품에 대한 무관세 적용과, ECC의 ACP에 대한 경제 원조로 1976년부터 제1차 협정이 발효되었다.

판매하는 사람도 있고 마리화나를 파는 사람도 있었다. 빈방을 임대하거나, 물고기를 잡거나, 운전을 하거나, 공사장에서 일을 해 돈을 벌기도 했다. 즉 이들의 대응은 스케일을 키우기 위한 시도도 하지 않고 또 다른 큰 스케일의 시스템(공정무역)에 들어가지도 않은 채 스스로의 자율성을 유지하면서 살아남는 방법을 찾는 것이었다. 이들의 경제는 지역적인 생산 · 분배 · 소비 활동에 기반을 두었다. 이는 지역적인 활동으로 여겨지기 쉽지만, 필연적으로 지역적 · 국가적 · 초국적인 시스템에도 일정 수준 포함된다(정도의 차이는 있다). 도미니카 바나나 농부는 비록 쿼터제도와 특혜 협정의 혜택을 받았던 과거를 그리워했지만, 그럼에도 그들이 그 어떤 영향력도 행사할 수 없는 큰 스케일의 국제기구에 의존하기보다는 자립을 택했다. 기업에 대한 특혜, 즉 최대한의 규제완화와 상대적 강점의 극대화는 경제성장을 지상과제로 삼는 세계에는 이익이 된다. 하지만 이는 특정한 지역의 사람들에게는 불이익일 수 있다. 사람에게는 경제적 생존만이 아니라 일정 수준 이상의 자율성도 요구된다.

결정적으로 스케일의 확대는 변화에 의해 불리해진 이들의 협상력을 더 약화시킨다. 글래드스톤 서쪽에서 차로 1시간 30분 가량 걸리는 곳에 1970년대부터 시멘트 공장에 들어가는 석회암을 생산한 이스트 엔드East End 광산이 있다. 석회암을 채굴하기 전에는 반드시 대량의 물을 뽑아내기 때문에, 광산에 인접한 마운트 랄컴Mount Larcom의 농부들은 오래전부터 이에 대해 우려했다. 농부들은 협회를 결성하고 채굴 작업에 따른 지하수 유실에 대한 보상을 요구했다(Eriksen 출간예정 b; Lucke 2013). 지역 농부 알렉 룩케에 의하면, 예전에는 농부들이 직접 광산회사의 매니저를 만날 수 있었고 때로는 합의를 보기도 했다(Lucke 2013). 그 매니저는 지역 농부들과 그들의 요구에 대해 잘 아는 지역주민이 되고자 했다. 오늘날 광산 회사는 시멘트 회사와 합병했고 그 본사는 브리즈번에 있다. 합병 이후 농부협회에서 요구사항을 전하기 위해 광산 매니저를 만났지만 그는 더 이상 지역주민이 아닌 해외에서 파견된 전문가였다. 매니저는 자신이 농부들을 위해 해줄 수 있는 것은 아무것도 없으며 본사에 직접 문의하라고 했다. 내 정보원은 농부들이 실제로 본사와 소통할 수 있는 통로를 만드는 일의 어려움은 차치하더라도 매니저의 판에 박힌 듯한 대답은 퀸즐랜드 중부의 농부 100명의 실제 생활과도, 그들이 속해 있는 작은 스케일의 환경과도 완전히 동떨어진 것이었다고 했다. 지하수 고갈의 책임 문제가 더 높은 층위의 스케일로 전환되었고, 농부들은 과거에 비해 권한을 가진 담당자를 만나기가 훨씬 어려워졌다. 이에 대한 비판을 간략히 요약하자면, 스케일 확대는 대체로 더 높은 층위의 스케일을 위해 낮은 층위에서의 의사결정을 불가능하게 함으로써 지역의 영향력 행사를 더욱 어렵게 만드는 결과를 초래한다는 것이다.

오늘날 많은 지역에서는 자신들이 보다 높은 차원에 공헌하는 정도에 비해 돌아오는 이익이 적다는 불만이 널리 퍼져 있다. 공업도시 글래드스턴의 사람들에게 그들이 퀸즐랜드의 경제에 얼마나 큰 공헌을 하고 있는지를 묻는다면 아마도 조금은 시큰둥하게 "그래요, 우리는 퀸즐랜드가 아니라 남동부 퀸즐랜드(브리즈번 근처의 밀집된 도시화 구역)의 경제에 정말 많은 공헌을 하고 있지요."라고 답할 것이다.

조금은 정도가 덜할지 몰라도 환경정치의 영역에서도 스케일의 충돌이 발생한다. 중부 퀸즐랜드의 환경운동가들 특히 산업으로 인한 대기와 해양의 오염 등 지역적 이슈에 관심이 많은 이들은 그린피스처럼 큰 스케일에서 행해지는 환경운동이 큰 스케일과 작은 스케일 사이를 적절히 연계하지 못하고 있다는 비판을 자주한다. 앞에서도 한 번 언급했듯이 그 환경운동가 중 한 명은 내게 그린피스가 어떻게 단 한 번도 이 도시를 찾아오거나 자신들의 활동에 참여하지 않을 수 있느냐며 이렇게 이야기했다. "그들은 세계를 구하는 챔피언들이죠. 그레이트 배리어리프를 지키는 일은 아주 잘해요. 하지만 소위 지옥 같은 공업지대에 사는 우리들에게는 관심이 없죠."

스케일의 충돌은 지역주민이 그들의 실제 생활에 관련된 의사 결정과정에 영향력을 행사하기 어렵게 만드는 데서 그치지 않는다. 많은 지역주민들이 큰 스케일의 경제력에 압도당하는 느낌 또는 큰 스케일의 정치적 기구나 NGO에게 무시당하는 느낌이 억울함과 분노의 원천으로 작용했다고 한다. 또한 그 분노는 지역에 기반을 둔 대안 활동을 형성하는 계기가 될 때가 많다.

지역 공동체의 문제에는 관여하지 않는 환경운동가의 사례에서 볼 수 있듯이, 논의의 스케일을 한 단계 혹은 그 이상으로 키우는 것은 구체적이고 실재하는 문제를 직접 다루지 않고 회피하는 수단이 될 수도 있다. 사실 특정 지역주민의 생활습관을 바꾸는 일보다는 차라리 세상을 바꾸는 일이 더 논하기 쉬울 것이다. 실제로 책임 소재를 한 단계 높은 층위로 미루게 되면 직접적인 대립을 회피하면서도 힘의 불균형을 강화할 수 있는 것과 마찬가지다. 쉬운 예로, 부부싸움에서 남편의 무신경함과 예의 없음을 지적하는 부인에게 "자기야, 이건 중산층 프로테스탄트 특유의 매우 젠더적인 논쟁이야. 요즘 일부 현대사회 이론가들이 '순수한 관계'라고 부르는 것과 비슷하다고 생각해."라고 답하는 꼴이다. 남편의 면도습관과 옷 입는 스타일에 대한 부인의 불평과, 그런 부인의 불평을 추상적 논쟁으로 맥락화 하는 남편 사이에 발생한 스케일의 충돌이 부부사이를 갈라놓을 수도 있음은 말할 필요 없으리라.

더글라스 아담스(Douglas Adams 1979)의 『은하수를 여행하는 히치하이커를 위한 안내서』의 도입부에는 다중 스케일 시스템의 특징인 스케일의 충돌을 잘 이해할 수 있다. 조용한 성격의 영국인 아서 덴트는 어느 날 외계종족인 보곤족이 지구 궤도 위에 은하계 고속도로를 건설하기 위해 지구를 철거할 것이라는 사실을 알게 된다. 덴트는 지구를 없애서는 안 된다고 항변하지만, 보곤족은 지구인에게는 충분한 시간을 주었던 만큼 이제 지구 멸망의 책임은 지구인에게 있다고 대답한다. 실제로 보곤족은 이미 수천 년 전부터 지구인에게 이 사실을 알리고 반대 의사를 피력할 기회를 주었던 것이다. 거주지가 철거당할 위기에 처한 소설 속 덴트의 상황은 이 세계에도 완벽히 적용 가능하다. 나는 이 이야기가 원주민과 정부 혹은 어떤 이유에서든 큰 스케일의 집단에게 강요받거나 무시당하는 모든 작은 스케일의 존재들의 관계에 대한 정확한 풍자라고 생각한다. 인류학자들은 이러한 비대칭적 관계에 대한 연구를 많이 했다. 북부 캐나다에서 호주와 아마존 유역에 이르기까지 자원 채굴이 가속화되고 있는 최근에는 주로 채굴권과 관련된 연구가 많았다. '과열' 프로젝트 연구원 마르그리테 스타이너트(Margarethe Steinert 2015)는 페루 저지대의 작은 민족인 아샤닌까Asháninka족에게 가해지는 큰 스케일의 외부적 압력을 묘사하면서, 마을주민이 결코 미래를 낙관적으로 생각하지 않는다는 점을 보여주었다. "우리는 식민 침략자들(광산, 석유, 가스 등 자원회사들)을 위협적인 적으로 생각한다. 그들은 우리보다 강하고 우리 땅을 뺏을 의도를 가진 '강력한 타자他者'다(Steinert 2015, 51)." 스타이너트는 여기에 덧붙여, 지역주민들에게는 리마에 있는 정부나 자원회사들과의 협상에서 사용할 수 있는 카드가 하나도 없다고 했다. 아샤닌까족에게 페루 정부는 아담스의 소설 속에 나오는 지구와 알파 센타우리 행성 간의 거리만큼이나 멀게 느껴진다.

비난의 대상, 책임소재와 스케일

키에르케고르는 "인생은 앞으로 나아갈 수밖에 없지만, 반드시 지나온 길을 이해하고 나아가야 한다."는 유명한 말을 남겼다. 이를 오늘날의 우리에게 적용해 보자면, "우리는 각자의 지역에서 살아갈 수밖에 없지만, 그 삶은 세계적으로 이해되어야만 한다."고도 할 수 있을 것이다. 앞에서도 말했듯이 경제와 정치의 영역에서 벌어지는 스케일의 충돌은 대단히 실제적이고 눈에 띄는 형태로 나타나지만, 인지적 영역에서는 그리 중요하거나 결정적인 것으로 여겨지지 않는다. 이는 주로 일반적인 상황에서 발생하는 스케일의 충돌이 각자의 개인적 경험과 생각 또는 나름대로 얻은 통계적 지식과 딱 들어맞지 않기 때문이다. 서로 다른 스케일의 지식 체계가 충돌할 때는 둘 중 하나의 지식 체계를 선택해야만 한다. 이때 전문가나 미디어의 발언을 중시하는 사람이 있는 반면, 자신이 직접 목격한 것을 믿는 사람도 있다. 두 종류의 지식이 상충하는 것처럼 보일 때, 대부분은 전문가의 고매한 의견보다는 자신의 경험을 신뢰하며, 문제에 대한 비난의 대상도 그에 맞춰 선택한다. 예를 들자면, 강수량이 평소와는 다르게 불규칙적이고 불안정함을 인지한 페루의 농부는 이 문제를 여러 NGO나 정부 기관에서 언급하는 기후변화 문제와 연관 지을 수도 있다. 하지만 그러면 기상청에서 지금의 가뭄은 정상적인 기상변화의 범위 안에서 일어나는 일이라고 책임을 회피한다. 농부는 기후변화를 탓하는 한편으로, 스케일의 층위를 한 단계 낮추어 전통적인 지식과 관습에 의거해 비를 내리는 의식을 치를 수도 있다(Astrid Stensrud, 개인적 대화).

문제는 변화하는 세계를 어떻게 해석할 것이며 이에 대한 도덕적 판단, 즉 신뢰할 것인지, 비난할 것인지, 책임을 물을 것인지를 어떻게 판단할 것인지이다. 로버트 피즈퍼스는 2007년 글로벌 금융위기 이후 지속적으로 생산량과 수입이 감소하고 있던 시에라리온의 광산지대 사람들에게 글로벌 금융위기에 대해 어떻게 생각하고 있느냐고 물었다. 그들은 헛웃음을 지으며 "그건 세계적인 일인 걸요. It's the global"하고 대답했다고 한다(Pijpers, 개인적 대화). 이 발언의 정확한 의미는 알 수 없지만 중요한 것은 그 사람은 더 높은 층위의 시스템이 자신들의 지역적 삶에 어떤 영향력을 미칠 수 있다고는 생각하지 못했다는 점이다. 큰 스케일의 시스템이 만들어내는 변화는 지역의 삶에 영향을 미치며, 일정부분 책임도 갖고 있다. 그러나 이 과열된 세계에서 표출되는 갈등과 충돌과 불만은 대체로 알아차리기 힘든(알게 되더라도 어렴풋하게만 알 수 있는) 먼 곳에서 벌어지는 일이 지역의 삶에 중요한 영향력을 행사한다는 사실을 인지하는 데에서 시작된다. 관념적인 시스템의 신뢰 문제를 다룬 앤서니 기든스의 유명한 글(Giddens 1990)에 의하면, 시스템을 향한 신뢰는 상당한 수준의 예측가능성을 전제로 한다. 가령 돈은 언제나 예측 가능한 방향으로 움직이고, 교통 신호등이 어떻게 움직이는지를 알고 있는 상황을 전제로 한다. 하지만 지역적 스케일과 관념적 스케일 간의 격차가 크면, 일반적으로 상호 이해가 파편적으로 이루어지고 힘의 불균형도 심화된다. 복잡화 · 고도화된 사회에서 존재의 안정은 관념화된 시스템에 대한 신뢰에 달려있지만, 풀뿌리 수준에 속한 개인들로서는 그 시스템에 영향을 미칠 방법은 없는 것이나 다름없다는 기든스의 말은 옳다.

신뢰라는 주제는 짐멜의 『돈의 철학*Phiosophy of Money*』에서 1990년에 소개되었지만, 여전히 이에 관한 사회과학적 문헌은 드물게 존재한다. 하지만 신뢰라는 개념은 과열과 스케일에 관한 연구에 중요하다. 사회의 변화가 빨라짐에 따라 과거에는 신뢰를 창출하는 것이 가능했던 사회적 관계나 사회 구조의 타당성과 안정적 지속에 의문을 품는 사람이 많아졌다. 이에 대해 현대사회는 사회적 범위가 확장되었으며, 개인 간의 신뢰가 기관을 향한 신뢰로 변화했다는 일반적인 근대주의자들의 설명(Gellner 1988; Fukuyama 1995; Ridley 1996)이 여전히 받아들여지고 있다. 그러나 현대의 고도화된 사회 안에서 발생하는 다양한 신뢰 수준에 관한 연구는 동일한 사회의 구성원이라도 각자 믿는 대상(사람이든 아니든)은 본질적으로 서로 다르다는 사실을 밝혀내었고, 이에 따라 위와 같은 설명에 점점 더 많은 의문을 제기하고 있다(예시: Rothstein 2000). 빠르게 변화하는 다중 스케일의 사회에서 단선적인 설명 이론은 대단히 신뢰하기 어려운 것이다. 큰 스케일의 시스템이 진실도 적절한 것도 아님이 판명된 지금에도 여전히 그것을 신뢰하는 것은 약속을 지키는 것도 지식을 생산하는 일도 아니다. 그런 사람은 곧 더 큰 스케일의 지식 체계를 대안으로 삼아 신뢰하게 되거나, 예전처럼 개인적으로 아는 사람들의 말과 자신의 경험만을 믿는 상태로 돌아가서 모든 문제들에 대해 한 단계 높은 스케일로 비난의 화살을 돌리기 쉽다. (모든 종류의 착취와, 무자비한 환경파괴와, 근시안적인 이익추구에 대해 의례적으로 신자유주의를 비판하는 현상은 사회과학자라고 해서 딱히 일반인들에 비해 모든 문제를 단순화하고 책임을 위로만 전가하는 일을 꺼려하지 않는다는 사실을 보여준다.)

관념적 지식은 복잡하고 변화하는 사회 안에서 정통성을 인정받고 영향력을 확보하기 위해 다른 지식 체계와 경쟁해야만 한다. 가장 극심한 지식 체계 간의 경쟁은 관념적(혹은 전문적) 지식과 경험적 지식 간의 경쟁이다. 이들의 충돌은 인식적 스케일에서만 일어나지 않고, 각자의 영역에서 동일하게 일어난다. 실제로 2011년부터 2014년까지 벌어진 글래드스턴 항의 준설이 환경에 미치는 영향에 관한 길고 격렬한 논쟁에서는 경험적 지식과 전문가적 지식 모두가 각자의 영역 안에서 내부적 충돌을 일으켰다. 간략히 설명하자면 어떤 지역주민은 물고기와 게들이 준설로 인해 병들었다고 주장했지만, 다른 주민은 준설하기 전에도 상황이 이보다 좋지는 않았었다고 주장했다. 전문가 또한 항구 운영회사에 고용된 이들은 항구 내부의 수질은 적합한 수준이라고 주장했지만, 환경단체에서 위임한 전문가들은 대단히 유독한 상태라고 주장했다(Eriksen 출간예정). 그러므로 이는 단순히 위에서 내려다본 보편적이고 관념적이고 일반적인 지식과, 극소수의 지역적이고 특수한, 하지만 자신이 속한 영역은 대단히 정확하게 파악하고 있는 경험적 지식과의 충돌이 아니다. 충돌은 모든 관념적 층위에서 발생하고 있다.

경험과 관찰에 기반을 두고 세워진 인식적 세계와 관념에 근거한 인식적 세계를 통합하기란 결코 쉽지 않다. 레비스트로스는 손에 있는 재료를 활용해 새로운 아이디어로 무언가를 창조해내는 사람인 브리꼴레르bricoleur와 공식과 원칙에 따라 일을 처리하는 사람인 엔지니어ingénieur를 비교했다(Lévi-Strauss 1966[1962]). 구디(Goody 1977)는 문화적 다양성이 얼마나 넓은지를 보여주기 위해, 맥락이 없고 현실과 유리된 글쓰기의 세계와 맥락이 있고 현실에 뿌리를 두고 있는 구술의 세계를 대조했다. 다른 많은 이들도 인식적 스케일의 층위를 대비적으로 드러내는 다양한 이분법적 연구를 수행했다(Berreman 1978에서 관련 목록을 참조). 하지만 오늘날의 세계에서 대부분의 사람이 처한 현실은 이 두 가지 인식적 스케일을 분리할 수 있는 상황이 아니기 때문에 양자 모두를 함께 고려해야 한다. 가령 나의 일상적인 소비활동과 신념은 내가 글로벌 기후변화에 관해 읽고 배운 것들과 위배되지 않아야 한다. 인도네시아 캄풍Kampung*의 전통을 배우는 사람은 그 전통지식이 이슬람이라는 보

* 작은 마을을 뜻하는 인도네시아어.

편적 종교와 부합해야 한다. 페루의 농부가 노동과 부의 관계를 배울 때는, 그것이 정부의 정책과 글로벌 시장의 기능에 대해 알고 있는 사실과 관련이 있어야 한다.

때로 모든 층위의 스케일이 한 번에 연결되지 않을 수도 있다. 옆 마을이 서방 국가의 폭격으로 산산조각 났을 때, 폭탄을 떨어뜨린 정부의 대표가 침통한 듯이 보편적 인권을 이야기하는 모습을 어떻게 받아들여야 한단 말인가? 글로벌 기후변화 때문에 내가 사는 지역에 가뭄이 들고 식량위기가 찾아와 많은 주민들이 비참한 삶을 살게 되어도, 그 일에 책임을 져야 할 대상을 불러내기란 어려운 일이다. 가해국은 기후정의Climate Justice를 실천하는 캠페인을 벌이며 미래를 낙관하고 있다. 기후변화로 삶이 송두리째 바뀌어 버린 사람은 대체 누구를 탓해야 하고, 무엇을 해야 할까? 비난의 대상이 지역의 기업이 아닌 기후변화 자체가 되어버린다면 정치적 행동을 취하기가 훨씬 어려워진다. 이처럼 비난의 대상을 더 높은 관념적인 스케일로 돌리는 것은 기업과 정부가 더욱 무책임하게 행동할 수 있는 빌미를 준다. 그들은 '글로벌 마켓'이나 '글로벌 기후변화'를 이유로 자신에게는 책임이 없다고 할 것이다.

인식적 스케일이 충돌할 때 사람들은 갈등을 덮을 수 있는 방편을 찾으려 한다. 가령 환경문제를 의식하는 중산층은 비행기를 타면서 '내가 아니어도 비행기는 출발했을 거야'라고 변명을 할 수 있다. 그는 자신도 모르는 사이에 생각의 스케일을 개인적 층위에서 보다 높은 층위로 전환했다. 그 과정에서 그는 다른 모든 승객도 구조적으로 자신과 마찬가지의 입장에 있다는 사실과, 큰 스케일의 항공 서비스는 그와 동일하게 생각하는 수백 명의 행위가 모인 결과 그 이상도 이하도 아니라는 사실을 깨닫지 못했다. 혹은 깨닫기를 거부했다.

'시스템'을 탓하는 것은 과열현상에 대한 지역의 일반적인 대응이며, 이때 시스템이 포괄하는 범위는 자기 지역보다 큰 지역이든 국가든 '글로벌'이든 상관없다. 그러나 우리는 과열이 진행되는 상황에서 스케일이 충돌할 때 각각의 비난이 어떻게 다른지를 조금 더 가까이에서 살펴볼 필요가 있다. 비난의 형태에는 보편적인 유형이 존재하며, 특히 '글로벌'을 비난의 대상으로 삼을 때 잘 나타난다.* 위험과 비난에 관한 중요한 글을 남긴 메리 더글라스는 그녀가 잘 아는 아프리카 촌락 사회에서 한 여자가 죽었을 때 보이는 각기 다른 비난의 유형을 세 가지로 구분했다(Mary Douglas 1992).

첫 번째로, 그 여자 본인을 비난하는 경우다. 그녀는 조상을 모욕했거나 금기를 범했을 수 있다. 이 경우 마을 공동체는 속죄와 정화를 위해 조상신에게 공물을 바치며, 이는 앞으로도 법과 규범을 지키며 살 것을 약속하는 것이다.

두 번째로, 그녀와 개인적으로 적대관계 또는 경쟁관계에 있던 사람을 비난하는 경우다. 이때는 당한만큼 갚아주는 원칙에 따라 보상금이 지급되어야 한다.

* 아래의 내용은 에릭슨(2014 b)의 첫 번째 장을 바탕으로 작성되었다. — 원주

세 번째는, 그녀가 죽은 원인이 공동체 외부에 있을 때다. 이때 비난의 대상은 해당 공동체의 규범을 존중하지 않는 자이거나, 체제 전복이나 붕괴를 노리는 세력일 수도 있다. 보통은 외부인이지만 내부의 배신자일 때도 더러 있다. 이때 공동체는 전통적으로 그 대상자의 처벌과 보상을 요구하지만, 여자의 죽음을 얼마만큼 무겁게 느끼느냐에 따라 전쟁이나 부족 간의 관계 단절까지 요구할 때도 있다고 한다.

더글라스의 분류방식은 현대 사회에서 이루어지는 비난에도 충분히 적용가능하며 유의하다. 현대 사회에서도 무엇인가 잘못되고 있다고 여겨질 때, 그것을 전적으로 한 명의 잘못으로 보거나, 사회 내부의 분쟁이나 갈등 또는 경쟁의 결과로 보거나, 외부 세력의 흉계 때문으로 보거나 한다. 이때 그 외부 세력은 '글로벌'이나 그와 비슷한 다른 무엇인가(예를 들면, 대규모 이민이나 미국의 제국주의, 중국의 확장 등)가 된다. 어쩌면 메리 더글라스가 그 전통 사회를 서술할 때 그들 내부의 의견충돌과 관점의 차이로 인한 분쟁의 수준을 실제보다 축소해서 보았을 수도 있다. 하지만 21세기 초의 고도화된 사회에서도 하나 이상의 비난이 동시에 가해질 때가 있음은 틀림없는 사실이다. 실제로 희소 자원을 둘러싼 갈등이나 극명한 사상적 대립도 대부분 서로 다른 비난의 유형과 스케일의 차이로 이해할 수 있다. 확실히 현대사회에서 비난(혹은 죄나 책임의 소재를 묻는 것)은 그 형태가 모호하고 비난이라고 알아보기 힘든 방식으로 나타날 때가 잦다. 또한 비난의 대상이 환경적 · 경제적 · 사회적

· 문화적으로 빠르게 확산 중인 위기이자 광범위하게 퍼져 있는 미래에 대한 불안감으로 여겨지는 특성이 있다. 1장에서 언급했듯이, 사회진화론과 자본주의 사상의 핵심에 관한 믿음은 여전히 이어지고 있지만 지난 수십 년간 거의 모든 지역에서 약화되었다는 것을 알 수 있다. 이는 주로 예측 불가능한 위기가 연속적으로 발생해왔기 때문에 나타난 결과이며, 그 예측 불가능한 위기의 마지막 사례는 바로 신자유주의적 세계 체제 그 자체이다. 하지만 이로 인한 문제의 책임을 물을 때는 각기 다른 형태의 비난이 전방위적으로 나타난다. 이에 대해 더글라스는 "이제 막 명명된, '**전혀 조직되어 있지 않은**' 공동체들이 있다. 여기에 모든 방향에서 예측할 수 없는 비난이 가해진다(Douglas 1992, 6)."고 서술했다. 현대의 고도화된 사회가 처한 상황은 경계선의 사례에 해당한다고 할 수 있다. 이쪽과 저쪽을 중재해 비난의 대상과 해야 할 일에 대한 사회적 합의를 이끌어냄으로써 하나의 도덕적 공동체를 형성해야 한다.

더글라스가 제시한 비난의 세 가지 유형을 현대의 과열현상에 어디까지 적용할 수 있을까? 앞서 소규모 바나나 농장이 많은 캐리비안 섬에서 일부 정치인이 자국 바나나의 경쟁력 약화를 농부의 게으름 탓으로 돌리려는 것을 보았다. 농부들은 신자유주의를 비난한다. 동부 캐리비안에서 EU로 수출하는 바나나에 대한 쿼터제도와 최소가격보장제도의 잇따른 폐기가 이미 코스타리카 등 대규모 농장을 경영하고 있는 나라에 비해 경쟁력 측면에서 크게 불리했던 소규모 생산자에게 암울한 결말을 보여주었다는 것이다. 여기서 대립하는 두 사회적 주체에 따라 두 가지의 비난 유형을 확인할 수 있다. 한쪽에서는 사회적 현상을 개인화하고 개인을 비난의 대상으로 삼았고, 한쪽에서는 그들이 직접 관찰할 수 없어 알아차리기 어려웠던 한 단계 높은 스케일의 시스템적 요소를 지적했다. 이는 더글라스가 제시했던 비난의 유형 셋 중 두 가지에 해당하며 빠진 하나는 해외의 경쟁자에 대한 비난이다. 그러나 최근에는 바나나 수출이 어려워진 데에는 정치인의 잘못도 있다고 한다. 그들이 바나나 산업을 등한시 하고 다른 유형의 경제적 활동에만 관심을 기울인 결과 바나나의 경쟁력 유지에 실패했다는 것이다.

많은 유럽 국가에게 대규모 실업과 불안정한 미래라는 당면 과제를 안긴 경제위기 역시 같은 식으로 설명이 가능하다. 새로운 계층인 프레카리아트(항구적인 불안정 상태에 놓인 비공식적 노동계층)의 입장에서 나오는 비난에도 더글라스의 모델을 적용할 수 있다. 첫째, 영속적인 일자리를 얻지 못한 자신의 잘못을 탓할 수 있다. 적절한 자격증을 갖지 못했거나, 초보시절 직업상 해서는 안 될 실수를 저질렀거나, 노동시장에서 자신의 능력을 충분히 입증해 보이지 못했거나(노동시장에는 큰 변화가 없었다) 등의 이유가 있을 수 있다. 둘째, 원치 않은 내부 경쟁을 불러온 상황을 탓할 수 있다. 자신보다 열악한 조건에서도 일할 준비가 된 외국인 노동자의 등장을 예로 들 수 있다. 이때의 비난은 의도적인 비난이라기보다는 제로섬 게임의 의미로 보아야 할 것이다. 셋째, 노동조건의 탈영토화를 시스템의 실패 탓이라 할 수 있다. 특히 규제완화와 보편화된 신자유주의는 기업의 사회적 책임과 정치인의 부패와 무능에 면죄부를 주었으며, 유럽 경제 공동체가 다른 신흥 산업국(특히 아시아)에 견줘 가지고 있던 상대적인 경쟁력 우위를 조금씩 상실하는 것을 허용했다.

그러므로 더글라스의 세 가지 비난 유형은 단순한 사회에서는 물론 현대의 복잡한 사회에도 적용이 가능하다. 하지만 대다수 현대인이 살아가고 있는 다중 스케일의 사회에서는 온갖 유형의 비난과 탓하기가 동시에 이루어지고 있다. 때문에 더글라스의 모델에는 포함되지 않은 중요한 요소 하나를 추가할 필요가 있다. 모더니티에 대한 일반적인 설명에서도 실제적인 작은 스케일에서 관념적인 큰 스케일로의 이동은 전통사회에서 현대사회로의 전환에 필수적 요소라고 강조한다. 특히 오늘날 신뢰는 법, 국가기구, 순수한 과학, 맥락에서 독립적인 지식과 같은 관념적인 실체에만 부여되는 것으로 여겨진다. 도덕성 또한 사회적 관계가 아닌 보편적 원칙에 근거해야 한다고 생각한다. 이와 같은 이분법적 사고에 대해 '현대사회에서 신뢰와 비난의 대상이 반드시 관념적인 실체 혹은 개인과 연관이 없는 사회적 영향력이나 사회구조이어야 할 필요는 없다.'는 비판은 적절하다. 하지만 더 중요한 것은 권력을 가진 계층에게는 그것이 당연하다는 문화적 인식이 널리 퍼져 있다는 점이다.

이런 상황에서도 더글라스의 모델은 여전히 유효할까? 일반적으로 현대의 과열된 사회가 과거의 과열되지 않은 사회에 비해 관념적 실체를 비난하는 경향이 강하다고 말할 수 있을까? 이 질문에 명확한 답을 내리려는 시도는 그다지 권장되지 않는다. 신뢰가 주로 면대면 접촉, 친족, 개인적 친밀도에 따라 형성되는 사회에서도 직접 경험과는 거리가 먼 큰 스케일의 종교가 신뢰의 방편으로(동시에 비난의 방편으로도) 중요하게 활용되기 때문이다. 마찬가지로 개인보다는 기관과 원칙을 믿도록 교육받는 사회의 구성원도 사회적으로 고정된 개인적 관계를 유지하고 있으며, 구조적 문제가 개인의 문제보다 크더라도 개인을 비난하는 경우가 드물지 않다. 단언컨대 현대사회의 맥락에서는 기관이 종교의 지위를 차지하는 경우가 많다고 할 수 있으며 이는 중요한 의미를 갖는다.

1755년 리스본에서 파멸적인 대지진이 발생하자 당시 계몽주의의 절정에 달했던 프랑스에서는 종교계와 사회학계에 걸쳐 다양한 반응이 나왔다(Shardy 2009). 예수회 신부 가브리엘 말라그리다Gabriel Malagrida는 그 이듬해에 발행한 책에서 대지진은 리스본 주민들이 저지른 수많은 죄에 대해 신이 내린 벌이라고 주장했다. 볼테르는 지진에 관한 시를 한 편 썼다. 시에 담긴 내용은 이처럼 아무런 의도 없이 일어나는 재앙은 자연이 얼마나 참혹하고 무도덕한지를 보여주고, 이러한 재난이 신을 비난하거나 믿을 수 있는 근거가 될 수는 없으며 인간성은 우리 인간에게만 있다는 사실을 상기시켜 준다는 것이다. 볼테르는 후일 이 관점을 보완해 유명한 철학소설 『캉디드Candide』에 활용했다. 루소는 긴 편지를 써서 볼테르의 견해에 반대했다.

루소는 비록 인간이 지진을 일으킨 것은 아니지만, 리스본 인구의 1/3이 사망할 정도로 참혹했던 지진 피해를 줄일 수 있는 예방 수단은 있었을 것이라고 보았다. 그는 지진을 미리 알릴 수 있는 시스템을 구축하고 주거지를 좀 더 분산되게 만들었다면 더 많은 생명을 구할 수 있었을 것이라고 했다. 이 세 가지 반응도 큰 틀에서 더글라스의 세 가지 비난 유형에 대입할 수 있다. 말라그리다는 죄를 지은 사람들을 비난했다. 볼테르는 외부의 적, 즉 도덕관도 감정도 없는 자연의 힘을 탓했다. 루소는 해당 사회 내부의 부족한 대비가 지진 피해에 부분적인 책임이 있다는 의견을 피력했다. 재난의 스케일을 고려할 때, 그 누구도 이를 개인의 탓으로 돌릴 수는 없어 보인다. 지진에 대한 이와 같은 다양한 반응과 상반되는 해석은 여러 세계관이 서로 경쟁하고 있다는 증거이기도 하다. 또한 2004년 동아시아에서 쓰나미 피해가 발생했을 때 서유럽이 보였던 여러 반응도 그때와 유사한 점이 많다.

유럽이 처한 현재의 경제위기에 대한 설명도 이처럼 서로 경쟁하고 때로 상충하기도 하는 복수의 세계관에서 기인한다. 위기를 초래한 사회의 특정한 사람들(그리스 공무원과 독일 은행가 등)에게 비난의 화살을 돌리는 때도 있고, 외부 사회의 인물(독일 총리 앙겔라 메르켈을 악마로 묘사하는 사례는 특히 그리스를 중심으로 널리 퍼졌다)을 탓할 때도 있다. 믿었던 시스템이 실패했을 때는 자기 자신을 비난하는 사람들도 있었다. 1990년대 초반, 스웨덴은 크로나화貨의 평가절하로 인해 촉발된 심각한 경제위기로 대규모 실업과 실질 임금의 하락을 겪었다. 그러나 당시에는 정치 경제 분야의 지도자나 외국 자본 혹은 저임금 외국인 노동자를 비난하는 사람이 거의 없었다. 그 대신 국가 체제와 자신을 동일시해왔던 많은 스웨덴인은 그들 자신이 실패했다고 여겼다. 당시 스웨덴에는 국가와 사회, 대중과 지도자를 구분하는 명확한 경계선이 없었기 때문이다.

기후변화를 둘러싼 비난에서도 더글라스의 세 가지 유형과 유사한 패턴을 발견할 수 있다. 서양의 중산층은 대체로 그들과 이웃의 지속불가능한 라이프스타일을 탓하는 경향이 있다. 현존하는 과학적 지식을 바탕으로 그 어떤 시도도 하지 않는 지도자계층을 비난하는 사람도 있다. 기술발전, 신자유주의 이데올로기, 세계 자본주의 등과 같은 외부적인 요인을 비난하는 사람들도 있다. 이들은 대체로 자연의 무자비함을 언급했던 볼테르와 같이 허무주의적 결론에 도달하게 된다. 그러나 사실 기후변화는 인간의 행위가 종합되어 의도치 않은 결과를 불러온 것이므로, 그에 대한 종합적이고 궁극적인 책임은 결국 우리 인간에게 있다. 또 다른 사람들은 기후변화의 진실을 거부하는 한편, 힘 있는 국제기구와 정부와 과학자들이 대중을 기만하고 있다고 비난한다.

일반적으로 불행한 일에 책임을 물어야 할 대상(사람이든 아니든)의 스케일이 크고, 관념적이고, 거리감이 멀수록, 개인의 판단에 의거해 그 대상을 함부로 비난하기가 더 어려워진다. 이는 앞서 언급한 여러 사례에서 증명되었다. 그러므로 비난의 대상을 개인으로 돌리는 일(비난할 수 있는 사람, 단죄할 수 있는 사람을 찾는 일)이나 어떤 현상의 복잡도와 스케일을 모두 혹은 하나라도 감소시키는 일(대응하기 어려운 복잡한 상황 속에서 개인이 취할 수 있는 일련의 행동을 찾는 것)은 사회적으로도 심리학적으로도 어느 정도는 필요하다고 할 수 있다. 비난의 화살을 약한 존재에게로 돌리는 것은 내재된 구조적 문제로부터 시선을 돌리게 하는 데에 효과적이다. 이는 주술에 관한 인류학계의 유명한 고전적 구조주의 설명에서도 잘 보여주고 있다(Evans-Pritchard 1983 [1937]; Nadel 1952).* 반대로 말하면 글로벌 시스템으로 비난을 돌리는 것은 지역적 갈등과 지역주민의 책임에서 눈을 떼게 만드는 수단이 될 수도 있다.

스케일 키우기와 줄이기 그리고 비켜서기

스케일의 위계적 차이를 구분하기 어려운 다중 스케일의 세계에서 사회적 비판을 가해야 할 정확한 대상을 찾기란 쉬운 일이 아니다. 어느 층위의 스케일을 향해 비판과 항의를 제기해

* 에반스프리차드와 S. F. 나델은 모두 아프리카의 부족사회를 연구한 유명한 인류학 민족지를 남겼다. 해당 저서에는 불행한 일이나 이해하기 어려운 자연현상을 주술로써 설명하고 풀어내는 모습이 자주 묘사된다. 본문의 맥락을 고려할 때, 흉년이나 가뭄을 주술사 혹은 주술적 행위에서 찾아 처벌하거나 정화하는 의례ritual에 대한 분석을 의미한 것으로 여겨진다.

야 할지 판단하기 어렵기 때문에 과열현상을 둘러싼 논쟁은 큰 스케일과 작은 스케일 사이를 오가며 이루어지는 경향이 있다. 부유한 국가에서 기후변화에 관한 논쟁이 벌어지면, 정치인은 대체로 스케일을 개인 단위로 축소해 시민을 꾸짖으며 더 많은 생태적 의무를 요구한다(그러나 생산과 소비를 줄이라는 말은 자연스럽게 빠진다). 반면 환경운동가와 NGO는 스케일을 키워 정치인을 향해 어째서 사회구성원을 보다 지속가능한 방향으로 움직일 수 있는 가장 합리적인 수단인 규칙(법, 조세제도, 무역규제 등)을 보다 엄격하게 개정하는 방안을 시행하지 않느냐며 비난한다.

과열현상을 지각한 사람이 문제의 스케일을 결정하는 방법은 크게 셋 중 하나다. 하나는 스케일 키우기와 줄이기 혹은 비켜서기sideways다.

스케일 키우기는 해당 문제가 반드시 더 높은 층위의 스케일에서 다루어져야 한다는 믿음에 기인한 결정이다. 여러 행위자가 자기 자신만의 이익이 아닌 전체의 이익을 위해 움직이게 하기 위해서는 강제적으로 초국가적 합의와 합리적 의사결정을 내려야 할 필요가 있으며, 이것이 개인의 이익에도 도움이 된다는 생각은 비단 개인만이 아니라 지역 공동체, 때로는 국가에서도 자주 보인다. 스케일 키우기의 전형적 사례는 초국적 기후회담에 거는 기대다. 세계무역기구WTO와 같은 초국적 기관의 주도 아래 구속력을 가진 조약, 노동자의 권리를 보호하는 무역협정 또는 이미 수없이 논의되어왔던 환경오염 방지를 위한 초국적 손실 보충제도(오염유발국이 비오염유발국에게 오염유발행위(산림벌채 등)를 하지 않는 대가를 지불하는 제도) 등이 실현되리라는 기대다. 그러나 이는 상위 스케일의 지시에 따라 조정된 세계규범이 가장 낮은 층위의 스케일에까지 적용되어야 함을 전제로 한다. 진화이론에서 '커다란 변화major transitions'는 높은 차원의 조정력이 낮은 단계에서 발생하는 파괴적 경쟁들을 제압하고, 고차원적 개체(복합적 유기체)와 낮은 차원의 개체(세포나 박테리아)가 서로 경쟁하지 않고 상호보완적인 관계를 형성할 수 있도록 만들 능력을 가졌을 때 일어난다(Smith and Szathmáry 1995). 최근 이와 같은 생물학적 메커니즘을 인간의 사회조직에 적용하는 시도가 이루어졌다. 생물학자 데이비드 슬로안 윌슨David Sloan Wilson과 대그 O. 헤센은 2014년에 노르웨이 전체를 낮은 층위의 스케일과 높은 층위의 스케일이 최소한의 긴장관계를 형성하고 있는 하나의 사회적 샘플로 삼아 연구를 했다. 이들은 하나의 마을단위에서 적용되는 개인간의 신뢰와 사회통제social control에 기반을 둔 논리는 다중 스케일의 고도화된 사회에도 확장 적용이 가능하며 제대로 기능한다고 주장했다.

이에 관한 반론 중 가장 두드러진 것은 마을단위에 적용되는 논리는 스케일 확장이 가능하지 않다는 것이다. 호혜와 신뢰에 기반을 둔 '게마인샤프트'를 형성할 수 있는 사람의 수에는 상한선이 존재하며, 다른 민족국가에 비해 상대적으로 인구가 적고 인종적 단일성이 높은(87%) 노르웨이와 같은 사회에서도 구성원이 규범을 준수하도록 만들기 위해서는 큰 스케일의 기관과 법률과 제재의 힘을 빌어야 하기 때문이다. 그러나 이 반론은 단지 마을을 비유로 들었을 때에만 의미가 있으며 논쟁에는 큰 영향을 미치지 못한다. 시스템 차원에서 일어나는 조정을 규범으로 인식한다면, 윌슨과 헤센이 제시한 모델은 큰 틀에서 진화의 '커다란 변화'와 부합하기 때문이다. 다만 그렇다고 해도 여전히 이 모델에는 오해의 소지가 있으며, 그 이유는 다음과 같다. 첫째, 노르웨이와 같이 전형적이지 않은 사회는 전체 세계에 적용할 모델로는 적합하지 않다. 둘째, 국가단위의 스케일을 지구단위의 스케일로 전환하는 것은 비현실적이다. 셋째, 현재 노르웨이인이 누리고 있는 높은 수준의 번영과 신뢰와 평등은 석유와 가스에서 얻은 경제성장 덕분임을 잊지 말아야 한다.

그러나 낮은 단계의 인간 활동의 의도치 않은 부작용이 누적된 결과로 발생한 문제를 해결하기 위해 어떤 일의 스케일을 키우려는 모든 시도가 불가능하다고 판명된 것은 아니다. 실제로 인류는 문화사적 측면에서 '커다란 변화'를 여러 번 겪었다. 가장 최근에 일어난 두드러진 '커다란 변화'는 바로 대규모 도시화일 것이다. 사람들은 낯선 사람들로 이루어진, 때로는 아무도 서로를 모르는 사회에 빠르게 적응했으며, 그 안에서 평화롭게 공존하며 번영을 이루기까지 했다. 약 2,500년 전, 위대한 사상과 종교가 형성되기 시작한 '축의 시대Axial Age'는 인류의 인식적 스케일을 확장시켰으며 이상적인 도덕적 공동체의 범위를 마을 단위에서 상상된 믿음의 공동체로까지 넓혔다. 문자의 발명 그리고 비교적 최근에 이루어진 인쇄술의 발명은 모두 스케일을 측정할 수 없을 정도로 큰 단위의 관념적 공동체와 개인의 일체화를 가능하게 했다. 하지만 국가의 등장에 관한 이야기는 조금 복잡한데, 그 이유는 일반적인 큰 스케일의 국가 논리는 대체로 강압에 의존하는 경향이 있기 때문이다(이 주제에 관해 최근의 사례 연구를 바탕으로 한 영향력 있는 설명은 Scott 1998 참조). 물론 국가 또는 그와 유사한 큰 스케일의 정치적 단위에서도 강압적이지 않은 방법으로 높은 수준의 정당성을 확보한 사례가 있기는 하다. 이쯤에서 다음과 같은 질문을 제기할 수 있다. 작은 스케일의 시스템에 기반을 둔 삶을 살고 있는 행위자들로부터 큰 스케일의 조직이 정당성을 부여받을 수 있는 조건은 무엇인가? 두 스케일이 서로 충돌하거나 갈등하지 않고 협동하고 시너지를 일으키게 하기 위해서는 무엇을 해야 하나?

정치적 스케일의 층위를 궁극적으로는 글로벌 차원으로 끌어올리려는 시도는, 인류가 직면하고 있는 상호 연결이 강화되고 과열된 세계에 관한 문제는 결코 국가나 지역 공동체 단위에서 해결할 수 없다는 확신에 기반을 두고 있다. 그와 반대되는 반응인 스케일 줄이기는 관념적인 실체로는 평등과 지속가능성의 실현에 필요한 일종의 신뢰관계를 만들어낼 수 없다는 판단에 근거한다. 관념적 실체는 문화적 · 사회적 · 생물학적 다양성에 적대적이고, 지역의 힘을 약화시키며, 단일화와 표준화를 추구하기 때문이다. 무표정하고 무감각하고 서로 서로를 생소한 존재로 만드는 큰 스케일의 기관에 반대하며, 지역 기반의 감당할 수 있고 책임질 수 있는 행동을 장려하는 정치적 실천이론은 오래전부터 다양한 형태로 나타났다. 녹색 대안문화의 전성기인 1973년에 출판된 E. F. 슈마허의 『작은 것이 아름답다*Small Is Beautiful*』는 이러한 유형의 사고방식의 상징이었으며, 내가 스케일의 충돌이라고 언급한 현상에 대해 단호한 도덕적 평가를 내렸다. 이 사상적 신조에 따르면, 작은 스케일은 원칙적으로 큰 스케일에 비해 우월하다. 작은 스케일은 도덕적 책임을 보증하고 평등을 가능케 하며 생태적 의무를 다하는 데 기여하고 있지만, 큰 스케일의 관념적 실체에서는 이러한 목표를 달성하기 어렵기 때문이다.

인류학계에도 이처럼 평등주의적 가치관을 지닌 채 생태적으로 지속가능한 생활을 실제로 꾸려나가는 작은 스케일의 사회에 관한 많은 연구가 1세기 이상 축적되어 있다. 이들은 대체로 계급적이고 복잡하고 근대적이고 불평등하고 생태적으로 지속 불가능한 사회에 견줘 도덕적으로 우위에 있다는 생각을 은연중에(때로는 드러내놓고) 보였다. 멀리는 루소부터 시작되었다고 볼 수 있는 이와 같은 문화비평은 전통적으로 계급과 소외의 문제를 큰 틀에서 봤을 때 농경의 시작, 도시의 생성, 초기 국가의 형성, 문자의 발명, 초기 제국의 건설 등 오랜 시간에 걸쳐 천천히 진행되어온 문화사적 '거대한 전환'들의 결과라고 여긴다. 이러한 접근법이 갖는 실질적인 이점은 마샬 살린즈의 저명한 논문 「태초의 풍요로운 사회*Notes on the original affluent society*」나, 피에르 클라스트르의 『국가에 대항하는 사회*Society Against the State*』, 그리고 하나의 지적 제국이라 할 수 있는 레비스트로스의 구조주의에서 확인할 수 있다. 조이 헨드리의 『과학과 지속가능성*Science and Sustainability*』은 이러한 전통을 따른 최근의 저서로서, 고도화된 사회에 살고 있는 현대인은 주변 환경과 적극적으로 상호작용하던 작은 스케일의 사회 구성원에게는 당연하게 여겨졌던 생태적 통찰력을 상실했다는 주장을 설득력 있게 피력했다. 그러나 글로벌한 모더니티의 모순과 문제를 작은 스케일의 전통 사회로 해결할 수는 없다. 70억 인구가 상호 연결된 세계가 그렇게 작은 스케일의 자치공동체로 분해될 수도 없다. 이는 작은 스케일의 대안적 사회가 큰 스케일의 사회 문제를 보완하거나 악영향을 경감시켜줄 수는 있어도, 더 높은 층위의 스케일을 조직하고 대체하기는 불가능한 이유이기도 하다. 그리스 경제위기 때에 해당 지역에서는 이를 극복하기 위해 지역 단위의 협력적인 생산과 분배 시스템이 생성되고 물물교환이 다시 살아났다(Rakopoulos 2014). 이러한 지역 경제행위는 생태적으로 건강하고, 공식경제의 바깥에서 자체적인 물질적 사회적 재생산을 가능하게 했다. 하지만 그러한 '인간의 경제'로는 병원이나 고속도로를 유지하는 데 별 도움이 안 될 뿐더러, 아이폰이나 모터사이클을 향한 인간의 욕망도 충족시키기 어렵다.

스케일 비켜서기는 일종의 제3의 길을 모색하는 것이다. 이는 수많은 층위의 스케일에서 일어나는 일이기 때문에, 스케일 크기를 조정하는 앞에서의 두 가지 유형에 비해 단순하게 묘사하기 어렵고 그 형태가 훨씬 다양하다.

스케일은 전통적으로 특정한 위계구조에 소속되어 있다. 가령, 바르셀로나 시의 깃발 옆에는 카탈로니아 주, 그 옆에는 스페인, 유럽연합, 국제연합의 순서로 깃발이 서있다. 하지만 스케일에서 조금 옆으로 비켜서게 된다면 굳이 소속된 시스템의 위계를 바꿀 필요 없이 해당 기관의 모드mode만 바꾸면 된다. 마누엘 카스텔의 '네트워크 사회(Castells 1996)' 개념에도 이러한 스케일 비켜서기의 가능성이 보였지만 이론적으로 발전시키지는 못했다. 모두가 서로 얽혀있는 현대 세계에서도 스케일 비켜서기에 해당하는 일이 일어나기는 하지만, 대체로 기존에 존재하는 스케일의 인식적 틀 안에서만 이해되는 경향이 있다. 1970년대의 초기 원주민 운동이 좋은 사례다. 스칸디나비아 북부 끝에 사는 사미Sámi족의 지도자들은 수력발전소가 들어오면 알타Alta 강을 건너는 길이 막혀 순록의 계절이동이 방해받을 수 있다는 우려를 했다. 노르웨이 정부를 향한 탄원은 별 효과가 없었지만 마침 유사한 상황에 놓여있었던 캐나다의 퍼스트 네이션First Nations*과 연결되어 이 문제에 관한 국제적 관심을 일으키는 데 성공한다. 마침내 뉴스위크Newsweek지에서 사미족의 이야기를 뉴스로 만들게 되었다. 이것은 스케일이 커

* 캐나다 원주민 단체의 하나.

졌다는 의미이긴 하지만 단순히 스케일의 위계가 상승했다는 뜻이 아니다. 이 스케일의 확대는 상대적으로 무력한 상황에 처해 있던 국가 없는 사람들의 네트워크를 통해 이루어진 것이다.

세계원주민회의WCIP: World Council of Indigenous Peoples 혹은 이와 유사한 국제기구는 공통의 기원이나 공간이 아닌 공통의 관심사나 이념적 지향에 기반을 두고 조성되었으며, 문제의 스케일을 키우기보다는 옆으로 비켜서는 해결책을 발전시켰다. 그들이 이러한 전략을 취한 이유는 기존의 실세들(그들에게 적대적인 국가나 이익만을 추구하는 기업 등)에게 정통성이나 신뢰가 부족했기 때문일 수도 있고, 단지 지리적 경계를 넘어 공통의 관심사와 지향점을 가진 존재를 인식했기 때문일 수도 있다. 세계 각국에 분산된 유태인들에게도, 고국과의 관계를 유지하고 고향에 있는 친지와 동료를 향한 법적 도덕적 의무를 계속하기 위해서는 스케일 비켜서기 전략이 필요했다. 그들은 현재 살고 있는 지역의 국내정치에 참여하지 않는 대신, 원거리 민족주의나 그와 유사한 다른 무언가에 참여한다(Anderson 1992).

세계무역기구 회의에 대한 항의로 밀레니엄의 전환기에 일어난 사회운동(Maeckelbergh 2009)은 일반적으로 근대적 민족국가에 속하지 않은 채로 그들에게 영향력을 줄 수 있는 강한 단체를 조직하기 위해 기존 국내정치의 영역에서 옆으로 비켜서는 전략을 취했다. 이와 유사하게 정치적 이슬람 단체 또한 기존 위계질서에 소속된 국민국가의 정치적 정체성에 대한 탈영토적 대안의 일종으로 볼 수 있다.

이처럼 스케일 비켜서기는 다양한 수준의 시스템에서 시행될 수 있다. 환경운동이나 이슬람운동처럼 수백만의 지지자를 가진 글로벌한 수준에서도 이루어질 수 있으며, 아주 작게는 여러 나라에 흩어진 가족들이 국제송금으로 자신이 일하고 있는 나라가 아닌 자신의 소중한 사람이 살고 있는 나라의 경제에 이바지하는 경우에도 가능하다. 또한 이러한 스케일 비켜서기 전략이 다른 종류의 전략적 활동들과 충돌할 때는 이를 스케일의 충돌로 보기보다는 해당 기관 내부의 원칙이 충돌하는 것으로 보아야 한다. 일반적으로 이슬람법은 세속법과, 토착사상과 원주민의 인권은 국가정책과, 비공식경제의 네트워크는 공식적인 상품 유통망과 충돌한다. 이러한 경우 어느 쪽이 보다 높은(혹은 낮은) 스케일에 속하는지를 쉽게 판단하기 어려울 때가 많다. 때로는 비공식부문이 큰 스케일의 특성(원거리, 정교한 노동분화, 잉여물의 중앙집중 등)을 많이 보여주는 반면, 공식부문은 관할권이나 국경 등의 제약으로 인해 보다 작은 스케일로 여겨질 때도 있기 때문이다.

과열된 세계에 관한 주된 스토리는 작은 스케일을 지배하고 침해하는 큰 스케일에 관한 이야기다. 호주에서 산업의 확장에 관한 현지조사를 시작했던 초기에, 나는 이른바 대자본이 소자본과 만나면 대자본이 승리한다는 일반적인 원칙에 관해 썼다(어쩌면 불필요한 작업일 수도 있었지만 경험적으로 감을 잡기에는 좋았다). 다른 모든 것이 동일하다면 큰 규모의 경제economies of scale가 작은 스케일의 기업보다 더 수익성이 좋다. 종교도 기독교나 이슬람처럼 큰 스케일의 종교가 작은 스케일의 구전 종교에 견줘 훨씬 잘 조직되어 있고 가용 자원도 많다. 이것이 작은 스케일의 소멸을 의미하는 건 아니지만(작은 전통도 큰 전통과 함께 한 세기 혹은 1천 년 이상을 공존할 수 있다), 주변화 된다고는 할 수 있다. 근본적으로 세계화의 변증법은 갈등에 관한 것이다. 글로벌과 로컬의 갈등이 아닌, 관념적이고 공식적인 것과 실제적이고 비공식적인 것의 갈등, 보편성과 특수성의 갈등, 현실과 분리된 개념과 현실에 뿌리를 내리고 있는 개념 간의 갈등이다. 이러한 맥락에서 큰 스케일에서 수행되는 활동을 분산시키는 시도는 대단히 흥미롭다. 일례로 트라윅과 혼보그는 집단협동으로 운영되는 긴 관개수로를 따라 큰 스케일의 현대 사회를 구성하는 방안을 제시했다(2015). 가장 흥미로운 것은 리프킨이 제안한 에너지의 생산과 분배를 분산하는 방안으로, 여러 곳에 분산된 태양에너지 그리드를 위계적이지 않은 집단 프로젝트로 취합하는 것이다. 그는 이를 위키피디아에 비유했다.

과열현상의 특징 가운데 이 책에서 묘사한 모든 경험적 영역(그 외의 다른 많은 영역에도)에 관련된 주요한 특징은 바로 경쟁의 강화다. 사실 폭주 프로세스를 요점만 설명하자면 상한선도 과열 방지장치도 없는 분열발생적 경쟁 과정이라 할 수 있다. 베이트슨이 제시한 분열발생적 경쟁 과정의 대표적 사례는 미국과 소련 간의 군비 경쟁이다. 군비 경쟁은 양국 모두에게 터무니없이 많은 수의 탄두만 남겼다. 현재의 세계 경제에서 벌어지는 국가 혹은 기업 간의 경쟁도 그와 비슷한 결과를 남길 것이다. 실은 이러한 경쟁에도 상한선이 존재한다. 지구가 가지고 있는 물리적 자원의 유한성이 바로 그 상한선이지만 경제성장의 논리는 그것을 고려하지 않고 있다. 현대문명이 아일랜드 엘크처럼 멸종할 것인지 아니면 쓸모없는 꼬리를 가졌어도 살아남은 공작이 될 것인지를 정하는 것은 우리의 의무이자 책임이다.

생태적 지속가능성의 관점에서 인간의 생존을 고민한다면, 재생가능한 자원과 불가능한 자원을 구분할 필요가 있다. 재생가능한 자원은 다시 채워질 수 있는 것이므로, 매매 · 협상 · 양도의 대상이 될 수 있다. 하지만 재생 불가능한 자원은 반드시 지키고 보살피고 보호해야만 한다. 역사적으로 볼 때 인류는 최근까지도 자연이 재생하지 못할 거라는 생각을 하지 못했다. 이러한 생각은 자연의 힘으로부터 스스로를 보호해야 하는 인간의 문화에 '역풍'이 되어 돌아왔다. 근대초의 위대한 경제학자인 아담 스미스, 데이비드 리카르도, 카를 마르크스 등은 모두 자연의 자원을 무궁무진한 것으로 여겼다. 현대의 마르크스 경제학자 윌리엄 제번스William Jevons는 예외적으로 산업 발전이 석탄의 고갈을 초래할 것이라고 예측했다. 하지만 그가 우려한 것은 경제발전의 필요조건이었지, 생태학적 부작용은 아니었다. 생태학적 부작용에 관한 우려는 당시에는 극히 일부 지역에서만 인식하던 문제였다. 자연이 인간의 공격적이고 확장적인 활동 앞에 무력하고 상처받기 쉬운 대상이자 선의를 지닌 인간의 보호가 필요한 대상으로 여겨진 것은 불과 수십 년간의 일이다. 그러므로 자연 보호주의는 태생적으로 문화적인 프로젝트다. 화석연료나 인燐은 아주 장기적인 관점(수백만 년 이상)에서 보지 않는 이상, 재생불가능한 자원이다. 몇몇 인류학자는 정체성을 사고팔 수 없는 것처럼, 재생불가능한 자원 또한 양도불가능한 소유물이며 과거에도 현재에도 미래에도 그 중요성은 변치 않을 것이라고 주장한다(Harrison 2000). 안나 칭(Anna Tsing 2012)은 이러한 측면에서 지역의 삶을 '측정할 수 없는 것'으로 보았다. 그것은 대량생산이 불가능하고, 보편화될 수 없다. 만약 보편화된다면, 이는 단순화를 의미하므로 사람들의 인식에서 사라질 것이다. 그렇지 않다면 트로이의 목마가 되어 내부에서 그 보편화의 논리를 무너뜨리는 도구로 작용하는 흥미로운 결과를 보여줄 것이다. 이와 유사한 논리로 다수의 종교인은 특정 지역(주로 사우디)의 이슬람이 무슬림 세계 전반으로 확장되면서 이슬람의 단순화가 일어났다고 생각한다. 또한 그 결과 이슬람은 지역적 특성이 사라지고, 융통성 없고, 완고하고, 원칙과 규정을 강요하기만 하는 종교가 되었다고 여긴다.

글로벌 대화의 가능성

과열현상에 관한 짧은 입문서인 이 책은 다수의 상호 연관된 영역에서 일어나는 가속화된 변화에 관한 연구이다. 인구성장, 이동성의 증가, 도시화의 빠른 성장을 가능하게 한 가장 근본적인 원동력은 19세기부터 시작된 에너지 생산능력의 급격한 증가였다. 지금까지 큰 스케일의 시스템이 강력해질수록 더 많은 '스케일의 충돌'을 일으키는 과정을 설명했다. 이러한 스케일의 충돌은 지역적 단위의 사회적 조직(또는 지역주민의 의식)과 큰 스케일에서 벌어지는 보편화 · 표준화 · 배제 · 지배의 움직임 사이에 벌어지는 갈등이다. 성장과 변화로 인한 폭주 프로세스의 결과인 스케일의 충돌을 분석한 부분에서는 시스템 차원에서 에너지 사용량이 증가하면 일반적으로 유연성이 감소한다는 인식 아래 다양한 환경과 스케일에서 나타나는 유연성의 정도와 형태를 살펴보았다. 여기에 내재된 질문은 '생태적 지속가능성은 큰 스케일의 글로벌한 사회적 · 경제적 기관들과 어디까지 양립 할 수 있는가?'였다.

이에 대해 낙관적으로 전망하는 비평가들도 있다. 윌슨과 헤센(2014)은 상호호혜와 자원의 관리로 운영되는 공정하고 지속가능한 '마을 모델Village Model'이 보다 높은 층위의 시스템에도 확장 적용이 가능하다고 주장한다. 리처슨(Richerson 2014)은 여기에서 한발 더 나아가, 높은 층위의 스케일로 확장된 마을 조직이 정당성을 인정받기 위한 조건으로 능력주의, 관용, 존중, 정의의 네 가지 요소를 제시했다. 이러한 모델을 높은 층위의 스케일에 적용했을 때 긍정적인 피드백을 받으면 낮은 층위에서 일을 추진하기가 더 쉬워지고, 세금을 부과할 정당한 명목이 생기고, 사회 전체의 시스템을 재생산하는 데에 도움이 된다. 이와 유사한 맥락에서 트라위과 혼보그(2015)는 집단적으로 운영되는 관개수로 시스템과 유사한 방식으로 큰 스케일의 경제시스템을 조직하는 것도 가능하다고 주장했다. 장기적인 관점에서 전체 시스템의 지속가능성을 추구하며, 그에 맞춰 행동하고, 집단의 힘으로써 개인과 지역이 낼 수 있는 최대치를 넘어 글로벌 단위의 최대치를 내는 사회는 그 참여자 모두에게 이득이 된다.

현대 세계에서는 글로벌한 장기적 지속가능성에 대한 이야기보다는 공작의 꼬리나 아일랜드 엘크의 비유가 더 즉각적으로 와닿을 수 있다. 이 책을 저술할 당시에는 앞으로 성장이 둔화될 것이라든가, 재생가능한 에너지로의 대규모 전환이 시급히 요구될 것임을 보여주는 지표는 아무것도 없었다. 하지만 과열현상의 중요한 결과 중 하나였던 인식적 스케일의 확대가 광물 자원의 격감을 막고 보존에 기여를 했다. 필리핀의 컨테이너 선박, 멕시코의 마킬라도라Maquiladora*, 칠레의 플랜테이션 포도농장, 바비인형의 머리카락을 만드는 중국의 공장은 생산과 분배와 소비의 세계를 축약시킨다. 탈영토화 되고 밀집된 커뮤니케이션 네트워크 또한 이처럼 논의와 커뮤니케이션이 이루어지는 세계를 축약시킨다. 스케일의 충돌은 지역경제 혹

* 값싼 노동력과 저렴한 세금을 바탕으로 외국계 기업의 제품을 조립 · 가공하는 형태의 공장으로, 주로 멕시코 북부에 많다.

은 다른 특정한 영역의 경제가 보편주의적 주장이나 큰 스케일의 포괄적 관점과 일으키는 충돌에 비하면 덜 눈에 띌 수 있다. 하지만 전자통신기술에 내재된 글로벌 커뮤니케이션의 가능성은 결코 과소평가 되어선 안 된다.

처음 논의를 시작했던 때로 되돌아가보자. 나는 레비스트로스의 잃어버린 세계에 대한 비애와 모더니티의 세계화를 향한 불안감에 대해 생각하며 이 책을 쓰기 시작했고, 가속화되고 과열된 우리의 세계는 현재 학계에서 가장 중점적으로 연구되어야 할 대상이라고 주장했다. 이제 우리는 순수한 공동체와 분명한 경계선을 갈망하기보다는 순수하지 않고 혼합된 공동체를 인정해야 한다. 또한 각기 다른 속도로 변화하는 다양한 세계와 문화권 간의 충돌도 인식해야 한다. 실은 하나의 세계 내부에서도 변화의 속도가 각기 다른 경우가 대부분이다. 그러나 지난 200년간의 역사가 보여주듯이 지역적 층위에서는 적절한 프로젝트였어도 글로벌한 스케일로 추진했을 때는 파멸을 불러올 수 있고, 글로벌 스케일에서는 합리적인 일도 지역에는 재앙이 될 수 있다. 그러므로 글로벌한 스케일의 시야를 놓지 않는 가운데 큰 스케일과 작은 스케일을 오고가는 방식으로 글로벌 대화의 가능성과 조건을 간략히 검토하며 논의를 마무리 짓고자 한다.

세계경제의 네트워크에 속해 있지 않고, 기후변화와 사회적 불평등 문제에 관해 장기적인 관점의 이익을 추구하며, 기술에 의해 촉진되는 글로벌 대화는 문화적 교배와 혼성화의 지속적 추진을 중요한 전제로 삼는다. 글로벌 대화는 각 지역의 문화를 동일하게 만들지 않는다. 연결이 모이는 접점node과, 의견들이 수렴하는 지점과, 절충이 이루어지는 회색지대 안에서 각자가 이해한 세계의 교집합적 지식과 공통의 참고자료를 바탕으로 이루어지는 역사상 유례없는 대화이다. 이는 우리의 인식적 세계를 확장시키는 중요한 방편이 될 것이다. 또한 극단적 문화차이가 존재했고 그 경계가 날카롭게 나뉘었던 과거 레비스트로스 시대의 세계관에서 벗어나 문화적 경계가 결코 절대적이지 않음을 인식하는 계기가 될 것이다.

세계가 아직 여명기에 있었던 30여 년 전에는 보통 사람들도 세계를 이해하기 쉬웠다. 세계정치는 냉전과 제국주의라는 두 개의 렌즈로 파악이 가능했고, 인간의 세상은 상대적으로 구분 가능한 여러 문화권의 조합으로 여겨졌고, 그 문화권을 서로 구분하는 것이 어렵지 않았다. 그 때는 덴마크인은 덴마크어를 구사하고, 자유주의적 프로테스탄트를 믿었고, 덴마크인 특유의 몸짓과 얼굴 생김새를 보였으며, 붉은 소시지와 필스너 맥주를 좋아하는 일반적 문화적 취향이 있었다. 방글라데시의 무슬림은 그들만의 고유한 관습과 전통을 유지하고 있었고, 케냐의 모든 부족들도 각자의 고유하고 독특한 문화와 언어를 갖고 있었다. 그러나 오늘날 가장 널리 퍼져 있는 세계관에 따르면, 이러한 문화들 간에 약간의 교환이나 상호작용은 있어도 문화접촉Cultural Contact은 그다지 일어나지 않는다. 문화접촉은 제국주의 시대, 글로벌 자본주의의 성장, 선교활동, 개발원조, 이주, 근대 민족국가나 자본주의적 노동시장과 같은 현대적 기구의 확산을 거치며 일어났고, 각자 고유한 내부적 논리를 지닌 서로 분리된 문화권들의 조우에 따른 일련의 문제를 일으켰다. 그 결과 오해나 분쟁이 발생하는 경우도 많았고, 정치적 경제적으로 더 강한 문화권이 약자를 지배하는 결과는 더 많았다. 흔히 문화제국주의Cultural Imperialism로 불렸던 이 현상은 요즘에는 거의 언급되지 않지만 얼마 전만 하더라도 지적 논쟁에서는 거의 빠지지 않고 등장하는 주제였다.

이러한 문화와 문화적 차이에 대한 이해는 낭만주의 시대 이후 유럽 세계관의 근본이 되었고, 민족주의 이데올로기와 인류학적 사상에도 결정적인 영향을 미쳤지만, 지금은 구시대적 사고로 여겨진다. 이는 세계가 변화했다는 사실에 따른 결과이다. 여러 문화권이 고립되어 있었다는 주장은 학계 내외부적으로 자주 부풀려져 언급되었지만, 실제로 완전히 고립되었거나 다른 문화와의 접촉이 없었던 문화권은 존재하지 않았다. 이후 20세기 후반 세계가 과열되기 시작하면서 고립된 문화권에 관한 논의는 수그러들었다. 경제와 정치의 영역은 모두 초국가적이 되었으며 세계화되었다. 통신기술의 발달로 돈, 상품, 사람, 아이디어, 권력 등이 점점 더 빠른 속도로 세계를 돌아다니기 시작했기 때문이다. 항공 운행은 지난 60년간 지수적으로 늘어난 반면, 항공요금은 계속해서 낮아지고 있다. 위성 TV나 인터넷과 같은 기술은 전 세계에서 딜레이 없는 대화가 가능한 시대를 빠르게 앞당겼으며, 오늘날 중요한 뉴스는 전 세계에서 거의 동시에 알게 된다. 세계의 거리가 점점 좁혀지고 있다.

당연한 소리지만 이 정도 규모의 변화는 사람들의 실제 생활 전반에 영향을 미치며, 결과적으로 문화적 차이를 넘어서는 새로운 커뮤니케이션 방법을 요구하게 된다. 아직도 세계화가 진행될수록 전 세계 모든 인간사회가 갈수록 비슷해지며 결국 문화적 차이가 소멸될 것이라는 시각이 보편적이다. 이러한 시각은 언젠가는 지구상에서 빈곤이 사라지고 민주주의가 승리할 것이라 믿는 낙관주의자와 지구상에 존재했던 엄청난 문화적 다양성이 전부 사라져버릴 것이라 생각하는 문화적 비관주의자 모두에게 공통적으로 존재한다. 그러나 글로벌 사우스의 지성인 사이에서 보편적으로 받아들여지는 이와 다른 관점 하나는 세계화의 신식민지주의적Neocolonial 측면, 즉 경제적 빈부 격차를 유지하는 메커니즘과 신자유주의 시대의 특징인 무한한 개방성이 기본적인 권리를 제한하는 구조에 집중한다.

모더니티는 세계화를 이루었지만, 문화적 동질성을 갖춘 것은 아니다. 이러한 맥락에서 제 3의 접근법은 새로운 형태의 문화적 다양성을 발전시켜나갔다. 문화의 세계화는 글로벌한 인간을 창조해내지 못한다. 하지만 세계화는 '문화적 혼성인Cultural Creoles'을 만들어낸다. 이들은 서로 다른 문화적 전통의 교차지대에 살고 있는 사람으로, 각기 다른 측면에서 가해지는 자극과 기대와 요구와 기회에 지속적으로 대응하는 과정에서 스스로를 기성품이 아닌 고유한 스타일을 지닌 복합적 문화의 직조물로 끊임없이 창조해낸다(Hannerz 1990; see also Stewart 2007; Cohen and Sheringham 2016).

과거의 지도는 문화적 섬들로 세계를 구성했다(Eriksen 1993). 각각의 섬은 고유한 생활방식과 전통을 지녔지만, 상대적으로 섬과 섬 사이의 접촉은 드물었다. 그러나 이 지도로 오늘날의 세계를 파악하기란 대단히 어렵다. 이는 학계의 중심적 연구자들이 일찍이 이 지도를 수정하는 작업에 착수한 주요한 이유다(거꾸로 현재의 세계를 예전 지도에 맞게 재배치하는 발상도 가능하지만, 이는 인종청소적 결론에 이르기 쉽다). 이러한 수정 작업 중에는 역사의 분기점에 대한 서로 다른 서술(이야기나 역사)이 극명하게 대립한다. 이때 민족적 정체성에 새로운 의미와 다양성이 추가되고, 그 정체성에 새롭게 합류한 사람들은 해당 사회에 대한 나름의 주관적 · 객관적 감각을 갖게 된다. 그래서 바다 한 가운데에서 배를 개조하는 작업이 필요해진다.

이 작업을 성공적으로 수행하는데 필요한 능력은 단언컨대, 현대 사회에 가장 부족한 능력인 듣는 능력이다. 세계시민주의적 윤리는 기존 식민지 사람들의 사고를 탈식민지화 하는 동시에 상징적 권위가 한 곳에 집중되지 않는 분산된 형태의 커뮤니케이션을 통해 서로 다른 문화 사이의 간극을 줄이는 첫걸음이 될 수 있다. 볼테르부터 칸트에 이르는 계몽주의 철학자들은 축약된 세계, 혹은 적어도 서로 다른 문화적 배경을 지닌 사람들이 함께 살아갈 수 있는 세계를 꿈꿨다.

크와메 앤서니 아피아(Appiah 2006)의 『세계시민주의Cosmopolitanism』에 대한 리뷰에서 존 그레이는 다음과 같은 말을 했다. "윤리이론의 측면에서 세계시민주의는 상대주의 및 보편주의와는 완전히 다르다. 세계시민주의는 서로 다른 도덕률을 따르는 사람들 사이에 어떤 최종적인 합의가 이루어지지 않았어도, 상호 이해가 가능하다고 믿는다(Gray 2006)."

달리 말하자면 세계시민주의적 관점은 열성적인 선교활동은 물론 선한 삶의 길이 하나 뿐이라고 믿는 윤리적 태도와는 양립 불가능하다는 것이다.

우연히도 이 두 가지 기본 원칙은 칸트가 제시했던 세계시민주의적 관점과 비슷하다. 칸트는 적대적인 상대방의 제안을 받아들이고, 상대주의의 소란스러움에 굴복해서가 아니라 진정으로 상대방의 다름을 존중하기 위해서는 문화적 · 정치적 경계를 넘어선 대화가 필요함을 강조했다. 현재 과열현상은 전지구적으로 급속히 확산되고 있지만, 바로 그 덕분에 역사상 그 어느 때보다 진정으로 글로벌한 대화가 이루어질 수 있는 환경이 잘 조성되었다.

다양성이 더 이상 줄어들 수 없을 정도로 소멸하고, 과열이 일상화된 이 세계에서 우리 모두는 처음 보는 나라에 떨어진 이방인이다. 동시에 우리 모두는 같은 운명을 짊어진 채 한 배에 탄 선원들이다.

옮긴이의 글

인류학은 2012년 미국 포브스지에서 취업과 연봉에 불리한 최악의 전공 1위에 선정될 정도로 쓸모없는 학문 취급을 받고 있는 것이 현실이지만, 개인적으로는 꽤 매력적인 학문이라고 생각한다. 비록 석사에서 학업을 멈췄지만, 인류학은 내가 세상을 보는 관점을 크게 바꿔주었다. 내가 생각하는 인류학의 매력은 '현실성'과 '유연성' 그리고 이를 바탕으로 한 '통찰력'에 있다. 일반적으로 인류학의 가장 큰 장점이라고 하면 탄탄하고 치밀한 현지조사를 바탕으로 한 '두터운 묘사thick description(중층기술)'에 있다고 한다. 중층기술은 20세기 후반 미국 인류학자 클립포드 기어츠Clifford Geertz가 만들다시피 한 용어지만, 이만큼 인류학의 특징을 상징적으로 드러내는 용어도 없다고 생각한다. 무심하게 넘길 수 있는 작은 손짓 하나, 말 한마디에 내포된 상징과 사회적 의미를 찾아내기 위해 인류학자는 오랜 시간 동안 깊이 있는 현지조사를 수행한다. 처음 민족지라는 것을 보았을 때 깜짝 놀랐던 점은 정말 놓치기 쉬운 작은 부분까지도 치밀하게 기록하고 분석하고 고민했다는 점이었다. 그만큼 인류학은 실재하는 현실에 단단히 뿌리를 내리는 학문이다. 또한 어떤 현상을 이해하고 해석하고 의미를 도출하는 과정이 대단히 유연한 학문이기도 하다. 이 점은 다르게 생각하는 분들도 있을 수 있다. 어디까지나 내가 인류학을 배우며 느낀 점을 바탕으로 쓰는 이야기임을 밝혀둔다. 이른바 '통섭'이나 '간학문적' 연구에서 가장 앞서갔던 학문이었다고 해도 과언이 아닐 것이다. 개인적으로 인류학의 이론은 참 잡식성이 강하다고 느꼈다. 현상을 분석하고 이해하는 데 도움이 되면 거침없이 받아들인다. 자기반성적 경향도 강해서, 과거의 이론이나 학문적 경향성에 대한 비판도 가차 없다. 그만큼 변화를 두려워하지 않는 유연한 학문이다. 훌륭한 통찰력을 보여주는 인류학 연구는 대개 이와 같은 자세를 취하고 있다. 이것이 내가 인류학에서 느낀 가장 큰 매력이다. 그리고 나는 이 책에서도 그 매력을 적잖이 확인할 수 있었다.

저자인 에릭슨 교수의 글을 기존에 접했던 적은 없지만, 번역을 하는 과정에서 느껴지는 인상은 내가 아는 이상적인 인류학을 하고 있는 인류학자였다. 탄탄한 인류학적 기본기를 바탕으로 상당히 넓은 방면의 여러 주제를 통합적으로 다룰 줄 안다. 세계화라는 주제는 워낙에 포괄하는 범위가 넓은 현상이라 거대담론으로 치우치기 쉽지만, 에릭슨 교수에게는 큰 맥락과 세부적인 디테일을 연관 지어 논의하는 것이 오히려 더 수월한 것 같다. 의사가 수술할 때는 작은 혈관 하나를 살펴도 자연스럽게 항상 몸 전체와 연관 지어 생각하는 것에 비유할 수 있을까? 에릭슨 교수는 그렇게 자연스럽게 스케일의 경계를 넘나들며 세계화를 분석한다.

세계화 자체는 그리 새로운 개념은 아니다. 나는 세계화라는 말을 대략 20년 전에 처음 들었던 것으로 기억한다. 물론 아직도 세계화가 무엇을 의미하는지 명확하게 안다고 할 수 없다. 구글과 페이스북을 애용하고 있으며, 세계화에 관한 책을 번역까지 하게 되었지만 여전히 안다고 말할 수 없다. 구글과 페이스북을 사용한다고 해서 코즈모폴리턴으로 살고 있다는 뜻은 아닐 것이다. 일종의 강요된 표준형을 사용하고 있는 한 명의 개인일 뿐이다. “세계화가 세계화된 인간을 만들어내지는 못한다.”는 책의 말이 이해되는 순간이다. 세계화에 관한 경험은 각자의 입장에 따라 다를 수밖에 없고, 나 역시 내게 허락된 제한적 범위 안에서만 그것을 경험하고 이해할 수 있을 뿐이다. 다만 이 책의 주장을 따르면, 나의 개인적 경험도 작은 스케일에서 이루어지는 세계화의 일부임에는 틀림없을 것이다. 또한 내가 속한 작은 스케일의 사회와 소위 세계화가 이루어지는 큰 스케일의 층위는 전혀 동떨어진 세계가 아니며 지금도 상호작용을 주고받고 있을 것이다. 그것이 어떤 의미를 가질지, 이 세계를 어떤 미래로 이끌지는 잘 모르겠지만 말이다. 부디 에릭슨 교수의 바람대로 지속가능한 세계, 사람도 지구도 ‘덜 열 받는’ 세계가 되었으면 좋겠다.

부족한 번역가에게 많은 배려를 해준 나눔의집 측에 깊은 감사의 인사를 드린다.

글이 잘 읽힌다면 그것은 에릭슨 교수의 정연한 논리와 쉬운 설명 덕분일 것이고, 잘 읽히지 않는다면 옮긴이의 무지와 모자람 때문일 것이다. 이 책을 읽는 여러 선생님께 미리 양해의 말씀을 드린다.

옮긴이 정연우

참고문헌

Aamnes, Frida (2015) Livsstil eller business? Bananbønder i en global økonomi (Way of life or business? Banana farmers in a global economy). MA dissertation, Department of Social Anthropology, University of Oslo.

Aarset, Monica Five (2014) *Hearts and Roofs: Family, Belonging, and (Un-)Settledness among Descendants of Immigrants in Norway*. PhD dissertation, Department of Social Anthropology, University of Oslo.

Aas, Katja Franko and Mary Bosworth, eds (2013) *The Borders of Punishment: Migration, Citizenship and Social Exclusion*. Oxford: Oxford University Press.

Adams, Douglas (1979) *The Hitchhiker's Guide to the Galaxy*. London: Pan. 더글러스 애덤스 지음, 김선형 옮김 (2005) 『은하수를 여행하는 히치하이커를 위한 안내서』, 책세상.

Aguiar, José Carlos G. (2012) 'They come from China': Pirate CDs in Mexico in transnational perspective. In Gordon Mathews, Gustavo Lins Ribeiro and Carlos Alba Vega, eds, *Globalization from Below: The World's Other Economy*, pp. 36-53. London: Routledge.

Albrecht, Glenn (2005) Solastalgia, a new concept in human health and identity. *Philosophy Activism Nature* 3: 41-44.

Albrecht, Glenn et al. (2007) Solastalgia: The distress caused by environmental change. *Australasian Psychiatry* 15 (s1): S95-S98.

Alexander, Catherine (2009) Illusions of freedom: Polanyi and the third sector. In Chris Hann and Keith Hart, eds, *Market and Society: The Great Transformation Today*, pp. 221-239. Cambridge: Cambridge University Press.

Alexander, Catherine and Joshua Reno, eds (2012) *Economies of Recycling: The Global Transformation of Materials, Values and Social Relations*. London: Zed.

Anderson, Benedict (1992) *Long-distance Nationalism: World Capitalism and the Rise of Identity Politics*. Amsterdam: Centre for Asian Studies.

Andersson, Ruben (2014) *Illegality, Inc.: Clandestine Migration and the Business of*

Bordering Europe. Berkeley: University of California Press.
Appiah, Kwame Anthony (2006) *Cosmopolitanism: Ethics in a World of Strangers*. New York: Norton.
Baer, Hans and Merrill Singer (2014) *The Anthropology of Climate Change: An Integrated Critical Perspective*. London: Routledge.
Ballard, J.G. (1982) *Myths of the Near Future*. London: Jonathan Cape.
Bandyopadhy, Ritayoti (2012) In the shadow of the mall: Street hawking in global Calcutta. In Gordon Mathews, Gustavo Lins Ribeiro and Carlos Alba Vega, eds, *Globalization from Below: The World's Other Economy*, pp. 171-185. London: Routledge.
Bangstad, Sindre (2014) *Anders Breivik and the Rise of Islamophobia*. London: Zed.
Barai, Munim K. (2012) Development dynamics of remittances in Bangladesh. Sage Open. DOI: 10.1177/2158244012439073
Barber, Benjamin (1995) *Jihad versus McWorld: How Globalism and Tribalism are Reshaping the World*. New York: Ballantine.
벤자민 R. 바버 지음, 박의경 외 옮김 (2003)『지하드 대 맥월드』, 문화디자인.
Barnes, Jessica and Michael Dove, eds (2015) *Climate Cultures: Anthropological Perspectives on Climate Change*. New Haven, CT: Yale University Press.

Barth, Fredrik (1961) Nomads of South Persia: *The Basseri Tribe of the Khamseh Confederacy*. Oslo: Universitetsforlaget.
_____ (1975) *Ritual and Knowledge among the Baktaman*. Oslo: Universitetsforlaget.
Bateson, Gregory (1972) *Steps to an Ecology of Mind*. New York: Chandler.
그레고리 베이트슨 지음, 박대식 옮김 (2006)『마음의 생태학』, 책세상.
_____ (1978) Mind and Nature. Glasgow: Fontana.
그레고리 베이트슨 지음, 박지동 옮김 (1998)『마음과 자연』, 까치.
Bateson, Gregory, Donald Jackson, Jay Haley and John Weakland (1956) Toward a theory of schizophrenia. *Behavioral Science* 1: 251-264.
Bauman, Zygmunt (1999) *Globalization: The Human Consequences*. New York: Columbia University Press.
_____ (2004) *Wasted Lives: Modernity and its Outcasts*. Cambridge: Polity.
지그문트 바우만 지음, 정일준 옮김 (2008)『쓰레기가 되는 삶들』, 새물결.
Bear, Laura (2014) For labour: Ajeet's accident and the ethics of technological fixes in time. *Journal of the Royal Anthropological Institute* 20: 71-88.
Beck, Ulrich (1992) *Risk Society: Towards a New Modernity*. Cambridge: Polity.
Becker, Elizabeth (2013) *Overbooked: The Exploding Business of Travel and Tourism*. New York: Simon & Schuster.

엘리자베스 베커 지음, 유영훈 옮김 (2013) 『여행을 팝니다』, 명랑한지성.

Behrends, Andrea, Stephen Reyna and Günther Schlee, eds (2011) *Crude Domination: An Anthropology of Oil*. Oxford: Berghahn.

Bendixsen, Synnøve (2015) 'Give me the damn papers!' Å vente på oppholdstillatelse ('Give me the damn papers!' Waiting for a permit of residence). *Norsk antropologisk tidsskrift* 26: 285-303.

Berreman, Gerald (1978) Scale and social relations. *Current Anthropology*, 19(2): 225-245.

Blommaert, Jan (2010) *The Sociolinguistics of Globalization*. Cambridge: Cambridge University Press.

Bloomberg (2015) How many text messages are sent each year? http://www.bloomberg.com/news/videos/b/443bcbc2-2d56-4608-a2e8-732689593f17, accessed 13 October 2015.

Boyer, Dominic (2014) Energopower: An introduction, *Anthropological Quarterly* 87(2): 309-334.

Caldeira, Teresa P.R. (2001) *City of Walls: Crime, Segregation, and Citizenship in São Paulo*. Berkeley: University of California Press.

Calhoun, Craig (2002) The class consciousness of frequent travellers: Towards a critique of actually existing cosmopolitanism. In S. Vertovec and R. Cohen, eds, *Conceiving Cosmopolitanism: Theory, Context and Practice*, pp. 86-109. Oxford: Oxford University Press.

Carr, Nicholas (2008) Is Google making us stupid? What the Internet is doing to our brains. *The Atlantic*, July/August.

Carroll, Lewis (2003 [1872]) *Through the Looking Glass*. London: Penguin Popular Classics.

루이스 캐럴, 『거울 나라의 앨리스』

Carson, Rachel (1962) Silent Spring. Boston, MA: Houghton Mifflin.

레이첼 카슨 지음, 김은령 옮김 (2011) 『침묵의 봄』, 에코리브르.

Castells, Manuel (1996) *The Rise of the Network Society*, vol. 1: *The Information Age: Economy, Society and Culture*. Oxford: Blackwell.

마누엘 카스텔 지음, 김묵한 외 옮김 (2014) 『네트워크 사회의 도래』, 한울아카데미.

_____ (1997) *The Power of Identity*, vol. 2: *The Information Age: Economy, Society and Culture*. Oxford: Blackwell.

마누엘 카스텔 지음, 정병순 옮김 (2008) 『정체성 권력』, 한울아카데미.

_____ (1998) *End of the Millennium*, vol. 3: *The Information Age: Economy*, Society and Culture. Oxford: Blackwell.

마누엘 카스텔 지음, 박행웅 외 옮김 (2003) 『밀레니엄의 종언』, 한울아카데미.
Castles, Stephen and Alasdair Davidson (2000) *Citizenship and Migration: Globalization and the Politics of Belonging.* London: Palgrave Macmillan.
Center for Biological Diversity (2015) Species extinction and human population. http://www.biologicaldiversity.org/programs/population_and_sustainability/extinction_and_population_graph.html, accessed 23 September 2015.
Clastres, P. (1987 [1974]) *Society Against the State: Essays in Political Anthropology.* New York: Zone Books.
피에르 클라스트르 지음, 홍성흡 옮김 (2005)『국가에 대항하는 사회』, 이학사.
Clemens, Michael A. and David McKenzie (2014) Why don't remittances appear to affect growth? Working Paper 366. Washington, DC: Center for Global Development.
Cohen, Robin and Olivia Sheringham (2016) *Encountering Difference.* Cambridge: Polity.
Comaroff, John L. and Jean Comaroff (2009) *Ethnicity, Inc.* Chicago: University of Chicago Press.

Crate, Susan A. and Mark Nuttall, eds (2009) *Anthropology and Climate Change: From Encounters to Actions.* Walnut Creek, CA: Left Coast Press.
Davis, Mike (2006) *Planet of Slums.* London: Verso.
마이크 데이비스 지음, 김정아 옮김 (2007)『슬럼 지구를 뒤덮다』, 돌베개.
Deacon, Terrence W. (2012) *Incomplete Nature: How Mind Emerged from Matter.* New York: W.W. Norton.
Douglas, Mary (1966) *Purity and Danger: An Analysis of Concepts of Pollution and Taboo.* London: Routledge & Kegan Paul.
메리 더글라스 지음, 유제분 외 옮김 (1997)『순수와 위험』, 현대미학사.
_____ (1992) *Risk and Blame:* Essays in Cultural Theory. London: Routledge.
Edvardsen, Cathrine Heisholt (2006) Internett i afrikanske skoler? (Internet in African schools?) In Thomas Hylland Eriksen, ed., *Internett i praksis* (Internet in practice), pp. 93-110. Oslo: Spartacus.
Eide, Elisabeth, Risto Kunelius and Angela Phillips, eds (2008) *Transnational Media Events: The Mohammed Cartoons and the Imagined Clash of Civilizations.* Göteborg: Nordicom.
Erem, Suzan and E. Paul Durrenberger (2008) *On the Global Waterfront: The Fight to Free the Charleston* 5. New York: Monthly Review Press.
Eriksen, Thomas Hylland (1993) Do cultural islands exist? *Social Anthropol-*

ogy 2(1): 133-147.
_____ (2001) *Tyranny of the Moment: Fast and Slow Time in the Information Age*. London: Pluto.
_____ (2004) *Røtter og føtter: Identitet i en omskiftelig tid* (Roots and feet: Identity at an unstable time'). Oslo: Aschehoug.
_____ (2005) Mind the gap: Flexibility, epistemology and the rhetoric of new work. *Cybernetics and Human Knowing* 12(1-2): 50-60.
_____ (2007) Stacking and continuity: On temporal regimes in popular culture. In Robert Hassan and Ronald E. Purser, eds, *24/7: Time and Temporality in the Network Society*, pp. 141-160. Stanford, CA: Stanford University Press.
_____ (2008) Storeulvsyndromet: Jakten på lykken i overflodssamfunnet. (The syndrome of the big, bad wolf: The search for happiness in the affluent society). Oslo: Aschehoug.
토마스 휠란 에릭센 지음, 손화수 옮김 (2015)『만약 우리가 천국에 산다면 행복할 수 있을까?』, 책읽는수요일.
_____ (2010) *Samfunn* (Society). Oslo: Universitetsforlaget.
_____ (2011) *Søppel: Avfall i en verden av bivirkninger* (Rubbish: Waste in a world of side-effects). Oslo: Aschehoug.
_____ (2014a) *Globalization: The Key Concepts*, 2nd edn. London: Bloomsbury.
_____ (2014b) Who or what to blame: Competing interpretations of the Norwegian terrorist attack. *Archives European Journal of Sociology* 55: 275-294.
_____ (2015) *Fredrik Barth: An Intellectual Biography*. London: Pluto.
_____ (forthcoming a) Conflicting regimes of knowledge about Gladstone harbour: A drama in four acts.
_____ (forthcoming b) Knowledge and power around the East End Mine.
Evans-Pritchard, E.E. (1983 [1937]) *Witchcraft, Magic and Oracles among the Azande*, ed. Eva Gillies. Oxford: Oxford University Press.
Fabian, Johannes (1983) *Time and the Other: How Anthropology Makes Its Object*. New York: Columbia University Press.
Ferguson, James (1999) *Expectations of Modernity: Myth and Meanings of Urban Life onthe Zambian Copperbelt*. Berkeley: University of California Press.
Fukuyama, Francis (1995) *Trust: The Social Virtues and the Creation of Prosperity*. London: Penguin.
프랜시스 후쿠야마 지음, 구승회 옮김 (1996)『트러스트』, 한국경제신문사.
Furedi, Frank (2002) *Culture of Fear: Risk-taking and the Morality of Low Expectations*. London: Continuum.

Gaarder, Jostein (2007) Et kosmisk ansvar (A cosmic responsibility). *Aftenposten*, 9 June.

Gauthier, Mélissa (2012) Mexican 'ant traders' in the El Paso/Ciudad Juarez border region: Tensions between globalization, securitization and new mobility regimes. In Gordon Mathews, Gustavo Lins Ribeiro and Carlos Alba Vega, eds, *Globalization from Below: The World's Other Economy*, pp. 138-153. London: Routledge.

Geertz, Clifford (1957) Ritual and social change: A Javanese example. *American Anthropologist* 59(1): 32-54.

_____ (1986) The uses of diversity. *Michigan Quarterly Review* 25(1): 105-123.

Gellner, Ernest (1983) *Nations and Nationalism*. Oxford: Blackwell.

어네스트 겔너 지음, 최한우 옮김 (2009)『민족과 민족주의』, 한반도국제대학원대학교출판부.

_____ (1988) Trust, cohesion, and the social order. In Diego Gambetta, ed., *Trust: Making and Breaking Cooperative Relations*, pp. 142-157. Oxford: Blackwell.

Giddens, Anthony (1990) *The Consequences of Modernity*. Cambridge: Polity.

안토니 기든스 지음, 이윤희 옮김 (1991)『포스트 모더니티』, 민영사.

Glackin, Shane N. (2011) Kind-making, objectivity, and political neutrality: The case of Solastalgia. *Studies in History and Philosophy of Biological and Biological and Biomedical Sciences* 43: 209-218.

Glick Schiller, Nina, Linda Basch and Cristina Szanton Blanc (1995) From immigrant to transmigrant: Theorizing transnational migration. *Anthropological Quarterly* 68 (1): 48-63.

Golub, Alex (2014) *Leviathans at the Gold Mine: Creating Indigenous and Corporate Actors in Papua New Guinea*. Durham, NC: Duke University Press.

Goody, Jack (1977) *The Domestication of the Savage Mind*. Cambridge: Cambridge University Press.

잭 구디 지음, 김성균 옮김 (2009)『야생정신 길들이기』, 푸른역사.

Gould, Stephen Jay (2002) *The Structure of Evolutionary Theory*. Cambridge, MA: Belknap.

Gould, Stephen Jay and Elizabeth Vrba (1981) Exaptation: A missing term in the

science of form. *Paleobiology* 8: 4-15.

Grantham, Jeremy (2011) Time to wake up: Days of abundant resources and falling prices are over forever. *The Oil Drum*, http://www.theoildrum.com/node/7853, accessed 12 August 2015.

Gray, John (1998) *False Dawn: The Delusions of Global Capitalism*. London:

Granta.
존 그레이 지음, 김승진 옮김 (2016) 『가짜 여명』, 이후.
_____ (2006) Easier said than done. *The Nation*, 30 January.
Grønhaug, Reidar (1978) Scale as a variable in analysis: Fields in social organization in Herat, northwest Afghanistan. In Fredrik Barth, ed., *Scale and Social Organization*, pp. 78-121. Oslo: Universitetsforlaget.
Günel, Gökce (2011) Spaceship in the desert: Abu Dhabi's Masdar City. *Anthropology News* October: 3-4.
Gupta, Akhil (2015) An anthropology of electricity from the Global South. *Global Anthropology* 30(4): 555-568.
Hall, Alexandra and Lisette Josephides, eds (2013) *We the Cosmopolitans*. Oxford: Berghahn.
Hann, Chris, ed. (1994) *When History Accelerates: Essays on Rapid Social Change, Complexity and Creativity*. London: Athlone.
Hann, Chris and Keith Hart (2011) *Economic Anthropology*. Cambridge: Polity.
크리스 한, 키스 하트 지음, 홍기빈 옮김 (2016) 『경제인류학 특강』, 삼천리.
Hannerz, Ulf (1990) Cosmopolitans and locals in world culture. In Mike Featherstone, ed., *Global Culture: Nationalism, Globalization and Modernity*, pp. 237-52. London: Sage.
Harris, Marvin (1978) *Cannibals and Kings: The Origins of Culture*. Glasgow: Fontana.
마빈 헤리스 지음, 정도영 옮김 (1995) 『식인과 제왕』, 한길사.
Harris, Nigel (2002) *Thinking the Unthinkable: The Immigrant Myth Exposed*. London: I.B. Tauris.
Harrison, Simon (2000) Identity as a scarce resource. *Social Anthropology* 7(3): 239-252.
Hart, Keith (1973) Informal income opportunities and urban employment in Ghana. *Journal of Modern African Studies* 11(1): 61-89.
_____ ed. (2015) *Economy For and Against Democracy*. Oxford: Berghahn.
Hart, Keith, Jean-Louis Laville and Antonio David Cattani, eds (2010) *The Human Economy*. Cambridge: Polity.
Harvey, David (2005) *A Short History of Neoliberalism*. Oxford: Oxford University Press.
데이비드 하비 지음, 최병두 옮김 (2017) 『신자유주의』, 한울아카데미.
Hassan, Robert and Ronald Purser, eds (2007) *24/7: Time and Temporality in the Network Society*. Stanford, CA: Stanford Business Books.
Hastrup, Kirsten and Karen Fog Olwig, eds (2012) *Climate Change and Human Mobility: Challenges to the Social Sciences*. Cambridge: Cambridge Universi-

ty Press.

Hendry, Joy (2014) *Science and Sustainability: Learning from Indigenous Wisdom.* Basingstoke: Palgrave Macmillan.

Hessen, Dag O. and Thomas Hylland Eriksen (2012) *På stedet løp: Konkurransens paradokser* (Moving still: The paradoxes of competition). Oslo: Aschehoug.

Hobsbawm, Eric (1994) *Age of Extremes: The Short Twentieth Century 1914-1991.* London: Abacus.

에릭 홉스봄 지음, 이용우 옮김 (1997) 『극단의 시대: 20세기 역사(상/하)』, 까치.

Homer-Dixon, Thomas (2006) *The Upside of Down: Catastrophe, Creativity, and the Renewal of Civilization.* Washington, DC: Island Press.

Hornborg, Alf (2011) *Global Ecology and Unequal Exchange: Fetishism in a Zero-Sum World.* London: Routledge.

Horst, Heather (2006) The blessings and burdens of communication: Cell phones in Jamaican transnational fields. *Global Networks* 6(2): 143-159.

Horst, Heather and Daniel Miller (2006) *The Cell Phone: An Anthropology of Communication.* Oxford: Berg.

_____ eds (2012) *Digital Anthropology.* Oxford: Berg.

Howell, Signe (2015) Politics of appearances: Some reasons why the UN-REDD project in Central Sulawesi failed to unite the various stakeholders. *Asia Pacific Viewpoint* 56(1): 37-47.

Huntington, Samuel (1996) *The Clash of Civilizations and the Remaking of a World Order.* New York: Simon & Schuster.

새뮤얼 헌팅턴 지음, 이희재 옮김 (2016) 『문명의 충돌』, 김영사.

ILO (2014) *Transitioning from the Informal to the Formal Economy.* Report V(1). Geneva: International Labour Organization.

ITU (International Telecommunications Union) (2015) ICT Facts and Figures 2015. http://www.itu.int/en/ITU-D/Statistics/Pages/stat/default.aspx, accessed 14 February 2016.

Jackson, Deborah Davis (2011) Scents of place: The dysplacement of a First Nations community in Canada. *American Anthropologist* 113(4): 606-618.

Kasten, Erich, ed. (2004) *Properties of Culture - Culture as Property.* Berlin: Dietrich Reimer Verlag.

Kirsch, Stuart (2014) *Mining Capitalism: The Relationship between Corporations and their Critics.* Berkeley: University of California Press.

Knudsen, Are (2015) De er flyktninger 2.0 (They are refugees 2.0). *Bergens Tidende*, 22 June.
Lazar, Sian, ed. (2014) *The Anthropology of Citizenship: A Reader*. London: Wiley.
Lévi-Strauss, Claude (1961 [1955]) Tristes tropiques, trans. John Russell. New York: Criterion.
클로드 레비 스트로스 지음, 박옥줄 옮김 (1998) 『슬픈 열대』, 한길사.
_____ (1966 [1962]) The Savage Mind. Chicago: University of Chicago Press.
클로드 레비 스트로스 지음, 안정남 옮김 (1996) 『야생의 사고』, 한길사.
_____ (1969 [1949]) *The Elementary Structures of Kinship*, trans. Rodney Needham. London: Tavistock.
Levinson, Marc (2006) *The Box: How the Shipping Container Made the World Smaller and the World Economy Bigger*. Princeton, NJ: Princeton University Press.
마크 레빈슨 지음, 이경식 옮김 (2017) 『더 박스』, 청림출판.
Lorenz, Edward (1972) Deterministic nonperiodic flow. *Journal of Atmospheric Sciences* 20: 130-141.
Lovelock, James (2006) *The Revenge of Gaia: Why the Earth Is Fighting Back - and How We Can Still Save Humanity*. London: Allen Lane.
제임스 러브록 지음, 이한음 옮김 (2008) 『가이아의 복수』, 세종서적.
Lucke, Alec (2013) *Road to Exploitation: Political Capture by Mining in Queensland*. Gladstone: Gladstone Printing Services.
Luning, Sabine and Robert J. Pijpers (forthcoming) Governing access to gold in Ghana: In-depth geopolitics on mining concessions. *Africa*.
Maeckelbergh, Marianne (2009) *The Will of the Many: How the Alterglobalisation Movement is Changing the Face of Democracy*. London: Pluto.
Malinowski, Bronislaw (1984 [1922]) *Argonauts of the Western Pacific*. Prospect Heights, IL: Waveland.
브로니스라프 말리노프스키 지음, 최협 옮김 (2013) 『서태평양의 항해자들』, 전남대학교출판부.
Mandelbrot, Benoît (1967) How long is the coast of Britain? Statistical self-similarity and fractional dimension. *Science* n.s., 156: 636-638.
Mason, Paul (2015) *Postcapitalism: A Guide to Our Future*. London: Allen Lane.
폴 메이슨 지음, 안진이 옮김 (2017) 『포스트 자본주의 새로운 시작』, 더퀘스트.
Mathews, Gordon (2012) Neoliberalism and globalization from below in Chungking Mansions, Hong Kong. In Gordon Mathews, Gustavo

Lins Ribeiro and Carlos Alba Vega, eds, *Globalization from Below: The World's Other Economy*, pp. 69-85. London: Routledge.
Mathews, Gordon and Carlos Alba Vega (2012) Introduction: What is globalization from below? In Gordon Mathews, Gustavo Lins Ribeiro and Carlos Alba Vega, eds, *Globalization from Below: The World's Other Economy*, pp. 1-16. London: Routledge.
Mathews, Gordon, Gustavo Lins Ribeiro and Carlos Alba Vega, eds (2012) *Globalization from Below: The World's Other Economy*. London: Routledge.
McCarthy, Tom (2015) *Satin Island*. London: Jonathan Cape.
Mead, Margaret (2002 [1956]) *New Lives for Old: Cultural Transformation in Manus, 1928-1953*. New York: HarperCollins.
Meadows, Donella H., Dennis L. Meadows, Jørgen Randers and William W. Behrens III (1972) *The Limits to Growth*. New York: Universe Books.
도넬라 H. 메도즈 외 지음, 김병순 옮김 (2012)『성장의 한계』, 갈라파고스.
Mintz, Sidney W. (1953) The culture history of a Puerto Rican sugar cane plantation: 1876-1949. *American Historical Review* 33(2): 224-251.
Mitchell, Timothy (2011) *Carbon Democracy: Political Power in the Age of Oil*. London: Verso.
티머시 미첼 지음, 에너지기후정책연구소 옮김 (2017)『탄소 민주주의』, 생각비행.
Moen, Ron A., John Pastor and Yosef Cohen (1999) Antler growth and extinction of Irish elk. *Evolutionary Ecology Research* 1: 235-249.
Monbiot, George (2014) The impossibility of growth. *The Guardian*, 27 May.
Morozov, Evgeny (2012) *The Net Delusion: How Not to Liberate the World*. London: Penguin.
Nadel, Siegfried (1952) Witchcraft in four African societies: An essay in comparison. *American Anthropologist* 54(1): 18-29.
NEF (New Economics Foundation) (2014) The Happy Planet Index 2014. http://www.happyplanetindex.org/data/, accessed 10 August 2015.
New York Times (2015) Photos, photos everywhere. 23 July.
Norgaard, Kari Marie (2011) *Living in Denial: Climate Change, Emotions, and Everyday Life*. Cambridge, MA: MIT Press.
Nørretranders, Tor (1999) *The User Illusion*. London: Penguin.
OECD (Organisation for Economic Co-operation and Development) (2015) Carbon dioxide emissions embedded in international trade. http://www.oecd.org/sti/ind/carbondioxideemissionsembodied-

ininternationaltrade.htm, accessed 3 August 2015.
Ogburn, William F. (1922) *Social Change with Respect to Culture and Original Nature.* New York: B.W. Huebsch.
Ose, Tommy (2016) *Food Waste in Northern Norway.* PhD dissertation, Department of Social Anthropology, University of Oslo.
Ostrom, Elinor (1990) *Governing the Commons: The Evolution of Institutions for Collective Action.* Cambridge: Cambridge University Press.
엘리너 오스트롬 지음, 윤홍근 외 옮김 (2010) 『공유의 비극을 넘어』, 랜덤하우스 코리아.
Our Finite World (2015) World energy consumption since 1820 in charts. https://ourfiniteworld.com/2012/03/12/world-energy-consumption-since-1820-in-charts/, accessed 25 August 2015.
Pariser, Eli (2011) *The Filter Bubble: What the Internet is Hiding From You.* New York: Penguin.
엘리 프레이저 지음, 이현숙 외 옮김 (2011) 『생각 조종자들』, 알키.
Pijpers, Robert J. (2014). Crops and carats: Exploring the interconnectedness of mining and agriculture in Sub-Saharan Africa. *Futures* 62(A): 32-39.
_____ (forthcoming). Lost glory or poor legacy? Mining pasts, future projects in rural Sierra Leone. In J.B. Gewald, J. Jansen and S. Luning, eds, *Mining History: Corporate Strategies, Heritage and Development.* London: Routledge.
Pliez, Olivier (2012) Following the new Silk Road between Yiwu and Cairo. In Gordon Mathews, Gustavo Lins Ribeiro and Carlos Alba Vega, eds, *Globalization from Below: The World's Other Economy*, pp. 19-35. London: Routledge.
Polanyi, Karl (1957 [1944]) *The Great Transformation: The Political and Economic Origins of our Time.* Boston, MA: Beacon Press.
칼 폴라니 지음, 홍기빈 옮김 (2009) 『거대한 전환』, 길.
Puiu, Tibi (2015) Not even World War III will stop unsustainable human population growth. *ZME Science.* http://www.zmescience.com/science/unsus-tainable-human-population-growth-0534, accessed 14 February 2016.
Rakopoulos, Theoodoros (2014) Resonance of solidarity: Meaning of a local concept in anti-austerity Greece. *Journal of Modern Greek Studies* 32(2): 313-337.
Rappaport, Roy A. (1968) *Pigs for the Ancestors: Ritual in the Ecology of a New Guinea People.* New Haven, CT: Yale University Press.

Rathje, William and Cullen Murphy (2001) *Rubbish! The Archaeology of Garbage*. Tucson: University of Arizona Press.

Reno, Joshua (2009). Your trash is someone's treasure: The politics of value at a Michigan landfill. *Journal of Material Culture* 14(1): 29-46.

Reyna, Stephen and Andrea Behrends (2008) The crazy curse and the crude domination: Towards an anthropology of oil. *Focaal* 52: 3-15.

Ribeiro, Gustavo Lins (2006) Economic globalization from below. *Etnográfica* 10(2): 233-249.

Richerson, Peter (2014) Comment on 'Blueprint for the global village'. *Cliodynamics* 5: 136-140.

Ridley, Matt (1993) *The Red Queen: Sex and the Evolution of Human Nature*. London: Penguin.

매트 리들리 지음, 김윤택 옮김 (2006) 『THE RED QUEEN(붉은 여왕)』, 김영사.

_____ (1996) The Origins of Virtue. London: Viking.

매트 리들리 지음, 신좌섭 옮김 (2001) 『이타적 유전자』, 사이언스북스.

Rifkin, Jeremy (2011) *The Third Industrial Revolution: How Lateral Power is Transforming Energy, the Economy, and the World*. London: Palgrave Macmillan.

제레미 리프킨 지음, 안진환 옮김 (2012) 『3차 산업혁명』, 민음사.

de Rijke, Kim (2013) Hydraulically fractured: Unconventional gas and anthropology. *Anthropology Today* 29(2): 13-17.

Ritzer, George (2004) *The Globalization of Nothing*. London: Sage.

Røhnebæk, Maria (2006) Hvis internett er svaret, hva er spørsmålet? (If internet is the answer, what is the question?) In Thomas Hylland Eriksen, ed., *Internett i praksis* (Internet in practice), pp. 111-140. Oslo: Spartacus.

Rosa, Hartmut (2013) *Social Acceleration: A New Theory of Modernity*. New York: Columbia University Press.

Rose, Steven (1996) *Lifelines: Biology Beyond Determinism*. Oxford: Oxford University Press.

Rothstein, Bo (2000) Trust, social dilemmas, and collective memories: On the rise and decline of the Swedish model. *Journal of Theoretical Politics* 12: 477-499.

Rowan, Michael (2014) We need to talk about growth. *Persuade Me*, http://persuademe.com.au/need-talk-growth-need-sums-well/, accessed February 2016.

Sahlins, Marshall D. (1968) Notes on the original affluent society. In Richard B. Lee and Irven DeVore, eds, *Man the Hunter*, pp. 85-89. Chica-

go: Aldine.
_____ (1994) Goodbye to tristes tropes: Ethnography in the context of modern world history. In Robert Borofsky, ed., *Assessing Cultural Anthropology*, pp. 377-394. New York: McGraw-Hill.
Sassen, Saskia (2014) *Expulsions: Brutality and Complexity in the Global Economy*. Cambridge, MA: Belknap Press.
사스키아 사센 지음, 박슬라 옮김 (2016) 『축출 자본주의』, 글항아리.
Schober, Elisabeth (2015) Making a living, making life worth living: Filipino scavengers and Korean shipbuilders in Subic Bay. Paper presented at Overheating workshop 'Waste and the superfluous', University of Oslo, 14-15 September.
Schumacher, E.F. (1973) *Small Is Beautiful: A Study of Economics as if People Mattered*. London: Blond & Briggs.
E.F. 슈마허 지음, 이상호 옮김 (2002) 『작은 것이 아름답다』, 문예출판사.
Scott, James C. (1998) *Seeing Like a State: How Certain Schemes to Improve the Human Condition have Failed*. New Haven, CT: Yale University Press.
제임스 C. 스콧 지음, 전상인 옮김 (2010) 『국가처럼 보기』, 에코리브르.
Self, Will (2014) The novel is dead (this time it's for real). *The Guardian*, 2 May.
Sennett, Richard (1998) *The Corrosion of Character: Personal Consequences of Work in the New Capitalism*. New York: W.W. Norton.
리처드 세넷 지음, 조용 옮김 (2002) 『신자유주의와 인간성의 파괴』, 문예출판사.
Shore, Cris and Susana Trnka, eds (2013) *Up Close and Personal: On Peripheral Perspectives and the Production of Anthropological Knowledge*. Oxford: Berghahn.
Shrady, Nicholas (2009) *The Last Day: Wrath, Ruin, and Reason in the Great Lisbon Earthquake of 1755*. London: Penguin.
니콜라스 시라디 지음, 강경이 옮김 (2009) 『운명의 날』, 에코의서재.
Simmel, Georg (1990 [1900]) *The Philosophy of Money*. London: Routledge.
게오르그 짐멜 지음, 김덕영 옮김 (2013) 『돈의 철학』, 길.
Smith, John Maynard and Eörs Szathmáry (1995) *The Major Transitions in Evolution*. Oxford: Oxford University Press.
Smithsonian Institution (2015) When will we hit peak garbage? http://www.smithsonianmag.com/science-nature/when-will-we-hit-peak-garbage-7074398/?no-ist), accessed 15 August 2015.
Sørhaug, Christian (2012) Holding house in crazy waters: An exploration of householding practices among the Warao, Orinoco Delta, Vene-

zuela. PhD dissertation, Department of Social Anthropology, University of Oslo.

Soros, George (2002) *George Soros on Globalization*. Oxford: Public Affairs.
조지 소로스 지음, 최종옥 옮김 (2002) 『열린사회 프로젝트』, 홍익출판사.

de Soto, Hernando (2007) *The Mystery of Capital: Why Capitalism Triumphs in the West and Fails Everywhere Else*. New York: Basic Books.
에르난도 데소토 지음, 윤영호 옮김 (2003) 『자본의 미스터리』, 세종서적.

Sperber, Dan and Deirdre Wilson (1986) *Relevance: Communication and Cognition*. Oxford: Blackwell.

Stade, Ronald (2013) The politics of human waste in Accra, Ghana. Seminar paper, 'Overheating', University of Oslo, 27 August.

Standing, Guy (2011) *The Precariat: The New Dangerous Class*. London: Bloomsbury Academic.
가이 스탠딩 지음, 김태호 옮김 (2014) 『프레카리아트: 새로운 위험한 계급』, 박종철출판사.

Statistics Norway (2015) Innvandrere og norskfødte med innvandrerforeldre 1970-2014 (Immigrants and Norwegian-born with immigrant parents 1970-2014). https://www.ssb.no/innvandring-og-innvandrere/nokkeltall, accessed 15 August 2015.

Steffen, Will, Paul J. Crutzen and John R. McNeill (2007) The Anthropocene: Are human beings now overwhelming the forces of nature? *AMBIO* 36(8): 614-621.

Steinert, Margrethe (2015) Change as continuity; continuity through change: An anthropological study of the Asháninka of the Peruvian highland Amazonia. MA dissertation, Department of Social Anthropology, Oslo University.

Stewart, Charles, ed. (2007) *Creolization: History, Ethnography, Theory*. Walnut Creek, CA: Left Coast Press.

Stiglitz, Joseph (2002) *Globalization and its Discontents*. London: Allen Lane.
조지프 스티글리츠 지음, 송철복 옮김 (2002) 『세계화와 그 불만』, 세종연구원.

Tainter, Joseph A. (1988) *The Collapse of Complex Societies*. Cambridge: Cambridge University Press.
조지프 A. 테인터 지음, 이희재 옮김 (1999) 『문명의 붕괴』, 대원사.

_____ (2014) Collapse and sustainability: Rome, the Maya, and the modern world. *Archaeological Papers of the American Anthropological Association* 24: 201-214.

Thompson, Michael (1979) *Rubbish Theory: The Creation and Destruction of Value*.

Oxford: Oxford University Press.
Thorleifsson, Cathrine Moe (forthcoming) From Coal to UKIP: Fuelling nationalism in post-industrial Doncaster.
Trawick, Paul and Alf Hornborg (2015) Revisiting the image of limited good: On sustainability, thermodynamics, and the illusion of creating wealth. *Current Anthropology* 56(1): 1-27.
Trouillot, Michel-Rolph (2001) Close encounters of the deceptive kind. *Current Anthropology* 42: 125-138.
Tsing, Anna Lowenhaupt (2012) On nonscalability: The living world is not amenable to precision-nested scales. *Common Knowledge* 18(3): 505-524.
Turner, Graham (2014) Is global collapse imminent? MSSI Research Paper 4, Melbourne Sustainable Society Institute, The University of Melbourne.
Uimonen, Paula (2001) Transnational.dynamics@development.net: Internet, modernization and globalization. PhD dissertation, Department of Social Anthropology, Stockholm University.
UN (1987) *Our Common Future: Report of the World Commission on Environment and Development*. New York: United Nations.
세계환경발전위원회 지음, 조형준, 홍성태 옮김 (2005) 『우리 공동의 미래』, 새물결.
_____ (2014) World Urbanization Prospects, 2014 Update. http://esa.un.org/unpd/wup/highlights/wup2014-highlights.pdf, accessed 29 July 2015.
UNHCR (United Nations High Commissioner for Refugees) (2013) Global forced displacement tops 50 million for first time in post-World War II era. http://www.unhcr.org/53a155bc6.html, accessed 5 August 2015.
_____ (2016) Syria regional refugee response. http://data.unhcr.org/syrianrefugees/regional.php, accessed 5 August 2015.
UNWTO (United Nations World Tourism Organization) (2014) *Tourism Highlights*, 2014 edition. Madrid: UNWTO.
Urry, John (2003) *Global Complexity*. Cambridge: Polity.
Van Valen, Leigh (1973) A new evolutionary law. *Evolutionary Theory* 1: 1-30.
Vertovec, Steven (2004) Cheap calls: the social glue of migrant transnationalism. *Global Networks* 4(2): 219-224.
_____ (2007) Super-diversity and its implications. *Ethnic and Racial Studies*

30(6): 1024-1054.
Vindegg, Mikkel (2015) The power to produce: The influence of limited electricity access in a Nepali textile industry. MA dissertation, Department of Social Anthropology, University of Oslo.
Virilio, Paul (2000) *The Information Bomb*. London: Verso.
폴 비릴리오 지음, 배영달 옮김 (2002) 『정보과학의 폭탄』, 울력.
Wajcman, Judy (2015) *Pressed for Time: The Acceleration of Life in Digital Capitalism*. Chicago: University of Chicago Press.
Wengrow, David and David Graeber (2015) Farewell to the 'childhood of man': Ritual, seasonality, and the origins of inequality. *Journal of the Royal Anthropological Institute* 21(3): 597-619.
Wessendorf, Susanne (2014) *Commonplace Diversity: Social Relations in a Super-Diverse Context*. London: Palgrave.
White, Leslie (1943) Energy and the evolution of culture. *American Anthropologist* 45(3): 335-356.
_____ (1949) *The Science of Culture: A Study of Man and Civilization*. New York: Farrar, Straus & Giroux.
레슬리 화이트 지음, 이문웅 옮김 (2002) 『문화과학: 인간과 문명의 연구』, 아카넷.
_____ (1959) *The Evolution of Culture: The Development of Civilization to the Fall of Rome*. New York: McGraw-Hill.
Wilhite, Harold (2012) A socio-cultural analysis of changing household electricity consumption in India. In Daniel Spreng et al., eds, *Tackling Long-term Global Energy Problems*. Environment and Policy vol. 52. Dordrecht: Springer, pp. 97-113.
Wilson, David Sloan and Dag O. Hessen (2014) Blueprint for the global village. *Cliodynamics* 5: 123-157.
Winther, Tanja (2008) *The Impact of Electricity: Development, Desires and Dilemmas*. Oxford: Berghahn.
Wordpress (2015) Some interesting facts about blogs. http://www.wpvirtuoso.com/how-many-blogs-are-on-the-internet/, accessed 13 October 2015.
World Bank (2014) Carbon emissions per capita. http://data.worldbank.org/indicator/EN.ATM.CO2E.PC, accessed 10 August 2015.

과열

폭주하는 세계화를 바라보는 두 가지 관점

초판 1쇄 발행 2019년 2월 25일

지은이 토마스 힐란드 에릭슨
옮긴이 정연우
펴낸이 박정희

편집 이주연, 양송희, 이성목 **디자인** 하주연, 이지선
관리 유승호, 양소연 **마케팅** 김범수, 이광택 **웹서비스** 백윤경, 김설희

펴낸곳 도서출판 나눔의집
등록번호 제25100-1998-000031호
등록일자 1998년 7월 30일

주소 서울시 금천구 디지털로9길 68, 1105호(가산동, 대륭포스트타워 5차)
대표전화 1688-4604 **팩스** 02-2624-4240
홈페이지 www.ncbook.co.kr / www.issuensight.com
ISBN 978-89-5810-382-0(03300)

이 도서의 국립중앙도서관 출판예정도서목록(CIP)은 서지정보유통지원시스템 홈페이지(http://seoji.nl.go.kr)와 국가자료공동목록시스템(http://www.nl.go.kr/kolisnet)에서 이용하실 수 있습니다. (CIP제어번호: CIP2019002283)

• 책값은 뒤표지에 있습니다.
• 잘못된 도서는 구입하신 서점에서 교환해 드립니다.